Myles Wilson

GOTT, DIE WELT UND DAS LIEBE(?) GELD …

Das praktische Handbuch zum Aufbau eines Trägerkreises

Aus dem Englischen übersetzt von Christel Scholz, Elisabeth Richter und Anja Ehrsam

Die englische Originalausgabe erschien 2006 unter dem Titel *Funding the Family Business: A Handbook for Raising Personal Support* bei *Stewardship*

www.fundingthefamilybusiness.org

Die vorliegende deutsche Ausgabe – basierend auf der überarbeiteten englischen Ausgabe von 2011 – wird herausgegeben von der Arbeitsgemeinschaft Evangelikaler Missionen e. V., Korntal

www.aem.de

Impressum

Die Deutsche Bibliothek verzeichnet diese Publikation in der Deutschen Nationalbibliografie; detaillierte bibliografische Daten sind im Internet über www.d-nb.de abrufbar

Bibelzitate, soweit nicht anders angegeben, sind der Übersetzung *Neues Leben. Die Bibel* entnommen.
© der deutschen Ausgabe 2002/2006/2017 SCM R. Brockhaus in der SCM Verlagsgruppe, Holzgerlingen

Umschlaggestaltung: waterproof grafikdesign, Ingo Riecker, Neuffen
Umschlagbild: Wolfgang Büsing, Stuttgart
Satz: Dr. Markus Neufeld, Bamberg
Illustrationen: © Angie Moyler
Herstellung & Vertrieb: Edition Wortschatz, Sauerbruchstraße 16,
27478 Cuxhaven, E-Mail info@edition-wortschatz.de

2. Auflage 2020

ISBN 978-3-943362-04-6, Bestell-Nummer 588 804

INHALT

VORWORTE

Vorwort des Herausgebers

Als ich die englische Ausgabe dieses Buches erstmals in der Hand hielt, hat mich der Titel sofort fasziniert. *Funding the Family Business.* Da geht es eben nicht um Finanzgewinnung, sondern um die Beziehung zwischen Geber und Empfänger. Eine wörtliche deutsche Übersetzung schien allerdings kaum möglich. In Abstimmung mit Myles Wilson wollten wir den Begriff „Fundraising“ vermeiden. Er löst bei vielen bestimmte Assoziationen aus, die oft sehr auf die Technik der Finanzgewinnung abheben – und genau darum geht es in diesem Buch nicht.

Nun weiß ich nicht, was der deutsche Titel bei Ihnen ausgelöst hat.

Immerhin sind Sie im Begriff, dieses Buch zu lesen.

Durch meine Arbeit für die AEM habe ich immer wieder die Aufgabe gehabt, Spenden für Projekte zu sammeln oder Seminare zu organisieren, die helfen sollen, einen Unterstützerkreis aufzubauen. Ich habe das Thema immer als sehr herausfordernd empfunden und von manchen Mitarbeitern gehört, wie schwer es war und ist, genug Unterstützer zu finden. Extrovertierten Menschen fällt es wohl leichter, Unterstützer zu finden. Aber wie kann dann ein introvertierter Mensch, der vielleicht in der Verwaltung arbeitet, Unterstützung finden? Eine echte Herausforderung.

In der Kunst gibt es z. B. den Mäzen, der in einem Künstler großes Potential sieht und dies unterstützen will. Damit setzt er den Künstler frei, damit dieser sich der Kunst widmen kann.

Und ist es nicht genau das, worum es bei *Gott, die Welt und das liebe(?) Geld…* geht? Da sind Menschen die für eine besondere Aufgabe freigesetzt werden und dafür von der erweiterten „Familie“ unterstützt werden. Jene von uns, die Kinder während ihres Studiums finanziell unterstützt haben, wissen, was dies bedeutet. Man zahlt einen regelmäßigen Beitrag an sein Kind und übergibt ihm damit die Finanzverantwortung. Gut, das fällt vielen nicht so leicht und sie überweisen lieber direkt die Miete. Manche würden ihrem Kind am liebsten noch Essensgutscheine schicken. Das scheint bei Gebern ähnlich zu sein, die genau vorschreiben wollen, was mit ihrem Beitrag geschehen soll. Ihre Spende soll natürlich zu 100 Prozent im Projekt ankommen. Keiner möchte für die notwendige Verwaltung des Projekts spenden.

Geben heißt, mit dem Betrag auch die Verantwortung dafür an den Empfänger zu übergeben.

Myles Wilson hilft uns mit diesem Buch, zu einem richtigen Verständnis von Geben und Nehmen zu kommen.

Ich wünsche Ihnen viele gute Anregungen und hoffe sehr, dass dieses Buch zu einem entspannten Umgang mit dem Thema beiträgt.

Ihr Wolfgang Büsing

Vorwort zur deutschen Ausgabe

Seit der englischen Erstauflage von *Funding the Family Business* aus dem Jahr 2006 habe ich zahlreiche ermutigende Rückmeldungen bekommen von Menschen, welche weltweit für Christus im Einsatz stehen.

Vor 2000 Jahren hat Jesus die Menschen zum Gebet aufgefordert, dass Gott mehr Arbeiter für seine Ernte aussenden möge – diese Bitte ist heute noch genauso aktuell wie zur Zeit Jesu. Einer der Hauptgründe, weshalb Menschen sich in unserer Zeit nicht auf diese Herausforderung einlassen, ist die Furcht vor dem Aufbau eines finanziellen Trägerkreises – ich spreche in diesem Handbuch diesbezüglich von Missionspartnern und dem Aufbau eines persönlichen Missionspartner/Unterstützerteams.

Aus den Rückmeldungen von Menschen, die mit dem Aufbau eines Missionspartnerteams beschäftigt sind, wird deutlich, dass sie dabei Hilfestellung brauchen. Diese Hilfe beschränkt sich nicht allein darauf zu wissen, wie man am besten Missionspartner für den eigenen Dienst gewinnt – vielmehr steht das Verständnis für die biblische Grundlage und das biblische Erbe im Mittelpunkt von Funding the Family Business, wenn es darum geht, die eigene finanzielle Unterstützung durch persönliche Beziehungen aufzubauen.

Bis jetzt war dieses Handbuch allerdings nur in englischer Sprache verfügbar, was sich für viele deutschsprachige Leser als Nachteil erwies. Ich wurde deshalb immer wieder angesprochen, wann *Funding the Family Business* auch auf Deutsch erscheinen würde.

So freut es mich, dass dieser Wunsch nun Wirklichkeit geworden ist – die deutsche Ausgabe, *Gott, die Welt und das liebe(?) Geld* ..., steht nun auch allen deutschsprachigen Leserinnen und Lesern zur Verfügung. Meine Anerkennung gilt besonders der Arbeitsgemeinschaft Evangelikaler Missionen (AEM), die sich bereit erklärte, dieses Handbuch zu veröffentlichen, sowie Wolfgang Büsing, der mich mit seinem Einsatz von Anfang an unterstützte. Weiter danke ich Christel Scholz von Wycliff Deutschland und Elisabeth Richter von Campus für Christus Deutschland, die mit ihrer Übersetzungsarbeit eine erste Fassung für die Deutsche Ausgabe zur Verfügung gestellt haben. Anja Ehrsam übernahm die gewaltige Aufgabe, dieses Handbuch druckreif zu gestalten, indem sie Ergänzungen und nötige Veränderungen wirkungsvoll und mit viel Begeisterung anbrachte. Den gesamten Übersetzungsprozess leitete Michael Longthorn, der mit Rat und Sachkompetenz unterstützend mitwirkte. All diesen Menschen, sowie vielen anderen, die mit ihren Vorschlägen und Anmerkungen zu diesem Handbuch beigetragen haben, bin ich von Herzen dankbar.

Funding the Family Business wurde für eine britische Leserschaft geschrieben, deshalb ist das englische Original auch gespickt mit Geschichten und Anspielungen auf den britischen Alltag, welche in einem deutschsprachigen Umfeld nicht dieselbe Wirkung erzielen. Die Herausforderung bei der Übersetzung eines solchen Textes besteht darin, ausgewogene Korrekturen vorzunehmen, damit der ursprüngliche Wortlaut und der damit vermittelte Inhalt möglichst unversehrt und unverfälscht wiedergegeben werden. Die Prinzipien und Leitgedanken in diesem Handbuch sind grundsätzlich auf viele verschiedene Kulturkreise anwendbar; deshalb war es uns ein Anliegen, die ursprünglichen Begriffe und Erläuterungen des englischen Originals so oft wie möglich beizubehalten. Veränderungen wurden nur dann vorgenommen, wenn dadurch Missverständnisse ausgeräumt werden konnten.

Gott, die Welt und das liebe(?) Geld ... ist ein Arbeitsbuch, das nicht einfach nur gelesen werden will. Die Übungen im Buch sind integraler Bestandteil des Handbuchs und werden dir helfen, das Gelernte auf deine persönliche Situation anzuwenden. Zwecks handlicherem Format werden die meisten Übungen und Beispiele im Handbuch zusammengefasst, du kannst sie aber auch unter www.aem.de/books vollständig herunterladen, damit du sie bereit hast, wenn du sie brauchst. Die Übungen sind mit einem pdf-Symbol markiert.

Ich bitte Gott darum, dass dir *Gott, die Welt und das liebe(?) Geld…* nicht nur Freude bereitet, sondern dass du außerdem alle nötigen Finanzen, Gebetsunterstützung und Ermutigung findest, damit Gottes Berufung für dein Leben Wirklichkeit werden kann.

Vorwort zur englischen überarbeiteten Ausgabe

Wie ich dazu kam, dieses Buch zu schreiben

Vieles in diesem Handbuch stammt aus den Erfahrungen, die meine Frau Phyllis und ich mit dem Aufbau eines Unterstützerteams in den letzten 30 Jahren gesammelt haben. Ich bin mir bewusst, dass dieses Handbuch deshalb auch eine ganz bestimmte Färbung hat, welche wir den tollen Leuten verdanken, die wir getroffen haben, den persönlichen Beziehungen zu unseren eigenen Missionspartnern und den wichtigen Lektionen, die wir im Lauf der Jahre gelernt haben.

Eine Geber-Tradition

Ich wuchs in einer christlichen Familie auf, die sich sehr stark für die Mission engagierte. Wir waren eine ganz normale christliche Familie, mit einem etwas höheren Lebensstandard als dem der Arbeiterklasse. Zunächst wohnten wir auf dem Land in der Nähe von Strabane im Westen Nordirlands, später zogen wir in diese Stadt um. Mein Vater arbeitete als Elektriker beim örtlichen Elektrizitätswerk, wo er schließlich zum Bezirks-Vorarbeiter aufstieg. Meine Mutter kümmerte sich um uns Kinder – meinen älteren Bruder, mich und meine jüngere Schwester. Erst als meine Schwester ein Teenager war, begann sie wieder außer Haus zu arbeiten. Wir hatten nicht viel Erspartes, besonders nicht in jungen Jahren, doch unser Leben war glücklich und stressfrei.

Was meine Eltern von anderen Menschen unterschied, war ihre Einstellung zum Besitz: sie hatten nämlich keinen. Überhaupt nichts. Kein Haus, kein Auto, keine Nahrungsmittel, nicht einmal ihre Kinder gehörten ihnen. Nach ihrem Verständnis verwalteten sie nur Eigentum, das Gott gehörte. Und das taten sie, so gut sie konnten, indem sie stets darauf achteten, dass alles, was sie von Gott zur Verwaltung anvertraut bekommen hatten, maximal dem Reich Gottes diente – inklusive uns drei Kinder. Nach unserer Geburt legten sie jedes Kind zurück in Gottes Hände, damit er uns nach seinem Willen für das Wohl seines Reiches gebrauchen würde. Sie waren natürlich klug genug, uns das zu verheimlichen, um uns nicht geistlich unter Druck zu setzen. Sie warteten einfach ab, was Gott tun würde, und wie Gott es wollte, wurden aus uns allen drei Gottes Arbeiter. Erst dann erfuhren wir, dass unsere Eltern diese Entscheidungen unsererseits die ganze Zeit erwartet hatten.

Aber ihr Geben war nicht nur auf uns Kinder beschränkt. Von ihrem Lohn behielten sie nur so viel, wie wir als Familie brauchten, um einen ihnen angemessen scheinenden Lebensstandard halten zu können, den Rest verschenkten sie. Missionare in fernen Ländern, christliche Mitarbeiter vor Ort, Familien in finanzieller Not – sie alle profitierten von dem Versprechen meiner Eltern, die von Gott anvertrauten Ressourcen so zu verwenden, dass dadurch in Wort und Tat die Liebe Gottes an Bedürftige weitergegeben würde.

Ich wuchs also nicht nur in einer „Geberfamilie“ auf, sondern war selber ein Geschenk an Gott, überreicht von meinen Eltern. Es erstaunt mich immer wieder, dass Gott uns als Geschenk annimmt und uns dann zu seiner Ehre und zur Ausbreitung seines Reiches einsetzt.

Vom Geber zum Empfänger

Es war im Dezember 1974. Ich fühlte mich, als würde ich gegen eine Wand rennen, wusste aber genau, dass ich mich eigentlich anders hätte fühlen sollen.

Phyllis und ich hatten uns soeben entschieden, Mitarbeiter von AGAPE – damals bekannt als Campus für Christus – zu werden. Diese Entscheidung war uns nicht schwergefallen. Wir waren jung, idealistisch, frisch verheiratet und voller Elan für alles, was Gott von uns wollte. Hilfreich für uns war auch, dass mein Bruder David und seine Frau Pam bereits seit der Gründung von AGAPE Irland vor ein paar Jahren dieser Organisation angehörten. Wir wussten also ungefähr, was uns erwartete. Kurz nach unserer Hochzeit hatten wir damit begonnen, meinen Bruder und seine Frau finanziell zu unterstützen.

Von Greenisland in der Nähe von Belfast zogen wir um nach Galway an der irischen Westküste, um dort evangelistisch unter Studenten zu arbeiten. Außerdem übernahmen wir die Aufgabe, der Administration des wachsenden Dienstes von Agape mehr Struktur zu verleihen. Da wir beide Hintergrunderfahrung im Büro-Bereich besaßen, schien es uns das Beste, unsere Berufserfahrung und unsere Begeisterung fürs Königreich gemeinsam einzusetzen.

Aber nun zurück zum Dezember 1974. Mein Problem war, dass ich jetzt im Prozess vom Geber zum Empfänger wurde. Ich unterhielt mich mit anderen, die von der Unterstützung durch Missionspartner lebten und das oft so ausdrückten: „Wir müssen auch Unterstützung aufbringen.“ In diesem Zusammenhang klingt das Wort „müssen“ ziemlich negativ, eine Anspielung darauf, dass man eine unerfreuliche Aufgabe zu lösen hat. Man verwendet diesen Ausdruck nicht für etwas Erfreuliches oder Angenehmes. Das verwirrte mich. Aus meiner persönlichen Erfahrung wusste ich, dass Geben etwas Angenehmes ist. Wo also war die Freude auf dem Weg vom Geber zum Empfänger geblieben, in welche Ritze war sie wohl gefallen?

Um befriedigende Antworten zu bekommen, beschloss ich, in der Bibel all diejenigen Stellen auszugraben, in denen vom Geben und Empfangen die Rede ist. Als ich mich mit den betreffenden Schriftstellen auseinandersetzte, stach mir ein einfaches und offensichtliches Thema ins Auge - Geben und Empfangen gehen immer Hand in Hand. Ein Geber kann nicht geben, es sei denn, ein Empfänger ist bereit zu empfangen; und ein Empfänger kann nicht empfangen, es sei denn, ein Geber ist bereit zu geben. In Johannes 3:16 wird das ultimative Geschenk vom allergrößten Geber beschrieben – und wir sind die Empfänger. Aber selbst dieses fantastische Geschenk, Jesus selbst, kann mein Leben nur beeinflussen, wenn ich es annehme.

Genauso steht es um die Missionspartnerentwicklung. Es geht um eine Zusammenarbeit von gleichwertigen Partnern – Gebern und Empfängern. Jeder erfüllt seine Aufgabe. Schließlich sind wir die Familie Gottes. Damit eine Familie bestmöglich funktioniert, muss jedes Mitglied seinen Teil beitragen, seine Gaben, seine Persönlichkeit und Mittel einbringen, damit die Familie zur Einheit wird. Jeder Einzelne ist genauso wichtig wie der andere – nur die Rollen sind verschieden.

In Gottes Familie gibt es einige, die hauptsächlich Sender/Geber sind, während andere in erster Linie Gehende/Empfänger sind. Jeder ist gleichwertig innerhalb der Familie. Um

Gottes Auftrag als Gehender/Empfänger auszuführen, braucht es andere, die ihren Auftrag als Sender/Geber wahrnehmen. So funktioniert bei Gott Geben in Gemeinschaft. Mehr darüber wirst du in anderen Abschnitten in diesem Buch erfahren, besonders im ersten Teil.

Als mir klar wurde, dass es sich in der Tat um eine Partnerschaft von Gleichgestellten innerhalb der Familie Gottes handelte, löste das bei mir zwei Reaktionen aus. Als Erstes wollte ich sicherstellen, dass unsere persönlichen Gaben an andere ein echtes Opfer für uns bedeuteten. Die Tatsache, dass ich im Begriff war, Empfänger zu werden, schloss nicht aus, dass ich auch Geber sein konnte. Schließlich hat Jesus in Apostelgeschichte 20:35 gesagt: „Es ist segensreicher zu geben als zu nehmen." Ich wollte die ganze Freude nicht in erster Linie den Gebern überlassen! Als Zweites begriff ich Folgendes: Indem ich unsere Freunde dazu ermutigte, uns finanziell zu unterstützen, führte ich sie in Wahrheit in die gemeinschaftliche Teilhabe von Gottes Familie – eine Möglichkeit, die ihnen sonst vielleicht entgangen wäre. Für unsere Freunde wäre es demnach genauso erfüllend, vielleicht sogar noch erfüllender zu geben, wie für uns zu empfangen.

Dadurch sah ich das Thema Missionspartnerentwicklung in einem ganz anderen Licht. Es ging also nicht nur darum, dass wir das Geld zusammenbekamen, um das zu tun, wozu Gott uns berufen hatte, sondern es ging darum, dass Gottes Kinder in gegenseitiger Abhängigkeit zusammenarbeiteten, damit Gottes Plan nicht nur im Leben der Geber und Empfänger, sondern auch im Leben derer, die noch nicht zu Gottes Familie gehörten, erfüllt würde. Was für ein Vorrecht!

Der Aufbau eines Missionspartnerteams hat auch noch manche interessante Nebenwirkungen, besonders langfristig betrachtet. So kann es sein, das sich zu Unterstützern, die du am Anfang kaum kennst, im Lauf der Zeit eine tiefe Freundschaft entwickelt, die für beide Seiten und sogar für die Organisation, für die du arbeitest, bereichernd ist. Von so einer Entwicklung hast du zu Beginn wahrscheinlich nicht einmal geträumt. Planen kann man das nicht, aber manchmal kannst du beobachten, wie Gott solche Beziehungen zwischen seinen Kindern aufbaut, und zwar auf eine Art, wie du es nicht vermutet hättest.

Einer unserer ersten Missionspartner war John, ein junger Student der Agrarwissenschaft. Wir trafen ihn während einer Sommer-Bibelkonferenz, die wir mitorganisierten. Wir waren uns sofort sympathisch, und John unterstützte uns finanziell, obwohl er noch Student war. Aber damit nicht genug. Als er sein Studium abgeschlossen hatte, kehrte er auf den elterlichen Bauernhof zurück und stellte uns einer ganzen Reihe seiner Freunde vor. Einer davon war Evan, der auch bald zu unserem Unterstützerteam gehörte.

Während der nächsten Jahre lernten wir Evan und bald auch seine Frau Clare gut kennen. Sie erhöhten ihre Unterstützung mehrmals, wir führten einen Evangelisations-Schulungskurs in ihrer Gemeinde durch, wir fuhren zusammen in Urlaub und sie halfen uns bei einer Agape-Evangelisation in ihrer Stadt. Dies war wieder eine jener Beziehungen, die ganz natürlich zu wachsen schien.

Schließlich entschieden sich Evan und Clare, ihre Gaben und ihre Erfahrung für bedürftigere Menschen als die in Nordirland einzusetzen. Da sie mit uns in Kontakt standen, lag es nahe, sich Agape anzuschließen, und so zogen sie los mit dem Agape-Team nach Malawi, wo sie mehrere Jahre arbeiteten, bevor sie dann weiter nach Südafrika gingen. Dort übernahm Evan auf Grund seiner Fähigkeiten im Bereich Verwaltung größere Verantwortung. Schließlich kehrten sie nach Großbritannien zurück, wo Evan eine Leitungsposition bei Agape Großbritannien übernahm und für die Leitung von mehr als 100 Mitarbeitern aus verschiedenen Diensten weltweit mitverantwortlich war.

Obwohl wir selbst Agape vor etlichen Jahren verlassen haben, stehen wir immer noch in regelmäßigem Kontakt mit Evan und Clare; sie unterstützen uns immer noch. Aber was noch bedeutungsvoller ist: Ihre anfängliche Bereitschaft uns als Agape-Mitarbeiter zu unterstützten, führte dazu, dass die beiden schließlich eine Führungsposition in derselben Organisation innehatten.

Dank

Der Einfluss und die Ideen vieler Menschen über die Jahre hinweg haben es mir ermöglicht, dieses Buch zu schreiben. Wenn ich jetzt versuchen würde, jedem meine Wertschätzung auszudrücken, würde dieses Buch etliche Seiten mehr zählen.

Aber einigen möchte ich doch namentlich danken. Da sind zunächst einmal meine Eltern Joe und Annie Wilson, die mich gelehrt haben, von Gott zu empfangen und an andere weiterzugeben. Beide sind jetzt im Himmel bei Jesus, ihrem Herrn und Retter. Sie haben ihm treu gedient, indem sie während ihrer Zeit hier auf Erden gute Verwalter der Gaben waren, die ihr Herr ihnen anvertraut hatte.

Auch meiner Frau Phyllis möchte ich danken. Sie ist mir in jedem Lebens- und Dienstbereich eine echte Partnerin. Ihre Liebe und Hingabe an Gott und an mich sind mir eine große Freude und Ermutigung

EINLEITUNG

Dieses Arbeitsbuch ist für eine ganz bestimmte Personengruppe gedacht. Wenn du deine finanzielle Unterstützung aus deinem persönlichen Freundeskreis beziehst, um Gottes Ruf in den christlichen Dienst zu folgen, dann ist das genau das richtige Buch für dich.

Die Art und Weise, wie Gott dich gerufen hat, mag sich sehr wohl davon unterscheiden, wie andere diesen Ruf gehört haben, das gilt sogar für Mitglieder in ein und derselben Organisation. Wahrscheinlich haben Gottes Wort, der Rat von und das Gespräch mit anderen Menschen oder das direkte Reden des Heiligen Geistes dazu beigetragen, diesen Ruf entstehen zu lassen und zu bestätigen. Auf jeden Fall bist du dir sicher, dass Gott dich berufen hat. Für mich bedeutet diese „Berufung Gottes", dass es dir ganz klar ist, dass Gott dich bittet, deine „normale" Berufstätigkeit aufzugeben, um einen vollzeitlichen christlichen Dienst auszuüben, der von anderen finanziell getragen wird.

Wenn du bis hierhin gelesen hast und merkst, dass du nicht in diese Kategorie passt, möchte ich dich trotzdem bitten weiterzulesen. Ich hoffe, die Prinzipien und praktischen Beispiele helfen dir, über dein eigenes Geben und Empfangen nachzudenken. Aber letztlich richtet sich dieses Buch nicht an dich.

Gehörst du aber zu der oben erwähnten Personengruppe, dann heiße ich dich herzlich willkommen. Wenn du gerade damit beginnst, an deinem Unterstützerteam zu arbeiten, dann kann dir dieses Buch für dein weiteres Leben eine Richtschnur sein, ohne dass du deinen eigenen Stil aufgeben musst. Und auch wenn du schon ein „alter Hase" bist, hoffe ich, dass du in diesem Buch einige neue Ideen findest oder vielleicht eine Bestätigung dafür bekommst, dass du auf dem richtigen Weg bist.

Ein paar Punkte vorweg

Ich setze in diesem Buch voraus, dass folgende Faktoren klar sind, und werde sie hier nur noch streifen.

- Du hast einen konkreten Ruf von Gott für den Dienst, den du tun willst.
- Du weißt, auf welchem Weg du deine Finanzen erhältst und bist über die steuerlichen Rahmenbedingungen informiert.
- Du oder jemand anders hat ein Budget aufgestellt, damit klar ist, wie viel du an deinem konkreten Platz für deinen Lebensunterhalt und Dienst brauchst.
- Du weißt Bescheid über deinen steuerrechtlichen Status und über dein Angestelltenverhältnis.
- Du hast dir eine Meinung gebildet über Lebensversicherung, Sparguthaben, Rente usw. und bist mit deinen Entscheidungen in diesem Bereich zufrieden.
- Du verbringst viel Zeit im Gebet, während du an deinem Unterstützerteam arbeitest. Es geht dabei nicht in erster Linie um eine finanzielle Angelegenheit. Es handelt sich vielmehr um einen geistlichen Dienst, in dem du und deine Unterstützer stehen, und dieser muss gut durch Gebet abgedeckt sein.

Lies den Abschnitt „Nützliche Kontakte", S. 241.

Wenn irgendeiner dieser Punkte noch nicht geklärt ist, solltest du dich zuerst darum kümmern, damit du dann auch wirklich maximal von diesem Buch profitieren kannst. Am Ende des Buches findest du einige Hinweise auf andere Gruppen, die dir eine Hilfe sein können.

Wovon handelt dieses Arbeitsbuch und wie sollte man es gebrauchen?

Gott, die Welt und das liebe(?) Geld… ist kein Handbuch, in dem man alle Antworten findet. Es kann sogar sein, dass dir beim Durcharbeiten viele Fragen kommen, die du vorher noch nicht hattest. Das Buch wurde mit dem Ziel geschrieben, dein Selbstvertrauen zu stärken, deine eigenen Fragen selber zu beantworten.

Um ein Unterstützerteam aufzubauen musst du Herz, Kopf und Hände einsetzen. Wir werden uns ausgiebig mit allen drei Punkten befassen:

- Mit den biblischen Prinzipien des Gebens und Empfangens, um das **Herz** zu erreichen
- Mit dem Warum und Wie des Gebens, um den **Kopf** anzuregen
- Mit praktischen Vorschlägen, wie man vorgeht, um die **Hände** auszurüsten.

Aus Erfahrung weiß ich, dass diese drei Punkte in dieser Reihenfolge behandelt werden müssen. Ich hoffe, dass du dieses Buch ganz durchliest. Solltest du das aber nicht tun, dann ist es auf jeden Fall besser, Teil 1 Biblische Prinzipien durchzuarbeiten, als nur die praktischen Beispiele am Ende des Buches zu lesen.

Dieses Buch enthält zur Auflockerung eine ganze Reihe Geschichten über Geber und Empfänger. Es sind alles wahre Geschichten, aber bei einigen musste ich kleine Änderungen vornehmen, um die Identität der Betreffenden zu schützen. Es bleibt dir überlassen, herauszufinden, in welchen Beispielen ich Details verändert habe und in welchen nicht!

Dies ist ein Arbeitsbuch. **Das bedeutet, dass man es durcharbeiten und nicht nur lesen sollte.** Wo immer du etwas findest, das auf deine besondere Situation passt, benutze es! Die Übungen sind da, um gebraucht zu werden. Wenn du nicht ins Buch schreiben möchtest, dann besorge dir ein extra Heft für deine Notizen.

S. 39: Wie sollte ich mich hinsichtlich Missionspartnerentwicklung fühlen?

Es gibt zwar einige Grundprinzipien, wie man einen Unterstützerkreis aufbaut, aber es gibt keine Zauberformel, die auf alle Situationen anwendbar ist. Unterstützer gewinnen heißt, Beziehungen aufzubauen und diese Beziehungen werden – wie auch sonst im Leben – bei jedem unterschiedlich aussehen. Dieses Arbeitsbuch wird dir nur dann wirklich nützlich sein, wenn du es dir persönlich aneignest und dir eine Vorgehensweise ausdenkst, die deiner Situation und deiner Persönlichkeit entspricht.

Arbeitsblätter zum Download

Textpassagen, die blau hinterlegt und durch eine abgeknickte Ecke gekennzeichnet sind, sind als Arbeitsblätter zum Download unter ***www.aem.de/books*** *verfügbar (die englischen Originale findet man unter* ***www.fundingthefamilybusiness.org****).*

! Textpassagen mit diesem Ausrufezeichen beinhalten in der Regel eine direkte Aufforderung bzw. Handlungsempfehlung an dich. So wird deutlich, was du ganz praktisch zu tun hast ...

ERSTER TEIL:
BIBLISCHE PRINZIPIEN

1. GEBEN, WIE GOTT GIBT

Es klingt vielleicht banal, aber damit du finanzielle Unterstützung erhältst, braucht es Leute, die diese Finanzen zur Verfügung stellen. Und weil du nichts empfangen kannst, bevor jemand etwas gibt, ist es wichtig zu verstehen, was die Bibel Gebern zu sagen hat, bevor wir uns anschauen, was es heißt ein Empfänger zu sein. Nehmen wir doch deshalb die grundlegenden biblischen Prinzipien des Gebens genauer unter die Lupe.

Gott ist der grundlegende Geber

> *„Denn Gott hat die Welt so sehr geliebt, dass er seinen einzigen Sohn hingab, damit jeder, der an ihn glaubt, nicht verloren geht, sondern das ewige Leben hat."*
>
> Joh. 3,16

Wenn du das nächste Mal mit einer Gruppe von Christen zusammen bist, dann stell ihnen doch mal die Frage, was der bekannteste Bibelvers über das Geben ist. Gewöhnlich antworten die Leute mit „Es ist segensreicher zu geben als zu nehmen" (Apg. 20,35) oder „Wenn ihr gebt, werdet ihr erhalten" (Lk. 6,38). Einige begeisterte Bibelkenner werden auch noch weniger bekannte Verse nennen. Es bedarf dann aber einer gewissen Hilfestellung, bis jemand auf den Vers in Johannes 3,16 kommt: Der bekannteste Vers in der Bibel ist gleichzeitig der wichtigste Vers über das Geben!

Gottes Wesen ist vollkommen. Er gibt, weil das seine Natur ist. Das Kreuz ist das größte Geschenk, der verschwenderischste Akt, den man sich denken kann. Gott hat nicht versucht, eine billigere Alternative zu finden oder das nächste Sonderangebot abgewartet. Er hat den Höchstpreis bezahlt, er gab sein Bestes, und zwar für Menschen, die nichts dazu beigetragen hatten, dieses Geschenk zu verdienen. Tatsächlich hatten die Menschen durch ihre Taten bewiesen, dass sie eigentlich das Gegenteil eines solch teuren, großzügigen und überschwänglichen Geschenks verdient hätten. Aber trotz der Ablehnung derer, für die das Geschenk bestimmt war, gab Gott dennoch seinen Sohn.

Als Gott die Menschen schuf, erschuf er sie in seinem Bild, und das bedeutete, dass er seine Geber-Natur in uns einpflanzte. Leider wurde sie durch den Sündenfall zerstört und durch Gier und Egoismus verdrängt. Wenn wir durch Christus eine Vertrauensbeziehung mit Gott beginnen, dann wohnt Gottes Geist in uns und sorgt dafür, dass sich Gottes Charakter allmählich wieder in unserem Leben entfaltet. Darauf folgt, dass wir zunehmend erkennen und üben, was Gott damit meint, wenn wir in seinem Sinne geben.

Allerdings kämpft unser alter Mensch ständig gegen Gottes Geist in uns. Das zeigt sich im Umgang mit Geld, wie auch in jedem anderen Bereich unseres Lebens. Billy Graham sagte einmal: „Dein Kontoauszug ist ein theologisches Dokument. Es zeigt, was und wen du anbetest." Jesus selbst hat ganz offen gesagt: „Ihr könnt nicht gleichzeitig Gott und dem Geld dienen" (Mt. 6,24).

In unserer Gesellschaft betrachten viele Menschen Geld wie einen Gott, und ihre wichtigste Aufgabe im Leben scheint das Geldscheffeln zu sein. Gott behandelt man mittlerweile gleichgültig oder mit Verachtung, und aufopferungsvolles Geben scheint vielen Menschen seltsam.

Einer unserer langjährigen Unterstützer arbeitete den größten Teil seines Lebens als Mitarbeiter in einer Bank und schaffte es, sich in eine höhere Position mit sehr gutem Einkommen emporzuarbeiten. Trotzdem lebten er und seine Frau bescheiden, und zwar auf einem wesentlich niedrigeren Niveau als seine ähnlich positionierten Kollegen. Anstatt einfach nur den Zehnten ihres Einkommens zu geben, setzen sie sich jedes Jahr zusammen, fragen zuerst Gott und beraten dann, wie viel sie in diesem Jahr ungefähr für sich brauchen werden. Alles Übrige wird zu 100 Prozent weggegeben.

In einem Jahr hatte seine Abteilung besonders gut abgeschnitten und er erhielt einen unerwarteten, recht hohen Bonus. Es stand für unsere Unterstützer außer Frage, dass sie alles weggaben, denn für dieses Jahr hatten sie bereits ihren Eigenbedarf ermittelt.

Das ist genau das Gegenteil von dem, was in unserer Kultur üblich ist. Aber es ist ein Beispiel dafür, wie Gottes Geist im Alltag eines gewöhnlichen Ehepaares wirkt. So etwas wird nicht mit lauten Tönen publik gemacht,, man schreibt darüber auch keine Artikel in Zeitschriften oder in Büchern. Indem dieses Paar in der Stille über Gottes Sicht zum Thema Geben nachdachte, üben sie großen Einfluss aus auf die weltweite Ausbreitung des Evangeliums – und zwar ohne Aufhebens, aber dafür entscheidend.

Gedankenpause

Wenn Gott zuallererst gibt und es segensreicher ist zu geben als zu nehmen, welchen Segen erhält dann Gott, indem er uns seinen Sohn gibt? Inwiefern ist der Segen für Gott größer als der Segen, den wir als Empfänger dieses ganz besonderen Geschenks erhalten?

Wie steht's mit dir?

Zuallererst sind wir Empfänger der Dienste von unserem Herrn Jesus, der sein Leben für uns gab (Mk. 10,45). Bevor wir etwas geben oder dienen, müssen wir anerkennen, dass alles, was wir haben und sind, von Gott kommt und uns daran freuen. Wie wird dieser Gedanke in dieser Woche deine Lebensweise verändern?

Bibelvers

„Denn Gott hat die Welt so sehr geliebt, dass er seinen einzigen Sohn hingab, damit jeder, der an ihn glaubt, nicht verloren geht, sondern das ewige Leben hat." (Joh. 3,16)

Gebet – Bete so oder mit eigenen Worten:

Vater, ich preise dich für deine überschwängliche Großzügigkeit, die du mir und allen in deiner Familie zukommen lässt. Was für ein Geschenk: das Opfer deines Sohnes, den du über alles liebst! Ich bin völlig von deiner Barmherzigkeit abhängig. Du verdienst mein Lob für diese unglaubliche Gnade. Amen.

Download **www.aem.de/books**

Gedankenanstoß

Lies Epheser 1,3–14 und geh noch einmal zu dem Kasten „Gedankenpause" auf Seite 8. Was gibt Gott uns und was empfängt er?

Alles gehört Gott

Unsere westlichen Gesellschaften befinden sich in einem Kaufrausch, sie sind ständig darauf aus, ihren Besitz zu vergrößern und diese Konsumanhäufung auch noch zum Maßstab des Erfolgs zu machen. Feststellungen wie: „Er ist ein gemachter Mann" treffen in unserer Gesellschaft wohl auf Leute mit teuren Autos, einem tollen Eigenheim und einem dicken Bankkonto zu, aber nicht auf einen Mann mit einer guten Beziehung zu Frau und Kindern, der aber vielleicht nie besonders gut verdient hat.

Aber was besitzen wir **wirklich**?

In 1. Chronik lesen wir von einem sehr reichen Mann, dem bewusst wurde, dass er eigentlich nichts besaß. Gott lässt König David wissen, dass er einen Tempel als Anbetungsstätte für das ganze Volk bauen möchte. Nicht David soll diesen Tempel bauen, denn er hat zu viel Blut an den Händen durch die vielen Kriege, die er geführt hat. Gott wählt Salomo, Davids Sohn, für den Bau des Tempels. Davids Aufgabe dagegen ist es, das Geld für den Bau zu sammeln.

David beginnt seine Fundraising-Kampagne, indem er selbst mit gutem Beispiel vorangeht – er gibt eine große Summe. Die anderen Anführer des Volkes folgen seinem Beispiel. Als das Volk nun sieht, wie diese Leute geben (aus freien Stücken und mit ganzem Herzen [29,9]), stellen sie ebenfalls freudig ihre Zeit und handwerklichen Fähigkeiten zur Verfügung, um den Tempel zusätzlich zu diesem Reichtum Wirklichkeit werden zu lassen.

> *„Denn wer bin ich, und was ist mein Volk, dass wir dir etwas geben könnten? Alles, was wir haben, stammt von dir; wir geben dir nur, was du zuvor uns geschenkt hast."*
> 1. Chr. 29,14

Nachdem alles Geld zusammengekommen ist, ruft David das Volk zum Gebet zusammen, um alles Gott zu weihen. Er lobt Gott für seine Güte und bittet ihn um Standhaftigkeit für das Volk. Mitten in seinem Gebet schiebt David nebenbei folgenden Satz ein (1. Chr. 29,14): „Denn wer bin ich, und was ist mein Volk, dass wir dir etwas geben könnten? Alles, was wir haben, stammt von dir; wir geben dir nur, was du zuvor uns geschenkt hast." Obwohl er der reichste Mann im gesamten Königreich war und, wie er selber sagte, von seinen Ressourcen (29,2) und seinen Schätzen (29,3) reichlich gegeben hatte, wurde ihm bewusst, dass er in Wirklichkeit gar nichts besaß. **Alles, was er und die anderen getan hatten, bestand darin, Gott diejenigen Dinge zurückzugeben, die er ihnen zur vorübergehenden Verwaltung anvertraut hatte.**

Kannst du dich noch daran erinnern, wie du als Kind deinen Eltern zum ersten Mal ein Geschenk gekauft hast, vielleicht zu Weihnachten, zum Geburtstag oder zum Muttertag? Dann hast du wahrscheinlich, so wie ich, dein Taschengeld genommen und es für irgend etwas Kitschiges verprasst und es dann mit ebenso viel Klebeband wie Papier gut eingewickelt, um es deinen Eltern stolz zu präsentieren. Wie haben deine Mama oder dein Papa reagiert? Es wäre ungewöhnlich, wenn sie sich nicht darüber gefreut hätten. Nicht so sehr über das eigentliche Geschenk (wird die Mutter jemals dieses Parfüm benutzen? Wird der Vater jemals diesen Schlips tragen?), aber darüber, dass ihr Kind sein Taschengeld geopfert hat, um für sie ein Geschenk zu kaufen. Wo aber kam das Taschengeld her? Natürlich von den Eltern! Alles, was das Kind getan hat, war, den Eltern etwas von dem Taschengeld, das es erhalten hatte, in Form eines Geschenkes zurückzugeben. Auch wenn das Kind stolz darauf ist, dass es mit seinem Taschengeld ein Geschenk gekauft hat, ändert sich nichts an der Grundvoraussetzung: Ohne die Großzügigkeit der Eltern wäre es nicht in der Lage gewesen, ihnen ein Geschenk zu machen.

Genauso steht es um unser Geben. Egal wie viel wir Gott geben, in erster Linie kommt alles von ihm. Während wir im Glauben allmählich reifer werden mögen, bleiben wir doch immer wie Kinder von Gott abhängig und geben ihm nur die Zeit, die Fähigkeiten und das Geld, die er uns zuerst geschenkt hat, zurück.

Gedankenpause

Stell dir einmal vor (und schreib es auf), wie du dich fühlen würdest, wenn dein Kind (real oder imaginär) sich weigern würde, dir von dem Taschengeld, das du ihm gegeben hast, ein Geschenk zu kaufen.

Wie steht's mit dir?

Es mag Eltern geben, die sich über ein Geschenk von ihrem Kind nicht freuen. Aber Gott, unser Vater, freut sich, wenn wir ihm etwas zurückgeben. Was könntest du, als ein Kind Gottes, diese Woche in deiner Einstellung zum Geben ändern?

Bibelvers

„Alles, was wir haben, stammt von dir; wir geben dir nur, was du zuvor uns geschenkt hast."
1. Chronik 29,14

Gebet – Bete so oder mit eigenen Worten:

(Vielleicht könntest du den obigen Vers in ein Dankgebet umschreiben).

Vater, danke, dass du mir so viel gegeben hast. Danke, dass es mir möglich ist und ich gewillt bin, dir etwas zurückzugeben und damit dein Partner zu sein bei dem, was du hier auf dieser Welt tust. Danke, dass ich großzügig geben kann, weil du noch großzügiger bist. Amen.

Gedankenanstoß

Mach dir eine Liste mit all den Leuten, die du in den letzten 24 Stunden (oder der letzten Woche oder noch länger zurück) getroffen hast. Schreibe auch auf, welche Gegenstände aus deinem Besitz du in dieser Zeit benutzt hast.
Jetzt lies Kolosser 1,15–16. Nimm dir Zeit, über das Wunder nachzudenken, dass all diese Leute und all diese Dinge von Gott und für Gott geschaffen wurden und lobe ihn dafür.

Download
www.aem.de/books

Gott möchte, dass alles zur Ausbreitung seines Königreiches gebraucht wird

Leider allzu oft stimmen unsere Ziele im Leben wenig mit Gottes Zielen überein. Wie Gott schon sagte: „Meine Gedanken sind nicht eure Gedanken, und meine Wege sind nicht eure Wege" (Jes. 55,8). Dieses Auseinanderklaffen der Prioritäten zeigt sich am deutlichsten darin, wie wir mit Geld umgehen. Und das ist kein Problem der Neuzeit; die Leute zur Zeit Jesu kämpften auch schon damit. Das Thema war so aktuell, dass Jesus in der Bergpredigt ausführlich auf die menschliche Faszination vom Reichtum einging. Er sagte in Matthäus 6,19–21: „Sammelt keine Reichtümer hier auf der Erde an, wo Motten oder Rost sie zerfressen oder Diebe einbrechen und sie stehlen können. Sammelt eure Reichtümer im Himmel, wo sie weder von Motten noch von Rost zerfressen werden und vor Dieben sicher sind."

Während 2 000 Jahren hat sich hier nicht viel verändert. Unser Lebensziel ist im Grunde genommen immer noch das Anhäufen von Dingen, die rosten, die gestohlen und von Motten zerfressen werden.

Aber Gottes Plan ist die Ausbreitung seines Königreiches. Darum geht es beim Kreuz: Es wurde den Menschen ein Weg eröffnet, um aus dem Reich Satans in das Reich Gottes überwechseln zu können, indem Gott Gerechtigkeit schuf und den Preis für uns Menschen bezahlte.

Wenn Gott uns also Ressourcen anvertraut und sein erstes Anliegen die Ausbreitung seines Reiches ist, dann sollten wir annehmen, dass es seinem Willen entspricht, wenn wir diese Ressourcen für seine Ziele einsetzen und nicht bloß für unsere eigenen.

Meine Eltern waren ganz gewöhnliche Leute mit einem ungewöhnlichen Einfluss auf das Reich Gottes. Ihr ganzes Leben war darauf ausgerichtet, alles, was sie hatten auf bestmögliche Art und Weise zu gebrauchen, damit andere Menschen auf vielfältige Weise Gottes Liebe erfuhren. Schon als Kinder wussten wir, dass wir nach ihrem Tod ihr Haus nicht erben würden; es sollte dem Wohl von Missionaren dienen. Nachdem Vater 1995 gestorben war, blieb Mutter weiter in dem Haus wohnen. Im Frühling 2005 berieten wir drei Geschwister mit Mutter, wie ihr Wunsch zu gegebener Zeit in die Praxis umgesetzt werden könnte. Nachdem wir verschiedene Möglichkeiten geprüft hatten, war meine Mutter einverstanden, das Haus zu verkaufen und das Geld an im Ausland lebende Missionare zu geben, welche Gastunterkünfte anbieten wollten. Nur wenige Monate später starb meine Mutter ganz plötzlich. Mitten in unserer Trauer über den plötzlichen Verlust hatten wir die Freude, den gesamten Erlös aus ihrem einzigen größeren Besitz dem von ihr gewünschten Zweck zuführen zu können.

Nach Mutters Tod erhielt ich die üblichen Steuerformulare, damit auch diese gesetzliche Angelegenheit formell abgeschlossen und anfallende, schon bezahlte Steuern zurückerstattet werden konnten. Nun, das Britische Steuersystem erlaubt es, dass ein gewisses Prozent der Steuerrechnung von wohltätigen Organisationen zurückverlangt werden kann, um so noch ein bisschen mehr der Organisation zukommen zu lassen. Ehrlich gesagt, ich hatte wenig Zeit und noch weniger Lust, diese komplizierten Formulare im Detail auszufüllen, und nach einer Schnellkalkulation rief ich das Steueramt an und erklärte, dass anfallende Steuern meiner Mutter bis auf wenige Pfunde schon von verschiedenen Missionen und Organisationen zurückverlangt wurden. Dies hiess, dass meine Mutter effektiv einiges mehr als ihr steuerbares Einkommen für andere Menschen gegeben hatte. Nach ein bisschen Erklärungskunst meinerseits nahm mir der Steuerbeamte die Fakten ab und erklärte ihr Steuerkonto für geschlossen.

Meine Eltern waren wie alle anderen Menschen im Reich Gottes Sünder, deren Sünden vergeben worden waren. Sie hatten allerdings schon früh in ihrem gemeinsamen Leben erkannt, dass sie Empfangende waren. Sie wussten, dass alles, was sie besaßen, von Gott kam und ihnen selbst somit nichts gehörte. Es war ein ganz logischer Schritt für sie dafür zu sorgen, dass diese Ressourcen maximal dem rechtmäßigen Eigentümer zugute kamen. Nicht ihre eigenen Pläne zählten, sondern Gottes Pläne.

Gedankenpause

Hängt dein Herz an etwas, das du auf keinen Fall aufgeben möchtest, selbst wenn du Gottes Ziele dadurch verfehlen würdest?

(Z. B. Lieblingshobbies, Karriere im Beruf, die Hälfte deines Geldes, dein Ansehen, deine derzeitige Gemeinde, die Unterstützung deiner Eltern, deine Fähigkeiten und Kompetenzen, dein Haus, die Ausbildung deiner Kinder, deine Arbeit, die Unterstützung deines Ehepartners, all dein Geld und Besitz, dein ganzes Leben ...)

Wie steht's mit dir?

Ein christlicher Pastor bekannte sich zu einem Jugendstreich. Er war in ein Geschäft eingebrochen und hatte alle Preisschilder vertauscht, so dass die billige Ware nun teuer war und die teure Ware billig. Genau das Gleiche macht eine weltliche Sichtweise mit den Dingen, die Gott wertschätzt. Schreib in wenigen Stichworten auf, wie du dich bemühen willst, den wirklichen Wert von allem zu sehen. (Vergiss dabei aber nicht, dass unsere Kultur dich in deiner Bereitschaft schwächen möchte, den Wert der Dinge mit Gottes Augen zu sehen .)

Bibelvers

„Sammelt eure Reichtümer im Himmel, wo sie weder von Motten noch von Rost zerfressen werden und vor Dieben sicher sind." (Mt. 6,20)

Gebet – Bete so oder mit eigenen Worten:

Lieber Vater, du versorgst mich mit allem und bist alles, was ich brauche. Danke für alle Menschen, die du mir geschenkt hast, und die mich finanziell und in meinem geistlichen Leben unterstützen, weil sie dich lieben und ihnen deine ewigen Pläne wichtiger sind als ihr materielles Wohlergehen. Segne sie heute und lass diese Wertschätzung in ihren Leben noch größer werden. Amen.

Gedankenanstoß

Lies Johannes 17,1–5.

Beachte, dass Jesus nur die Ehre seines Vaters und seine Ehre im Blick hat. Wie hat er das erreicht? Denk daran, welcher Leidensweg gerade vor Jesus liegt.

Lies Matthäus 6,19–24.

Unsere Herzen lassen sich leicht von den wahren himmlischen Schätzen ablenken, wenn wir uns an Dinge hängen, die Gott außer Acht lassen. Schau dir noch einmal das an, was du auf Seite X bei dem Punkt „Gedankenpause" aufgeschrieben hast und mache Folgendes:

- *Nimm dir Zeit, um über die Dinge mit ewigem Wert nachzudenken und freu dich in deinem Herzen darüber. Wie kannst du diese Woche deine Liebe und Hingabe Gott gegenüber zum Ausdruck bringen?*
- *Nimm dir Zeit, um vergängliche Dinge an den rechten Platz zu rücken. Wie kannst du verhindern, dass irdische Dinge dir deine Hingabe an Gott rauben ?*

Download **www.aem.de/books**

Alles wird uns zur Verwaltung geliehen

Zeitweilige Heimatlosigkeit ist ein berufsbedingtes Risiko im Leben eines weltreisenden Missionars. Ob du kurz vor der Ausreise stehst, für ein paar Monate in die Heimat zurückkehrst oder dich nach einigen Jahren Arbeit und Leben im Ausland wieder ganz daheim niederlassen willst, alles ist ohne Panikanfälle leichter zu ertragen und sicher beruhigender, selbst wenn du mal wieder nicht weißt, wo du deine Koffer auspacken und dein müdes Haupt hinlegen kannst. Wir haben diese Situation sehr häufig erlebt – ich weiß schon gar nicht mehr wie oft. Wir sind unseren Familien und Freunden so dankbar, dass sie uns immer ein Bett zur Verfügung gestellt haben, wenn wir es brauchten. Eine Familie, die uns unterstützt, hat uns sogar dreimal bei sich aufgenommen – solche Unterstützer sind Gold wert!

Ich erinnere mich an eine Begebenheit, als wir nach Deutschland umziehen wollten, um dort im europäischen Agape-Büro mitzuarbeiten. Unser Haus in Nordirland hatte viel schneller einen Käufer gefunden als erwartet. Und nun brauchten wir für ein paar Monate eine Bleibe. Gerade zu der Zeit trafen wir Ian und Roberta Clarke, die sich auf ihre Ausreise nach Uganda vorbereiteten, um dort das Kiwoko-Krankenhaus aufzubauen. Da Ian noch einen Kurs in Tropenmedizin in Liverpool absolvieren wollte, brauchten sie für ein paar Monate jemanden, der auf ihr Haus aufpasste. Ihr Zuhause war genau das, was wir nötig hatten, genau zum richtigen Zeitpunkt.

Es war ein wunderschönes Haus, direkt am Meer gelegen. Im oberen Stockwerk war ein großes Wohnzimmer, von dem man an langen Sommerabenden einen herrlichen Blick auf die Bucht genießen konnte. Auf der unteren Etage lag ein Kaminzimmer, man konnte es sich dort an langen Winterabenden gemütlich machen. Neben seiner Tätigkeit als Arzt war Ian außerdem Business-Partner einer Kiefer-Möbelfirma gewesen, so konnten wir sogar in einem exquisiten Kiefernholz-Himmelbett schlafen! Es war wirklich ein fantastisches Zuhause, wenn auch nur für ein paar Wochen. Aber eben – es gehörte nicht uns, es war uns nur für eine kurze Zeit anvertraut worden. Diese Tatsache beeinflusste die Art, wie wir mit dem Haus umgingen. Wir waren viel sorgsamer im Umgang mit dem Haus und seinem Mobiliar, als wenn uns das alles selber gehört hätte.

Eines Tages ließen wir versehentlich einen ihrer Kochtöpfe derart anbrennen, dass selbst heftiges Schrubben mit einem Scheuerlappen und Putzmittel den Topf nicht mehr in seinem ursprünglichen Glanz erstrahlen lassen konnte. Hätte der Topf uns gehört, hätten wir einfach irgendwo einen preisgünstigen Ersatz gekauft. Wir wussten, dass Ian und Roberta sich nichts daraus machen würden. Aber uns war die Sache nicht gleichgültig. Der Topf gehörte nicht uns – er gehörte ihnen, und wir hatten ihn völlig ruiniert. Wir hielten überall Ausschau nach einem Ersatztopf, der dem Original ähnlich war, damit wir ihr Haus so verlassen konnten, wie wir es vorgefunden hatten.

Es war ein echtes Vorrecht, in diesem Haus zu wohnen, und wir genossen diese Zeit sehr. Aber wir verwalteten das Haus im Namen seiner Besitzer, und dieser Umstand verleiht einem Vorrecht eine besondere Verantwortung . Während ich das schreibe, genieße ich eine Woche lang das Ferienhaus eines Freundes an der Donegal-Küste, um liegengebliebene Schreibarbeit nachzuholen, und wieder bin ich sehr achtsam im Umgang mit dem mir vorübergehend anvertrauten Heim.

Nun, wie gehen wir mit den Ressourcen um, die Gott uns zur Verwaltung anvertraut hat? Gleich am Anfang, als Gott den Menschen zum Aufseher über die Schöpfung machte, hat er die Besitzverhältnisse geklärt: „Seid fruchtbar und vermehrt euch, bevölkert die Erde und nehmt sie in Besitz. Herrscht über die Fische im Meer, über die Vögel in der Luft und über alle Tiere auf der Erde" (1. Mose 1,28). Gott ist der Besitzer, wir sind lediglich seine bevollmächtigten Verwalter. Er erwartet von uns, dass wir mit allem, was er uns anvertraut, sorgsam umgehen und es bestmöglich für sein Königreich einsetzen; gleichzeitig dürfen wir auch selber einen Nutzen daraus ziehen.

Wir haben unsere Sache diesbezüglich nicht immer gut gemacht, weder weltweit noch vor Ort. Selbst wenn du bei den aktuellen Fragen des Umweltschutzes und der Energieerhaltung keine führende Rolle besetzen kannst, überleg dir, wie du mit der Zeit, den Fähigkeiten und dem Geld umgehst, die Gott dir anvertraut hat. Bist du dir bewusst, dass Gott der Besitzer dieser Dinge ist? Würde jemand, der dich beobachtet, den Eindruck gewinnen, dass du mit Gottes Plan, der Ausbreitung seines Reiches, beschäftigt bist oder mit deinen eigenen Zielen?

Der ständige Kampf zwischen unserer alten, sündigen Natur und dem Geist Gottes lässt diesen Punkt zu einer täglichen Herausforderung werden und bleibt auch Vollzeitlern im christlichen Dienst nicht erspart.

Nach dem Tod meines Vaters wollten wir einen Vers auf seinen Grabstein setzen, der sein Leben widerspiegeln würde. Wir wählten 1. Korinther 4,2: „***Gott erwartet nicht mehr von uns, als das treu zu verwalten, was er uns anvertraut.***"

Gedankenpause

Sei ehrlich mit dir selbst und mit Gott: Kannst du wirklich sagen, dass Gott der Besitzer deiner Zeit, deiner Gaben und deines Geldes ist? Wovon machst du im Moment Gebrauch, als ob es dir gehörte und nicht Gott?

Wie steht's mit dir?

Wir blicken noch einmal auf die Gedankenpause (Seite 12): Was könntest du bezüglich der Dinge, an denen dein Herz hängt und die du auf keinen Fall aufgeben möchtest, tun, damit du sie schätzen lernst und sie vollständig für Gottes Pläne benutzt und nicht nur für deine eigenen? Überlege, woran dein Herz am meisten hängt, und übergib es/ihn/sie Gottes Fürsorge und Liebe.

Bibelvers

„Wer in kleinen Dingen treu ist, wird auch in großen treu sein. Und wer schon in geringen Angelegenheiten betrügt, wird auch bei größerer Verantwortung nicht ehrlich sein. Wenn ihr bei weltlichem Besitz nicht vertrauenswürdig seid, wer wird euch die wahren Reichtümer des Himmels verwalten lassen? Und wenn ihr mit dem Geld anderer Leute nicht treu seid, warum sollte man euch eigenes Geld anvertrauen?" (Lk. 16,10–12)

Gebet – Bete so oder mit eigenen Worten:

Vater, danke, dass du mir Zugang zu deinen Reichtümern als Partner gewährst. Bitte hilf mir, treu zu sein in meinem Bestreben alles, was du mir geliehen hast, zu deiner Ehre zu gebrauchen. Amen.

Gedankenanstoß

Lies Lukas 19,1–27.
Jesus trat in das Leben des Zachäus und verwandelte ihn von einem geldgierigen Egoisten zu einem großzügigen Verwalter von Gottes Reichtum. Jesus ist gekommen, um solche verlorenen Menschen zu retten (V. 10). Wie hat Jesus, als er in dein Leben gekommen ist, deine Einstellung zu Wohlstand und Integrität verändert? Jesus gleicht nicht dem harten Fürsten (V. 12 und 21). Jesus hat alles gegeben, somit hat er das Recht von uns zu erwarten, dass wir alles richtig verwalten, was er uns anvertraut hat. Die Geschenke unseres Königs richtig zu verwalten heißt überhaupt nicht, dass wir sie wie ein wunderschönes Gemälde in einem Tresor aufbewahren (V. 23), sondern mit allem, was er uns anvertraut hat, zu „arbeiten, bis er wiederkommt" (V. 13). Denk über die Wiederkunft Christi nach und darüber, wie dir diese Wahrheit helfen kann, mit dem, was Gott dir anvertraut hat, besser umzugehen – mit deinem ganzen Besitz, mit deiner Familie, mit deiner Arbeit und mit allen natürlichen und geistlichen Gaben.

Download ***www.aem.de/books***

Denk auch über Folgendes nach: Je mehr wir von dem, was Gott uns gegeben hat, in sein ewiges Werk investieren, desto mehr wird er uns anvertrauen (V. 24–26). (Lies auch Lukas 16,9–15).

Gib von dem, was Gott besitzt, nicht von dem, was du selbst zu haben meinst

Die Beziehung zwischen Paulus und der Gemeinde in Korinth war, gelinde gesagt, ziemlich gereizt. Der Großteil seiner Briefe an die Gemeinde enthält Maßregelungen, Ratschläge und Anweisungen zu Themen wie Inzest, Streitigkeiten unter Christen, die vor dem Gericht ausgetragen wurden, und zu Spaltungen führende Gottesdienstpraktiken. An mehreren Stellen geht Paulus die Art und Weise an, wie die Gemeinde gab, oder besser gesagt, nicht gab. In 1. Korinther 9 befasst sich Paulus mit der Entscheidung der Gemeinde, ihn nicht zu unterstützen, auch in 2. Korinther Kapitel 11 und 12 geht er darauf ein. Später kommen wir noch darauf zurück.

In 2. Korinther 8 und 9 geht Paulus darauf ein, wie die Korinther gescheitert waren ihre Verpflichtung zu Ende zu führen, nämlich die Gemeinde in Jerusalem durch ein Geldgeschenk zu unterstützen. Die Gemeinde in Jerusalem war sehr arm, Lebensmittel waren knapp, was wahrscheinlich durch eine Hungersnot bedingt war. Die Korinther waren die Ersten, die auf den Hilferuf reagiert hatten. Sie hatten auch als Erste Geld gegeben, aber nachdem sie einen so guten Start hingelegt hatten, hörten sie damit auf.

Siehe 1. Kor 16,1–4; Apg. 24,17; Apg. 11,29–30

In diesen beiden Kapiteln versucht Paulus durch eine Mischung aus Drohungen, Ermutigung, Druck und Überredungskunst die Korinther dazu zu bringen, ihr Versprechen zu Ende zu führen und den Betrag zu geben, den sie ausgemacht hatten. Anscheinend hatten sie Angst, es sich nicht leisten zu können, das gesamte versprochene Geld wegzugeben. Übertragen auf unsere heutige Situation hieß das: Sie prüften das Gemeindebudget, stellten fest, dass die versprochenen Ausgaben die Einnahmen übersteigen würden und man deshalb beim Geben kürzen müsste. Paulus ermutigt sie daran festzuhalten, dass ihre Verpflichtung der Gemeinde in Jerusalem gegenüber Gottes Ruf war. Diese Verpflichtung war nicht auf ihr Bankkonto beschränkt, sondern lediglich auf ihre Fähigkeit darauf zu vertrauen, dass Gott ihnen alles Nötige zur Verfügung stellen würde, um zu vollenden, wozu er sie berufen hatte. Darüber hinaus würde ja Gott gleichzeitig für die Versorgung ihrer eigenen Bedürfnisse besorgt sein.

„Er wird euch großzügig mit allem versorgen, was ihr braucht. Ihr werdet haben, was ihr braucht, und ihr werdet sogar noch etwas übrig behalten, das ihr mit anderen teilen könnt."

2. Kor. 9,8

Daraus können wir etwas Wichtiges lernen. Manchmal bittet Gott uns, von unserer Zeit, unseren Fähigkeiten und unserem Geld so viel zu geben, dass es uns unlogisch und jenseits unserer sichtbaren Mittel erscheint. Es sieht dann so aus, dass wir es uns einfach nicht leisten können oder nicht dafür ausgerüstet sind. **Aber Gott hat unbegrenzte Ressourcen, und er wird uns immer mit allem ausrüsten und versorgen, was wir brauchen, um seiner Berufung für unser Leben**

folgen zu können, auch dann, wenn wir absolut nicht wissen, woher diese Ressourcen kommen sollen.

Nimm dir zum Beispiel Petrus. Er und die anderen Jünger sitzen in einem Boot, sie versuchen den See Genezareth zu überqueren, als plötzlich ein Sturm aufkommt (Mt. 14,22–32). Da sehen sie neben dem Boot eine Gestalt, die sie für ein Gespenst halten. Es überrascht also nicht, dass sie völlig verängstigt sind. Aber es ist natürlich kein Gespenst, sondern Jesus, der ihnen zuruft, „Fürchtet euch nicht!" Petrus, in seinem typischen Ungestüm, ruft zurück: „Herr, wenn du es wirklich bist, lass mich auf dem Wasser zu dir kommen." Und Jesus sagt: „Komm!" Petrus springt über den Bootsrand und geht auf dem Wasser. Wir wissen nicht, wie weit er gekommen ist, bevor er anfing zu wanken und Jesus seine Hand ausstrecken musste, um ihn zu packen. Anscheinend hat er es weiter geschafft als irgend ein anderer.

Petrus tat genau das, worum Jesus ihn bat– und entgegen aller Wahrscheinlichkeit hatte er Erfolg. Er probierte seine Wasser-Wandelkünste nicht zuerst im Nichtschwimmerbecken aus und ging auch nicht in einen christlichen Bücherladen, um sich ein Buch über „Die Kunst, auf dem Wasser zu gehen" zu kaufen. Petrus hat auch kein Seminar zu diesem Thema besucht. Er tat einfach das, was Jesus ihm sagte, und es klappte. Er war zwar nicht hundertprozentig erfolgreich, aber immerhin kam er soweit, dass Jesus die Hand ausstrecken und ihn fassen konnte.

Wie ist das bei uns?

Wenn Gott uns um etwas bittet, dann besteht unsere erste Reaktion oft darin, unsere eigenen Ressourcen anzuschauen und danach zu entscheiden, ob wir seine Bitte ausführen können. Danach geben wir etwas ab von den sichtbaren und begrenzten Mitteln, die wir zu haben meinen, statt aus den manchmal unsichtbaren, aber immer unbegrenzten Möglichkeiten Gottes zu geben.

Vielleicht hören wir Gottes Stimme deshalb nicht, weil wir oft geübter sind mit Gott zu reden als auf ihn zu hören. Vielleicht schließen wir Gottes Führung auch dadurch aus, dass wir lieber geben, um irgendwie unsere eigenen Gefühle, Bedürfnisse und Wünsche zufriedenzustellen. Wir müssen lernen, Gottes Stimme aus all den anderen Stimmen, die um unsere Aufmerksamkeit werben, herauszuhören, danach zu handeln, worum er uns bittet und zu glauben, dass er uns alles geben wird, was wir brauchen, um seinen Auftrag für ihn auszuführen. Und das gilt auch für Menschen, die von der finanziellen Unterstützung Dritter leben und sich Sorgen machen, ob sie jemals genug Unterstützung bekommen werden. **Der erste Schritt beginnt damit, dass wir unser „geistliches Ohr" auf Gottes Stimme einstellen.**

Jeremy und Clare waren wohlsituierte Leute, durch den gut bezahlten Job in London gehörte Jeremy zu den oberen 10 % von Londons Topverdienern. Aber das änderte sich grundlegend, als die beiden sich entschlossen, ihren finanziell abgesicherten Lebensstil aufzugeben, um sich einer christlichen Arbeit mit Sitz in Großbritannien anzuschließen. Das bedeutete nicht nur 75 Prozent weniger Einkommen, sondern auch, dass sie nun verantwortlich dafür waren, ihr Gehalt und alle damit verbundenen Spesen mithilfe finanzieller Unterstützung durch Dritte aufzubringen – ein großer Schritt für ein Ehepaar, das vorher so lange finanziell unabhängig gewesen war.

Seit einigen Jahren bereits hatten Jeremy und Clare all ihre finanziellen Gaben auf ein separates Konto überwiesen. Gleich zu Beginn dieser Neuausrichtung in ihrem Leben legten sie fest, dass sie weiterhin so viel wie möglich geben wollten.

Einige Monate vergingen, und ihre Unterstützung stand bei 70 Prozent still. Plötzlich fiel Jeremy ein, dass noch Geld auf dem separaten Konto lag, sie jedoch vergessen hatten, dieses Geld wegzugeben. Er überprüfte den Kontoauszug und stellte fest, dass sich ein ansehnlicher Betrag von 7 000 Euro angesammelt hatte!

Er überlegte kurz: Dieses Geld wollten sie für christliche Arbeit weggeben, und das meiste davon hatten sie zu einer Zeit überwiesen, als sie noch in ihren ‚normalen' Jobs beschäftigt gewesen waren. Es wäre doch sicher in Ordnung, wenn sie dieses Geld jetzt für ihren eigenen Dienst gebrauchen würden. Jeremy ließ sich diese Gedanken nochmals durch den Kopf gehen: Nein, das ging nicht, dieses Geld konnten sie nicht für sich verwenden, selbst wenn es dadurch für christliche Dienste eingesetzt würde. Es war zum Weggeben bestimmt.

So gaben sie genau zu dem Zeitpunkt, als sie das Geld selber dringend gebraucht hätten, die gesamten 7 000 Euro weg.

In der nächsten Woche erhielten sie von einem neuen Unterstützer 14 000 Euro!

Gedankenpause

Überprüfe deine täglichen Prioritäten: Nimm dir täglich genug Zeit, um Gottes Stimme durch die Bibel zu hören.

In welchem Verhältnis steht deine Zeit mit Gott zu der Zeit, in der du „anderen Stimmen" zuhörst, z. B. dem Fernsehen, Freunden, Kollegen, Büchern, Filmen...? Gottes Führung ist perfekt. Vertraue dich seiner Leitung an (Ps. 119,9–11; Spr. 3,5–6; Röm. 12,1–2).

Wie steht's mit dir?

Gott besitzt unbegrenzte Ressourcen. Wie viel Geld brauchst du für die Finanzierung des Dienstes, den Gott dir aufgetragen hat? Wie viel hast du bereits zusammen? Wie viel hast du bislang weggegeben?

Überleg dir jetzt, wie viel du von deinem ersten Jahreseinkommen weggeben willst, entscheide auch, welche Menschen oder Missionsgesellschaften du damit unterstützen möchtest. Wenn du bereits die Summe zusammenhast, dann denk darüber nach, das Geld jetzt wegzugeben... allerdings nur, wenn du das mit fröhlichem Herzen tun kannst (2. Korinther 9,7).

Bibelvers

„Er wird euch großzügig mit allem versorgen, was ihr braucht. Ihr werdet haben, was ihr braucht, und ihr werdet sogar noch etwas übrig behalten, das ihr mit anderen teilen könnt." **(2. Kor. 9,8)**

Gebet – Bete so oder mit eigenen Worten:

Vater, bitte hilf mir, täglich daran zu denken, dass du unbegrenzte Ressourcen besitzt. Gib mir durch deinen Geist den Mut, ganz darauf zu vertrauen, dass du mir alles, was ich brauche, zur rechten Zeit bereitstellst, damit ich deine Aufgabe zu deiner Ehre ausführen kannst. Amen.

Download ***www.aem.de/books***

Gedankenanstoß

Lies Lukas 21,1–4.

Die Reichen legten mehr Scheine und Münzen in den Opferstock als die arme Witwe, aber Jesus hält ganz klar fest, dass sie mehr als alle anderen hineingelegt hat. Hätte die Witwe in weltlichen Ordnungen gedacht, könnte sie zu dem Schluss gekommen sein, dass ihre zwei armseligen Münzen wohl kaum etwas zum Erhalt des Tempels beitragen konnten, und es wäre wohl besser gewesen, sie zu behalten, um ein bisschen länger zu leben (Vers 4).

Was zeigt diese Haltung der armen Witwe Gott gegenüber? (Lies auch 2. Kor. 8,1–5).

Geben im Sinne Gottes verspricht Ertrag

Es gibt viele Meinungsverschiedenheiten über das sogenannte „Wohlstandsevangelium". Im Extremfall heißt es dann beispielsweise: Wenn du 10 Euro für Gott gibst, bekommst du 100 Euro zurück. Die wildesten Auswüchse diesbezüglich kann man bei Amerikanischen Tele-Evangelisten ausmachen.

Aber stimmt das denn wirklich? Bekommst du 100 Euro von Gott zurück, wenn du ihm 10 Euro gibst? Nun, vielleicht stimmt das so, andererseits vielleicht auch wieder nicht. Was sagt nun Paulus den Korinthern? Hier müssen wir im Auge behalten, dass Paulus die Korinther ermutigt, ihre Geber-Verpflichtung einzuhalten. Er gebraucht eine ganze Reihe von Argumenten und Überredungskunst, damit sie verstehen können, wie wichtig das Geben ist: „Denkt daran: Ein Bauer, der nur wenig Samen aussät, wird auch nur eine kleine Ernte einbringen. Wer aber viel sät, wird auch viel ernten...Denn es ist Gott, der dem Bauern Saatgut und Brot zu essen gibt. Genauso wird er auch euch viele Gelegenheiten geben, Gutes zu tun, und eure Großzügigkeit wird viele Früchte tragen. Ihr werdet empfangen, damit ihr umso großzügiger geben könnt. Und wenn wir eure Gabe denen bringen, die sie nötig haben, werden sie Gott von Herzen danken." (2. Kor. 9, 6.10.11)

Paulus sagt also eindeutig, dass die Korinther, wenn sie geben, reich werden, und das nicht nur finanziell, sondern auf jede erdenkliche Art. Das hört sich wie die Behauptung „100 Euro Gewinn für 10 Euro Einsatz" an. Aber beachte, warum sie reich werden: damit sie noch viel mehr weggeben können. ***Ihr werdet empfangen, damit ihr umso großzügiger geben könnt.***

Wenn wir geben, bekommen wir, damit wir mehr geben können und mehr bekommen, um wiederum noch mehr geben zu können. Dieses Beispiel entspricht dem Prinzip, das Jesus in Matthäus 25,21 im Gleichnis von den anvertrauten Pfunden darstellt: „Du bist mit diesem kleinen Betrag zuverlässig umgegangen, deshalb will ich dir größere Verantwortung übertragen." **Wenn wir das Geld, das Gott uns anvertraut, treu verwalten, gibt er uns mehr, damit wir auch damit wieder unsere Treue beweisen können.**

Vor einigen Jahren hatte sich eine junge Frau Anfang 20 aus der Gemeinde meiner Eltern entschieden, für eine christliche Organisation zu arbeiten, deren Mitarbeiter von einem Missionspartnerteam finanziell getragen werden. Meine Eltern ermutigten immer sehr gern junge Leute dazu, in einem christlichen Werk mitzuarbeiten, und so boten sie der jungen Frau ihre Unterstützung an. Meine El-

tern waren bereits über 70, in Rente und hatten nur wenig Erspartes, zumal sie 3 Kinder hatten, die alle von finanzieller Unterstützung lebten. Die junge Frau nahm deshalb an, dass meine Eltern es sich bestimmt nicht leisten konnten, sie zu unterstützen. Mehrere Wochen zögerte sie, ihnen die nötigen Formulare auszuhändigen, obwohl meine Eltern sie mehrmals daran erinnerten.

Schließlich tat sie es doch, und in der folgenden Woche gab ihr mein Vater das Formular sorgfältig ausgefüllt zurück. Immer noch unsicher, ob meine Eltern es wirklich so meinten, sagte sie: „Ich behalte die Formulare noch ein paar Wochen, vielleicht ändern Sie ihre Meinung noch." Mein Vater war nicht oft verärgert, aber nun verlor er die Geduld und wurde laut: „Warum versuchst du, Gott davon abzuhalten, mich zu segnen?"

Ein paar Tage später erhielt er einen unerwarteten Brief von der Rentenkasse mit der Mitteilung, dass seine Rente ab dem 2. Halbjahr erhöht würde. Am nächsten Sonntag zeigte er der jungen Frau den Brief und sagte: „Sieh nur, was ich wegen dir beinahe nicht bekommen hätte." Prompt gaben meine Eltern diese Summe in den Gemeindegründungsfond.

Von einem Freund namens Larry O'Nan, der schon seit Jahrzehnten viel zum Thema Verwaltung von Finanzen geschrieben hat, habe ich viel gelernt. Er war es, der den Begriff ***Gottes autorisierter Vermögensverwalter*** geprägt hat. Damit beschreibt er jemanden, der Gottes Prinzipien der sogenannten Verwalterschaft verstanden hat und sich von Gott darin leiten lässt, wie er seine Mittel für das Reich Gottes einsetzt. Aber lange bevor ich diesen Ausdruck gehört hatte, erlebte ich es in der Praxis bei meinen Eltern. Vielleicht hattest du als Kind auch Vorbilder in deiner Familie oder unter älteren Freunden, die dir zeigten, wie „Geben im Sinne Gottes" funktioniert. Wenn nicht, dann hast du jetzt die Gelegenheit, selbst damit zu beginnen und auch noch ein Vorbild für die nachfolgende Generation zu werden.

Aber Vorsicht! Wenn wir denken, dass es gut läuft und den Kreislauf des Gebens und Nehmens unterbrechen, indem wir selbst nicht mehr weitergeben, sind wir keine vertrauenswürdigen Verwalter mehr, und Gott wird sich andere „Autorisierte Vermögensverwalter" suchen.

Gedankenpause

Was ist der kleinste Prozentsatz meines Einkommens, den ich geben kann, damit ich immer noch als großzügiger Spender gelte?

Was stimmt mit dieser Frage nicht?

Wie steht's mit dir?

Wie viel von deinem Einkommen gibst du zur Zeit für die Ausbreitung des Evangeliums? Würdest du dich selber als großzügig bezeichnen? Traust du Gott zu, dass er es schafft, diesen Betrag noch wachsen zu lassen während der nächsten Jahre?

Mach dir einen schriftlichen Plan, wie viel du in Zukunft von den dir von Gott anvertrauten Finanzen in Gottes Arbeit mit Ewigkeitswert investieren wirst. Z. B. dieses Jahr so viel, nächstes Jahr 1 oder 2 Prozent mehr, im 3. Jahr wieder 1 oder 2 Prozent mehr .... und im 10. Jahr möchte ich so viel Prozent geben – wie viel du eben mit fröhlichem Herzen geben willst.

Download ***www.aem.de/books***

Bibelvers

Denk daran: *„Ein Bauer, der nur wenig Samen aussät, wird auch nur eine kleine Ernte einbringen. Wer aber viel sät, wird auch viel ernten."* (2. Kor. 9,6)

Gebet – Bete so oder mit eigenen Worten:

Vater, bitte lass die Menschen, die mich in meinem Dienst unterstützen, in ihrem Leben ein reiches Maß an Gerechtigkeit und Großzügigkeit ernten. Sie sollen deinen Segen in jedem Lebensbereich erkennen und erfahren. Amen.

Gedankenanstoß

Lies 2. Korinther 9,6–15.

Wie wirkt sich dieses Prinzip – abgesehen vom Geld – auch auf unsere Zeit, unsere Fähigkeiten, unsere Familie, unsere Karriere usw. aus?

Hat schon einmal jemand zu dir gesagt: „Danke, jedes Bisschen hilft", als du ihm/ihr Geld gegeben hast? Inwiefern drückt dieser Kommentar aus, dass der Betreffende nicht an dich als Geber denkt?

Als die arme Witwe aus Lukas 21 von ihrem Geld opferte, bekam sie vielleicht keinen großen finanziellen Lohn dafür, aber die Ernte ihrer Großzügigkeit bestand in der Zunahme ihrer Gerechtigkeit (2. Kor. 9,10). Was für einen Unterschied es doch gemacht hätte, wenn der Empfänger deiner Gabe stattdessen zu dir gesagt hätte: „Danke. Der Herr kennt alle deine Umstände, und er wird dich für diese Gabe segnen."

Gott möchte, dass seine Kinder fröhlich geben

Meine Griechischkenntnisse sind nicht sehr gut. Aber eines der wenigen Wörter, deren Bedeutung ich genau kenne, ist das Wort für „fröhlich, heiter" in 2. Korinther 9,7. „So soll jeder für sich selbst entscheiden, wie viel er geben will, und zwar freiwillig und nicht, weil die anderen es tun. Denn Gott liebt den, der ***fröhlich*** und bereitwillig gibt."

> *„So soll jeder für sich selbst entscheiden, wie viel er geben will, und zwar freiwillig und nicht, weil die anderen es tun. Denn Gott liebt den, der **fröhlich** und bereitwillig gibt."*
> *2. Kor. 9,7*

Was heißt das genau, ein **fröhlicher** Geber zu sein? Das griechische Wort heißt *hilaros*, und daraus wird das englische Wort *hilarious*, zu Deutsch ‚sehr fröhlich, heiter, ausgelassen, sich krumm lachen' abgeleitet. Gott liebt also fröhliche, heitere Geber!

Paulus hat gerade die Korinther dazu aufgefordert, das versprochene Geldgeschenk vollends weiterzugeben. Er sagt, er werde bald kommen, um es abzuholen. Vorher werde er zwei Männer zu ihnen senden, um sicherzustellen, dass es zur Abholung bereitliegt. Er erwähnt sogar, dass er eventuell einige Christen aus Mazedonien mitbringen möchte (die hatten, im Gegensatz zu den Korinthern, das Geldgeschenk schon überreicht, obwohl sie eine ärmere

Gemeinde waren), was die Korinther beschämen könnte, falls ihre Gabe immer noch nicht bereit war. Und dann sagt er, dass sich die Korinther nicht zum Geben gezwungen fühlen sollen, sondern sie sollten „fröhliche, ausgelassene" Geber sein. Was die Korinther wohl von alldem gehalten haben?

Paulus spricht hier ein Grundprinzip an: **Dass die Korinther geben würden, war viel nötiger, als dass die Jerusalemer Gemeinde etwas empfangen sollte.** Tatsächlich gibt Paulus nirgends in den zwei Kapiteln den Grund für die Sammlung an – keine verhungernden Kinder, kein Hilferuf derer, denen es so viel schlechter geht als den Korinthern. Paulus betont, dass Geben an sich wichtig ist. Es sollte nicht widerstrebend oder unter Druck geschehen, sondern aus reiner Freude darüber, dass Gott uns gebeten hat, etwas für sein Reich Nützliches zu tun. Das allein schon sollte uns zufrieden machen und uns anspornen.

Aber viel zu oft geben wir uns mit viel weniger zufrieden und befriedigen mit unserem Geben nur die eigenen Gefühle. Es kann sein, dass wir dabei sogar für die richtige Sache geben, aber nicht mit der richtigen Motivation. Denn es geht darum, dass wir auf Gottes Leitung hören, das tun, worum er uns bittet, und absolut begeistert sind darüber, dass er uns als Vertraute in seine Pläne mit einschließt. Was könnte uns fröhlicher, ausgelassener, heiterer machen als das?

Gedankenpause

Freust **du** dich, dass Gott dich in seine Pläne miteinbezieht, indem du einen Freund unterstützt, der außerhalb deiner Reichweite in der Mission ist? Was hat **dich** dazu gebracht, so „fröhlich, ausgelassen" zu geben?

Wie steht's mit dir?

Oft widerstrebt es uns, andere zu bitten unsere Missionspartner zu werden und uns finanziell zu unterstützen, weil wir befürchten, dass andere nur ungern geben oder sich auf unsere Bitte hin gezwungen fühlen. Wie kannst du deinem eigenen Widerstreben, Leute anzufragen, entgegenwirken?

Bibelvers

„So soll jeder für sich selbst entscheiden, wie viel er geben will, und zwar freiwillig und nicht, weil die anderen es tun. Denn Gott liebt den, der fröhlich und bereitwillig gibt." **(2. Kor. 9,7)**

Gebet – Bete so oder mit eigenen Worten:

Vater, es macht mir so viel Freude, in deinem Werk weltweit oder in der Heimat unter verschiedenen Menschengruppen dein Partner zu sein, indem ich jemanden im evangelistischen Dienst finanziell unterstütze. Danke für all diejenigen, die meinen Dienst fröhlich unterstützen. Amen.

Gedankenanstoß

Lies Offenbarung Kapitel 5 – oder noch besser: nimm dir Zeit, das ganze Buch zu lesen. Stell dir vor, wie es sein wird dabei zu sein, wenn Gott endlich seine Absichten für die Schöpfung vollendet. Was für ein aufregendes Ereignis. Was für eine spektakuläre Demonstration seiner Macht. Und heute, ge-

Download ***www.aem.de/ books***

rade jetzt, lässt Gott uns durch die Gaben unseres Geldes, unserer Zeit und unserer Fähigkeiten an diesem wunderbaren Plan mitwirken.

Das sollte unser Geben noch viel „fröhlicher und ausgelassener" machen. Seine Pläne sind so wunderbar, dass man sie kaum in Worte fassen kann; es sind ewige Absichten, die die Prioritäten dieser vergänglichen Welt bei weitem übersteigen. Es ist doch erstaunlich, dass Gott mit uns zusammenarbeitet, um seine Ziele in dieser Generation zu erreichen. Keine Freude im Leben ist größer als das Wissen, dass wir zusammen mit anderen Christen aus Gottes Familie darauf hinarbeiten, dass Gottes Pläne durch unser Leben und unser Geben überall auf der Welt Realität werden.

Wie kannst du anderen in Gottes Familie helfen, diese Tatsachen besser zu verstehen und sich für die Sicht, die Gott dir gegeben hat, nämlich Teil seines Plans zu sein, begeistern zu lassen.

Zusammenfassung

- Gib großzügig.
- Gib dein Bestes.
- Denke beim Geben an die Nöte anderer.
- Gib mit einem Geist von Dankbarkeit und Lob.
- Gib so, dass deine Mittel vermehrt werden.
- Gib voller Erwartung.
- Gib jetzt, nicht später.

2. VON DER UNTERSTÜTZUNG ANDERER LEBEN – EIN BIBLISCHES ERBE

Im ersten Kapitel haben wir uns einige biblische Prinzipien angeschaut, die als Basis für unser **Geben** dienen sollten. Ich vermute, dass wenige deiner Unterstützer – seien es Einzelpersonen oder Gemeinden – sich über eine Theologie des Gebens umfassendere Gedanken gemacht haben. Die meisten unterstützen dich, weil sie dich kennen, dich mögen und denken, dass deine Arbeit die Unterstützung Wert ist. Aber zumindest du solltest die biblischen Grundlagen ihres Handelns verstehen.

In diesem Kapitel geht es um das Thema **Empfangen**. Als ich damit begann, ein Unterstützerteam aufzubauen, nannte man das häufig „im Glauben leben". Dieser Ausdruck gefällt mir nicht, weil er ganz bestimmte Assoziationen weckt. Paulus sagt den Römern in Kapitel 14,23 „dass alles, was wir nicht im Glauben an Christus tun, Sünde ist." Bedeutet das nun, dass Menschen, die von der Unterstützung anderer leben, im Glauben, alle anderen aber, die ihr Einkommen aus einer sogenannt ‚normalen' Arbeit beziehen, in Sünde leben? Wohl kaum.

Wie dem auch sei, heutzutage braucht es viel weniger Glauben, um auf der Basis eines Unterstützerteams zu leben, als wenn man das Gehalt aus einem ‚normalen' Job bezieht. Die meisten deiner Unterstützer haben nur eine Einnahmequelle – ihren Arbeitgeber. In einer Zeit, wo temporäre Arbeitsverträge und Unsicherheit auf dem Arbeitsmarkt an der Tagesordnung sind, reicht ein Minus in der Firmenbilanz, und schon ist man seine Stelle los. Aber mit deinem Unterstützerteam hast du viele Einnahmequellen. Wenn einer deiner Missionspartner sich aus irgendeinem Grund zurückzieht, bedeutet das noch nicht das Ende deiner Arbeit, du kannst immer noch von der Unterstützung der anderen leben, und wahrscheinlich wirst du schneller und leichter einen neuen Unterstützer finden als ein entlassener Arbeitnehmer einen neuen Job. Wenn jemand in der heutigen Zeit im Glauben lebt, dann die Unterstützer!

Erwerbseinkommen – Spendeneinkommen

Man kann grundsätzlich zwischen zwei Arten von Einkommen unterscheiden: **Erwerbseinkommen** und **Spendeneinkommen**. Erwerbseinkommen bedeutet: Jemand erhält von dir Geld und gibt dir Waren oder Dienstleistungen dafür. Du gehst z. B. in ein Restaurant und bezahlst 20 Euro und bekommst dafür ein Essen. Spendeneinkommen heißt: Du gibst jemandem Geld, damit er Waren oder Dienstleistungen an Dritte weitergibt. Wenn du z. B. dieselben 20 Euro an Tear Fund, World Vision oder Caritas gibst, dann wärst du höchst erstaunt, wenn diese Organisationen mit einer Mahlzeit an deiner Haustür auftauchen würden. Du erwartest, dass deine Spende benutzt wird, um andere Menschen mit Nahrungsmitteln zu versorgen.

Zu allen Zeiten hat Gott bestimmte Leute dazu ausersehen, in seinem Dienst zu stehen und von der Unterstützung anderer zu leben. Weil Gott sie berufen hat, ihre Arbeitszeit für ihn einzusetzen und Menschen in Not von Gottes Liebe zu erzählen und ganz praktisch zu zeigen, fehlt ihnen die Zeit, durch ein herkömmliches Arbeitsverhältnis ein Erwerbseinkommen zu erzielen. Sie sind deshalb auf die Unterstützung von Menschen mit einem Erwerbseinkommen angewiesen.

In der Bibel gibt es verschiedene Beispiele für Menschen, die in ihrem vollzeitlichen Dienst für Gott von anderen unterstützt wurden. Ich greife drei der wichtigsten heraus, die wir uns in diesem Kapitel näher anschauen wollen:

- **Die Leviten**
- **Jesus und seine Jünger**
- **Paulus**

Die Leviten

> *„Weiter sprach der Herr zu Aaron: ‚Du sollst keinen Erbbesitz im Land der Israeliten erhalten und kein Land dort besitzen. Denn ich bin dein Erbbesitz und dein Anteil inmitten der Israeliten. Den Leviten will ich den zehnten Teil aller Einkünfte der Israeliten zum Erbbesitz geben für ihren Dienst, den sie im Heiligtum ausüben.'"*
>
> (4. Mose 18,20–21, lies den ganzen Abschnitt von Vers 8–32).

Die Israeliten hatten etwa 400 Jahre in Ägypten verbracht. Obwohl man sie zuerst willkommen hieß und ihnen das beste Land zuteilte, änderten sich später die Zeiten drastisch. Schließlich arbeiteten sie als Sklaven für die Ägypter. Nachdem Gott durch die Plagen dramatisch eingegriffen hatte, erhielten die Israeliten die Möglichkeit, unter Moses Führung aus Ägypten zu fliehen und relativ schnell nach Kanaan zurückkehren zu können. Aber ihre Furcht vor den Einwohnern Kanaans war stärker als ihr Vertrauen in Gott, weshalb sie noch weitere 40 Jahre in der Wüste herumirren mussten, Kanaan immer vor Augen – so nah und doch so fern.

Während dieser Wüstenwanderung begann Gott, sein Volk auf ein sesshaftes Leben in Kanaan vorzubereiten. Sie hatten so lang fern ihrer Heimat gelebt, ohne normale soziale Strukturen, dass sie jetzt neu lernen mussten, wie man ein normales Leben führt. Man muss sich das so vorstellen, als wären alle Bewohner Deutschlands Anfang des 16. Jahrhunderts nach Russland ausgewandert und würden jetzt zurückkommen. Keiner wüsste mehr, wie die deutsche Gesellschaft, Kultur und Tradition aussehen sollten.

Finanzierung der Leviten

In dem Abschnitt aus 4. Mose legt Gott den Grundstein für die finanziellen Strukturen der Leviten – seiner damaligen Vollzeitler. Das Einkommen in dieser Agrargesellschaft war an die Erträge des Landes gekoppelt. Gott teilte Aaron jedoch mit, dass die Leviten bei ihrer Rückkehr nach Kanaan kein Land erhalten würden. Kein Land hieß aber kein Einkommen. Wie sollten sie also überleben? Nachdem die Leviten die Wüstenwanderung mit allen Strapazen und Risiken mitgemacht und sich als Mittler zwischen Gott und dem Volk eingesetzt hatten, schien dieser Beschluss nicht fair.

Aber selbst wenn Gott den Leviten Land gegeben hätte, was hätten sie damit anfangen sollen? Wann hätten sie Zeit gehabt, das Land zu bestellen? Es hätte ihnen im Grunde gar nichts genützt. Sie verbrachten ja bereits ihre gesamte Arbeitszeit in der Stiftshütte, indem sie Gott dienten. Landbesitz hätte sie nur abgelenkt. Eine Sache hätte auf jeden Fall gelitten: entweder das Land oder die Arbeit, zu der Gott sie berufen hatte.

Um dieses Dilemma zu umgehen, richtete Gott das erste strukturierte finanzielle Unterstützersystem ein. Dieses System bildet bis heute die Grundlage für alle, die vollzeitlich für Gott arbeiten. Auch Mitarbeiter von christlichen Organisationen, die ihre Leute aus einem großen Topf bezahlen, leben auf Unterstützerbasis, denn in den meisten Fällen wird dieser Topf von einzelnen Gaben aus Gottes Familie gefüllt. Der einzige Unterschied besteht darin, dass es keine direkte Verbindung zwischen den Gebern und den Empfängern gibt.

Gottes Lösung sah so aus, dass das restliche Volk einen Teil seines Einkommens (den Zehnten) an die Leviten weitergeben sollte, damit diese sich auf ihre Arbeit für Gott konzentrieren konnten. Es fällt auf, dass Gott in den beiden Versen (4. Mose 18,20–21), in denen es um die Finanzierung der Leviten geht, gleich dreimal das Wort Anteil/Erbe benutzt. In unserer Kultur gebrauchen wir diesen Begriff, wenn wir von einem Verwandten, der kürzlich verstorben ist, etwas erhalten. Aber die hebräische Kultur hatte da eine weitere Sicht, die mehrere Generationen einschloss. Wie oft ist im Alten Testament von „Kindern und Kindeskindern" die Rede. Für die Israeliten glich die Vorstellung von Erbe eher einem fortwährenden Fluss von Generation zu Generation.

Das hebräische Wort *nachalah* wird zum einen für ‚Erbe' gebraucht, aber gleichzeitig auch für einen Fluss oder Bach, der durch ein Tal fließt. Es vermittelt die Vorstellung, dass eine Verbindung zwischen zwei Seiten hergestellt wird. In diesem Fall war das Geben der Leute aus dem Volk Israel durch den Zehnten verbunden mit dem Empfangen der Leviten, die sich mit den Angelegenheiten von Gottes Königreich beschäftigten. Und ein Fluss windet sich durch das Land und fließt immer weiter, bis er ins Meer mündet.

Gottes Erbe

Gott kann problemlos für jede akute Notlage sofort eine Lösung präsentieren. Aber seine Fürsorge und sein Interesse gelten uns auch über längere Zeiträume hinweg. Er sorgt für Nachhaltigkeit und sogar für die Generationen nach uns. Gott interessiert sich genauso für unsere Zukunft und die unserer Kinder als für das Heute und Jetzt. Und wie vor Tausenden von Jahren bei den Leviten, so bleibt bis heute sein Erbe, oder unser Versorgungsstrom, die Verbindung zwischen Gebern und Empfängern.

Obwohl die Leviten dieses Finanzierungssystem manchmal missbrauchten, indem sie Schwarzhandel trieben und die Leute nur solche Tiere opfern ließen, die sie zuvor den Leviten abgekauft hatten, war doch der Grundstein gelegt.

Unsere Welt unterscheidet sich stark von der Zeit, als die Israeliten nach Kanaan zurückkehrten, und wir können die damaligen Praktiken nicht eins zu eins auf die Missionsarbeit im 21. Jahrhundert übertragen.

Allerdings können wir sagen, dass es seit der Zeit, als der Dienst für Gott Struktur bekam, immer Gottes Absicht war, dass die Vollzeitmitarbeiter im Reich Gottes, die selbst keiner bezahlten Arbeit nachgehen können, von den übrigen Gläubigen finanziert werden sollten.

Gedankenpause

Wie mögen sich die Leviten damals gefühlt haben, als Gott ihnen sagte, dass sie kein Land bekommen würden, um davon ihren Lebensunterhalt zu bestreiten, sondern dass sie von der Gegenwart an bis in alle Zukunft von den Gaben anderer leben sollten?

- unwohl
- verängstigt
- das ist unfair
- begeistert
- privilegiert
- wie noch ...?

Wie steht's mit dir?

Wie fühlst du dich bei dem Gedanken, dass du von den Gaben anderer leben sollst?

- *unwohl*
- *verängstigt*
- *„Das ist unfair!"*
- *begeistert*
- *privilegiert*
- *wie noch...?*

Wenn du einen der ersten drei Punkte gewählt hast, dann denk daran, dass die übrigen Israeliten ihre Unterstützung an die Leviten weitergaben als Teil ihrer Anbetung des Gottes, der sie versorgte. Das gilt auch heute noch: Du erhältst dein Einkommen als Teil der Anbetung von Gottes Volk. Wie fühlst du dich jetzt?

Wenn du den vierten oder fünften Punkt als Antwort gewählt hast, dann beachte, dass die Leviten nicht deshalb für den vollzeitlichen Dienst für Gott einschließlich der Unterstützung durch das Volk ausgewählt worden waren, weil sie besonders begabt oder geistlicher als die anderen Israeliten waren. Es ist ein aufregendes Vorrecht, in der Arbeit für Gott durch die Gaben anderer unterstützt zu werden, aber es gibt niemals Anlass für Arroganz oder für ein Gefühl geistlicher Überlegenheit Welches Gefühl löst das bei dir aus?

Bibelvers

„Tut eure Arbeit mit Eifer und Freude, als würdet ihr Gott dienen und nicht Menschen. Vergesst nicht, dass der Herr euch mit dem himmlischen Erbe belohnen wird. Dient dem Herrn Jesus Christus!" (Kol. 3,23–24)

Gebet – Bete so oder mit eigenen Worten:

Vater, ich gebe zu, dass ich mich unwohl fühle (oder welches Gefühl du eben empfindest) bei dem Gedanken, von den Gaben anderer zu leben. Danke, dass das nichts Neues ist, sondern dass es schon immer dein Plan war, auf diese Weise deine Mission in dieser Welt zu finanzieren. Bitte hilf mir, dass ich mich über dieses Privileg freuen kann. Amen.

Download ***www.aem.de/ books***

Gedankenanstoß

Ist es falsch, wenn jemand, der von den finanziellen Gaben anderer lebt, etwas für seine Rente oder seine Kinder zurücklegt? Lies 1. Timotheus 5,8. Wie beeinflusst dieser Vers deine Entscheidung, wie du für die Zukunft deiner Familie vorsorgen wirst? Die Leviten waren nicht davon ausgenommen, das Beste von den empfangenen Gaben an Gott zurückzugeben (4. Mose 18,25–32). Empfänger sollen immer auch Geber sein.

Jesus und die Jünger

„Nicht lange danach zog Jesus durch die nahe gelegenen Orte und Dörfer, um die Botschaft vom Reich Gottes zu verkünden. Er nahm seine zwölf Jünger mit, und einige Frauen, die er geheilt und von bösen Geistern befreit hatte. Dazu gehörte Maria Magdalena, aus der er sieben Dämonen ausgetrieben hatte, Johanna, die Frau von Chuza, dem Verwalter von Herodes, Susanna und viele andere, die Jesus und seine Jünger durch das, was sie hatten, unterstützten."

Lk. 8,1–3

Zu Beginn seines öffentlichen Auftretens, kurz nach seiner Taufe, wurde Jesus vom Teufel versucht. Er sollte Steine in Brot verwandeln, d.h. die jederzeit verfügbaren Gaben und Fähigkeiten zu seiner eigenen Versorgung benutzen. Jesus antwortete mit den bekannten, oft zitierten Worten: „Der Mensch lebt nicht vom Brot allein" (Lk. 4,4). Es ging Jesus in seinem Dienst nicht darum, Tricks anzuwenden, um seinen Hunger zu stillen und die Neugierde einer wankelmütigen Volksmenge zu befriedigen. Seine Kraft kam nicht nur aus der Nahrung, die er zu sich nahm: Sie kam auch aus der engen Beziehung zu Gott, seinem Vater. Und Jesus würde die Pläne seines Vaters nicht aufs Spiel setzen, nur weil er hungrig war.

Aber eine Frage blieb trotzdem offen. Wie würde er sich und die wachsende Zahl seiner Nachfolger versorgen? Er hatte die Jünger aufgefordert, ihre normale Tätigkeit aufzugeben und ihm nachzufolgen. Wenn er seine übernatürlichen Kräfte schon nicht für ihre Versorgung einsetzen würde, was führte er dann genau im Schilde?

Stell dir vor, man hätte dich und mich gebeten, einen Finanzierungsplan für den Dienst des Messias und seiner Jünger auszuarbeiten. Was hätten wir vorgeschlagen? Vielleicht hätten wir gottesfürchtige reiche Geschäftsleute kontaktiert und sie ermutigt, etwas beizusteuern. Oder wir hätten uns an Jesus gewandt mit der Bitte, seinen Entschluss, die Versorgung nicht durch Wunder sicherzustellen, noch einmal zu überdenken. Das hätte außerdem noch die Leute davon überzeugt, dass er wirklich der Messias war! Oder wir hätten vorgeschlagen, dass einige Jünger ein paar Tage pro Woche ihren früheren Beruf ausüben würden. Durch das Einkommen aus dieser Teilzeitarbeit und den Gaben einiger Freunde hätte es dann vielleicht für alle gereicht. Aber welche Option hat Jesus gewählt?

Jesus entschied sich dafür, seinen Dienst durch die Gaben engagierter Freunde finanzieren zu lassen

Die Menschen, die Jesus unterstützten, waren zuvor in ihren Leben von Jesus tief bewegt worden. Es war nicht so, dass sie für diesen geistlichen Gewinn eine Rückzahlung leisten wollten, sondern ihr Wunsch war es einfach auf eine ihnen mögliche Art und Weise ihre Dankbarkeit ausdrücken zu können.

Auch du wirst erleben, dass die besten und engagiertesten Unterstützer diejenigen sind, mit denen dich eine gemeinsame geistliche Vergangenheit verbindet. Vielleicht ist es jemand, der in deinem jungen Leben als Christ entscheidenden Einfluss ausübte, oder jemand, dessen Leben du beeinflusst hast. Es könnte auch jemand sein, mit dem du in einer Gemeinde, bei einer Freizeit oder einem Missionseinsatz zusammengearbeitet hast. Natürlich wird nicht jeder deiner Unterstützer eine geistliche Vergangenheit mit dir haben, und du hast wahrscheinlich auch nicht mit jedem schon mal Zeit verbracht bei einem Einsatz für Gott. Aber diese Leute bilden eine gute Gruppe als Ausgangslage auf deiner Suche nach den Unterstützern, die Gott für dich vorgesehen hat.

Die in diesem Abschnitt erwähnten Personen sind alles Frauen, und einige von ihnen hatten noch dazu einen fragwürdigen Ruf. Nehmen wir z. B. Maria Magdalena. Einige Überlieferungen sagen, dass sie eine Prostituierte war, vielleicht stimmt das, vielleicht auch nicht, wir wissen es nicht genau. Eine weitere erwähnte Person ist Johanna, die Frau des Chusa, der in einem von Korruption durchtränkten politischen Prozess eine Schlüsselrolle innehatte. Ihr Familien-Einkommen war deshalb höchst wahrscheinlich belastet. Hinzu kommt noch, dass der Vorgänger vom Chef ihres Mannes König Herodes gewesen war, der ja versucht hatte, Jesus als Baby zu töten. Und jetzt bezieht Jesus für seinen Dienst finanzielle Unterstützung, die höchst wahrscheinlich aus der Schatzkammer dieses Herodes stammte!

Dieser Ansatz war hochriskant.

Jesus war nicht bekannt dafür den sicheren Weg zu wählen. Indem er sich von Maria Magdalena, Johanna, Susanna und anderen unterstützen lässt, zeigt Jesus größte Demut. Alles war durch ihn und für ihn erschaffen worden (Kol. 1,16). Dennoch sehen wir hier, wie der Schöpfer des Universums in menschlicher Gestalt sich dazu entschließt, von Menschen, die er geschaffen hat, finanziell abhängig zu sein, und zwar von solchen, die sich vielleicht in unseren heutigen Gemeinden fehl am Platz vorkommen würden.

Hat er ihr Geld gebraucht? Natürlich nicht. Er war nicht darauf **angewiesen,** von anderen Geschenke zu bekommen. Er hätte Wunder wirken können, um sich und seine Jünger zu versorgen – wie er es z. B. bei der Speisung der 5000 bewiesen hat.

Aber Maria, Johanna, Susanna und die anderen waren darauf angewiesen geben zu können. In einer von Männern beherrschten Gesellschaft mit gesetzlichen religiösen Führern, die genau festlegten, wer Gott angenehm war oder nicht, konnten Maria und Johanna kaum eine Nische finden, um ihren Glauben auf eine sie erfüllende Weise auszuleben. Durch ihre Begegnung mit Christus hatte ihr Leben eine radikale Wende erfahren. Jetzt wollten sie ihr Teil zur Verkündigung der Botschaft vom Königreich beitragen. Wie erfüllend muss es für Maria Magdalena gewesen sein, die auf Grund ihres früheren Lebensstils so viel soziale und religiöse Ausgrenzung erfahren hatte, morgens aufzuwachen und zu wissen: „Mit meinem Geld helfe ich dem Messias!" Wo sonst in jener Gesellschaft hätten Maria und Johanna sich gemeinsam engagieren und einsetzen können? Nur auf diesem neu entdeckten Glauben fanden sie eine gemeinsame Basis, und der Schlüssel, um ihrem Glauben Ausdruck zu verleihen, lag in der finanziellen Unterstützung von Jesus.

Unterstützer kommen aus allen Verhältnissen

Wie auch immer die soziale Struktur zur Zeit Jesu im Einzelnen aussah: Maria und Johanna kamen aus völlig entgegengesetzten Gesellschaftsschichten. Und Jesus selbst befand sich vielleicht irgendwo dazwischen. Unter normalen Umständen wären die drei gar nicht miteinander in Berührung gekommen.

Zumindest am Anfang kommen deine Unterstützer wahrscheinlich meist aus deinem eigenen Bekannten- und Freundeskreis. Das wird sich mit der Zeit aber ändern, es werden auch Leute aus dir fernstehenden sozialen Schichten dazukommen. Es werden dich Leute unterstützen, von denen du das nicht erwartet hättest. Du wirst sie kaum kennen und würdest z. B. nicht unbedingt mit ihnen Urlaub machen wollen. Vielleicht sind sie ärmer als du, und du fühlst dich schuldig dadurch, dass du Geld von ihnen annimmst. Oder sie sind viel reicher als du und schüchtern dich ein. Wie auch immer, aus irgendeinem Grund entscheiden sich gewisse Leute dafür, die du nicht automatisch in dein Unterstützerteam wählen würdest, deinem Team beizutreten. Und das hat mehr damit zu tun, dass Gott in ihrem Leben ein Bedürfnis stillen möchte, als mit deinem Bedürfnis nach einem gefüllten Bankkonto. Denk daran: **Für sie ist es wichtiger zu geben, als für dich, ihre Unterstützung zu empfangen.**

Eine Missionsgesellschaft lud mich zu einem zweitägigen Seminar für ihre Mitarbeiter zum Thema Missionspartnerentwicklung ein. Bei der Gelegenheit sollte ich mir auch die finanzielle Unterstützungssituation des Direktors und die allgemeine Kommunikation dieser Missionsgesellschaft anschauen.

Ich verbrachte insgesamt vier Tage mit dem Direktor und war erstaunt über seine große Bandbreite an Kontakten. Neben einer guten Anzahl an Kontakten, die seinem Status ebenbürtig waren, hatte er außerdem auch Kontakte aus niedrigeren und höheren Gesellschaftsschichten. In diesen paar Tagen konnte ich mich mit einigen seiner Kontakte treffen, darunter auch mit hochrangigen christlichen Geschäftsleuten. Der Direktor gestand mir, dass er ohne Probleme die Unterstützung bestimmter Kontakte annehmen könne, aber von denen, die sozial höher gestellt waren als er, fühle er sich eingeschüchtert; außerdem widerstrebe es ihm, diese Leute um Unterstützung zu bitten, sei es für sich selbst oder für das Missionswerk. Er hoffe aber, dass diese Leute sein Bedürfnis nach finanzieller Unterstützung erkennen und ihn ohne seine Initiative unterstützen würden. Er meinte, dass er sich sogar dann noch unwohl fühlen würde, wenn er finanzielle Unterstützung von so hochrangigen Geschäftsleuten annähme.

Als ich mich mit einem Ehepaar von diesen christlichen Geschäftsleuten unterhielt, erzählten sie mir, wie sehr sie den Direktor bewunderten! Sie sahen in ihm einen Mann, dessen Ausbildung und Praxiserfahrung einen gutbezahlten Job ermöglicht hätten, der stattdessen einen Weg gewählt habe, der viel mehr für die Ewigkeit bewirken würde als ihre Tätigkeit. Ich fragte die beiden, warum sie ihn nicht unterstützten. Er hätte sie nie darum gebeten, und somit hätten sie angenommen, dass seine finanziellen Bedürfnisse anderweitig gestillt würden.

Wie steht's mit Geld aus zweifelhafter Quelle?

Ob Maria Magdalena ihr Geld im früheren Leben mit Prostitution verdient hat, darüber kann man sich streiten, aber bei Johanna können wir ziemlich sicher sein, dass ihr Geld aus dem korrupten Staatswesen von König Herodes stammte. Für Jesus war es anscheinend nicht so wichtig, wo das Geld herkam, er legte mehr Wert auf die Herzensmotivation des Gebers. Denk daran, dass aller Reichtum auf der ganzen Welt Gott gehört. Es gibt also kein „gottloses" Geld, sondern höchstens Gottes Geld in den Händen von gottlosen Menschen. Es ist unwahrscheinlich, dass man dir finanzielle Unterstützung anbietet, die dein Gewissen belastet. Aber falls das doch einmal der Fall sein sollte, was dann?

Die Gemeinde in Korinth hatte ein ganz ähnliches Problem (1. Kor. 8). Sie waren unsicher, ob es richtig war, Fleisch zu essen, das den Götzen geopfert worden war. Zusammengefasst antwortete Paulus ihnen diesbezüglich, dass sich das Fleisch durch das Opfern ja nicht verändert habe, sondern ganz normales Fleisch bliebe. Von diesem Fleisch zu essen stellte also kein Problem dar.

Allerdings macht er eine Einschränkung: Wenn das Essen des Fleisches Christen und andere zur Sünde verführt, dann wäre es Sünde, davon zu essen.

Du solltest demselben Grundsatz folgen, wenn dir Geld angeboten wird, dessen Herkunft deines Wissens nach verdächtig ist. Es ist immer noch Gottes Geld, und du bist frei es anzunehmen.

Aber auch hier gilt die Einschränkung: Wenn du oder jemand anders (auch der, der dir dieses Geld geben will) dadurch zum Sündigen verführt wird, solltest du es nicht annehmen. Wenn du selbst oder wenn Außenstehende den Eindruck bekommen, dass du die Art und Weise, wie das Geld verdient wurde, stillschweigend duldest oder sogar darin verwickelt sein könntest, wie dieses Geld beschafft wurde und dich solche Gedanken belasten, dann solltest du dich anderweitig nach Unterstützung umsehen.

Während einem Seminar zum Thema Missionspartnerentwicklung erklärte ein neuer Mitarbeiter des Missionswerks, dass er nichts mit Geld aus der Lotterie zu tun haben wolle. Ein paar Monate später rief er mich an einem Sonntagnachmittag zu Hause an. Morgens nach dem Gottesdienst hatte ihn ein vor kurzem gläubig gewordenes Ehepaar angesprochen; sie waren mit der Frage beschäftigt, ob sie weiterhin Lotto spielen sollten. Die Woche zuvor hatten die beiden eine kleine Summe gewonnen, und sie waren sich bewusst, dass sie weiterhin versucht sein würden, Lottoscheine zu kaufen, falls sie das gewonnene Geld für sich behielten. Sie baten den Missionar, das Geld für seine Arbeit anzunehmen, das würde ihnen helfen, fest zu bleiben in ihrer Entscheidung, keine Lotteriescheine mehr zu kaufen.

Was tat er? Er nahm das Geld an!

Ich erzähle diese Geschichte nicht um zu veranschaulichen, dass Lotteriespiele richtig oder falsch sind, sondern um zu zeigen, dass Gott mit unserer finanziellen Unterstützung manchmal andere Wege geht als wir. In Falle des Ehepaars war ihr Bedürfnis zu geben direkt verbunden mit ihrem geistlichen Wachstum als junge Christen. Offen gestanden bedeutete die kleine Geldsumme nur einen geringen Beitrag, gemessen an dem, was diese Missionarsfamilie brauchte, um auf der anderen Erdhalbkugel zu arbeiten, aber die Gabe desselben Betrags erfüllte für das Geber-Ehepaar ein wichtiges Bedürfnis in ihrem Leben.

> *„Die Erde und alles, was darauf ist, gehört dem Herrn."*
>
> Ps. 24,1

Sei vorsichtig mit Vorurteilen betreffend deiner potentiellen Unterstützer, du könntest dadurch möglicherweise Menschen wie Maria oder Johanna von vornherein ausschließen. Denk daran, es gibt kein christliches und nichtchristliches Geld – es ist alles Gottes Geld. **Manchmal setzt er seinen Reichtum auf ungewöhnliche Weise ein und benutzt dazu ungewöhnliche Leute.**

Wenn es gut genug für Jesus war, warum sollte es dann nicht gut genug sein für uns? Indem sich Jesus von ganz gewöhnlichen Menschen versorgen ließ, deren Leben durch die Hingabe an ihn völlig verändert wurden, zeigte er nicht nur Demut, sondern lebte diese auch vor. Von der finanziellen Unterstützung anderer Menschen zu leben, ist kein Abstieg auf der wirtschaftlichen Leiter, sondern ein Aufstieg: ein Aufruf genauso zu leben wie Jesus! Dieses Vorrecht bietet Gott nicht vielen Menschen an, und einige, denen er dieses Angebot macht, schlagen es aus, weil sie nicht damit umgehen können, von anderen abhängig zu sein. Gegenseitige Abhängigkeit ist ein Kennzeichen der Familie Gottes. Wenn Gott dich beruft, von den Gaben anderer zu leben, dann geht es nicht nur darum, dass du von anderen Geld erhältst. Es geht vielmehr um das Leben deiner Unterstützer, welches durch ihr Geben an dich Erfüllung erfährt. Jesus wusste das, und wenn er sich für diese Art der Unterstützung nicht zu schade war, dann solltest du und ich es uns auch nicht sein.

Gedankenpause

Wie haben sich die vielen reichen Freunde des Missionsdirektors aus dem obigen Beispiel wohl gefühlt, als sie erfuhren, dass er sehr wohl ihre Unterstützung hätte brauchen können, sie jedoch nie darum gebeten hatte?

Wie steht's mit dir?

Vielleicht hast du das Gefühl, dass du auf der wirtschaftlichen Leiter absteigst, wenn du von den Spenden anderer lebst. Hat es dich schockiert, dass Jesus, der Schöpfer und Eigentümer der ganzen Welt, während seiner Zeit hier entschlossen genauso gelebt hat? Wenn du dich deswegen schlecht fühlst, dann denk daran, dass es im Himmel einen Mann gibt, der genau weiß, wie du dich fühlst und der dieser Lebensweise voll zustimmt. Und danke ihm dafür.

Gottes Wirtschaftssystem unterscheidet sich so sehr von unserem weltlichen. Was hältst du von dem Gedanken, dass andere Leute es nötiger haben, dir etwas zu geben, als dass du ihre Unterstützung benötigst?

Bibelvers

„Da sagte Petrus: ‚Wir haben unser Zuhause verlassen und sind dir nachgefolgt.' ‚Ja', erwiderte Jesus, ‚und ich versichere euch: Wer Haus oder Frau oder Geschwister oder Eltern oder Kinder für das Reich Gottes aufgegeben hat, wird es in diesem Leben vielfältig zurückbekommen und in der zukünftigen Welt das ewige Leben erhalten.'" (Lk. 18,28–29)

Download ***www.aem.de/books***

Gebet – Bete so oder mit eigenen Worten:

Vater, danke, dass Jesus demütig war, bereit von den Gaben seiner Freunde zu leben, damit er den Auftrag vollenden konnte, zu dem du ihn berufen hattest. Bitte stärke mich durch deinen Geist, seinem Beispiel zu folgen und von den Gaben meiner Freunde zu leben, während ich den Auftrag, zu dem du mich berufen hast, erfüllen möchte. Amen.

Gedankenanstoß

Wie würdest du dich fühlen, wenn ein Häftling, der z. B. wegen Internetpornografie oder Drogenhandel im Gefängnis sitzt und sich dort bekehrt, einer deiner Hauptunterstützer würde – und das allgemein bekannt würde?

Paulus

Paulus war der erste Pioniermissionar. Nach seiner dramatischen Bekehrung wandte er sich entschlossen von seinem früheren Leben als Christenverfolger ab und wurde zu einer Zeit, als die Gemeinde noch vorwiegend aus Juden bestand, zum tatkräftigen Heidenmissionar.

Jahrelang reiste er unermüdlich im nördlichen Mittelmeerraum herum, predigte das Evangelium und gründete Gemeinden. Aber sein Erfolg kostete ihn viel. Es kann einem kalt den Rücken hinunterlaufen, wenn man in 2. Korinther 11 liest, was er alles erdulden musste – Schläge, Auspeitschen, Gefängnis, Hunger, Schiffbruch, Steinigung. Aber Paulus musste all die Jahre als Missionar nicht nur körperliche und seelische Qualen ertragen, er hatte auch unterschiedliche Erfolge zu verzeichnen in seinem Bestreben Missionspartner für die Finanzierung seiner Arbeit zu finden.

In diesem Abschnitt wollen wir mögliche Gründe unter die Lupe nehmen, weshalb die Korinther (die ihn gut kannten) Paulus nicht unterstützten, warum die Philipper (die ihn kaum kannten) das aber taten und aus welchem Grund die Gemeinde in Antiochia (seine sendende Gemeinde) ihm während einer kritischen Phase in seinem Dienst finanziell nicht zur Seite stand.

Paulus und die Korinther – wo die Zusammenarbeit nicht geklappt hat

Lies 1. Korinther 9,1–14; 2. Korinther 11,7–9; 12,11–20

„Das ist meine Antwort an die, die meine Vollmacht als Apostel in Frage stellen: Haben wir nicht das Recht, in euren Häusern zu wohnen und mit euch zu essen? Haben wir nicht das Recht, eine Ehefrau bei uns zu haben, wie die anderen Jünger und die Brüder des Herrn und Petrus es tun? Oder sind Barnabas und ich die Einzigen, die arbeiten müssen, um ihren Lebensunterhalt zu verdienen?

Welcher Soldat müsste im Krieg seine Auslagen von seinem eigenen Geld bestreiten? Oder habt ihr je von einem Bauern gehört, der seinen Weinberg bepflanzt und nicht davon isst? Welcher Hirte weidet eine Herde Schafe und darf nicht von der Milch trinken?

Und dabei vertrete ich nicht nur menschliche Ansichten. Sagt Gottes Gesetz nicht das Gleiche? Denn im Gesetz Moses steht: ‚Hindert einen Ochsen nicht am Fressen, während er Korn drischt.' Meint ihr, Gott hätte bei diesen Worten nur an den Ochsen gedacht? Sprach er da nicht auch zu uns? Natürlich tat er das. Denn wer pflügt und das Getreide drischt, darf seinen Anteil an der Ernte erwarten. Wir haben unter euch eine gute geistliche Saat gesät. Wäre es da zu viel verlangt, wenn ich euch um Nahrung und Kleidung bitte?

Wenn ihr andere unterstützt, die bei euch predigen, dürften wir da nicht erst recht Anspruch darauf erheben, unterstützt zu werden?"

1. Kor. 9,3–12

Manchmal wird es so sein, dass dich Leute nicht unterstützen, von denen du es erwartet hast. Ihre Begründungen mögen dir unlogisch erscheinen, vielleicht bist du sogar verletzt, weil sie sich so entschieden haben. Das Beispiel von Paulus zeigt, dass du dich in guter Gesellschaft befindest.

Paulus hatte eine eigenartige Beziehung zur Gemeinde in Korinth. Am Ende seiner zweiten Missionsreise hatte er sich 18 Monate in Korinth aufgehalten (Apg. 18,1–11), und höchst wahrscheinlich hatte er die Korinther während seiner dritten Missionsreise noch einmal kurz besucht.

Als Paulus seinen ersten Brief schrieb, hatte die Gemeinde sich anscheinend bereits gut etabliert, wenn auch etwas eigenwillig und durcheinander. In seinen Briefen behandelt Paulus Themen, zu denen die Korinther ihn um seine Meinung gebeten hatten. Außerdem stellt er sie bezüglich ein paar anderer Punkte zur Rede, besonders in Bereichen, wo ihm Problemzonen innerhalb der Gemeinde aufgefallen waren.

Eine Sache, die Paulus bemängelte, war die Tatsache, dass die Korinther seinen Dienst nicht unterstützten. Er argumentiert, dass er zwar ein Recht auf ihre Unterstützung habe, aber wegen ihrer Unreife nicht auf seinem Recht beharre. Paulus erklärt weiter, dass er zwar für seinen eigenen Unterhalt aufkomme, dies jedoch eigentlich nicht seine Aufgabe sei, denn „Ebenso hat der Herr angeordnet, dass diejenigen, die die gute Botschaft verkünden, von denen unterstützt werden sollen, die davon Nutzen haben" (1. Kor. 9,14).

Noch ein Brief von Paulus ...

In seinem zweiten Brief an die Korinther stellt er sie erneut zur Rede und wirft ihnen Unreife vor, weil sie ihre Verantwortung nicht wahrnehmen, ihn zu unterstützen. Ärgerlich und sarkastisch zugleich fährt er fort: „Habe ich womöglich falsch gehandelt, als ich mich bescheiden zeigte und euch eine Sonderstellung einräumte, indem ich euch Gottes Botschaft verkündete, ohne etwas dafür zu verlangen? Andere Gemeinden habe ich beinahe beraubt und mich von ihnen bezahlen lassen, um euch umsonst dienen zu können. Und als ich bei euch war und nicht genug hatte, um meinen Lebensunterhalt zu bestreiten, bat ich nicht euch um Hilfe. Denn die Brüder, die aus Mazedonien kamen, brachten mir eine weitere Zuwendung. Nie habe ich euch um die geringste Unterstützung gebeten und werde das auch nie tun" (2. Kor. 11,7–9).

Und in 2. Korinther 12,11–13 schreibt er: „Ihr habt mich dazu gebracht, wie ein Dummkopf mich selbst zu loben. Dabei hättet ihr mir eigentlich Empfehlungsbriefe mitgeben sollen, denn ich bin diesen ‚Superaposteln' in keiner Weise unterlegen, obwohl ich gar nichts bin. Als ich bei euch war, habe ich doch sicherlich bewiesen, dass ich ein wahrer Apostel bin, der von Gott selbst zu euch gesandt wurde. Denn ich habe in Geduld viele Zeichen und Wunder und Taten unter euch bewirkt. Das Einzige, was ich bei euch im Gegensatz zu anderen Gemeinden nicht getan habe, ist, euch zur Last zu fallen. Bitte vergebt mir dieses Unrecht!"

Paulus betont wieder, dass er ein Recht auf die Unterstützung der Korinther gehabt hätte, es aber nicht einklage und stattdessen von anderen Unterstützung annehme. Er hebt außerdem hervor, dass die Korinther allein durch seine Stellung als Apostel, die von den Korinthern anscheinend in Frage gestellt wurde, hätten erkennen sollen, dass sie verantwortlich waren für seine Unterstützung. Aber wie bereits in seinem ersten Brief ausgeführt, erklärt er, dass er nicht die Absicht habe, die Korinther um finanzielle Unterstützung zu bitten, da er nicht beabsichtige, ihr geistliches Wachstum sowie seine Beziehung zur ihnen zu gefährden.

Hier stellt sich nun die Frage, warum Paulus sich die Mühe macht, den Korinthern das alles zu erklären, wenn er sie sowieso nicht um Unterstützung bittet, weil es ihnen schaden könnte. Warum legte er die Sache nicht einfach ab unter „Was wäre gewesen, wenn..." ? Schon allein die Tatsache, dass er sie in dieser Angelegenheit zur Rede stellte, barg doch die Gefahr in sich, den Korinthern und seiner Beziehung zu ihnen zu schaden.

Wir müssen bedenken, dass dies die Gemeinde des ersten Jahrhunderts war. Die ersten Nachfolger von Jesus konnten noch nicht auf 2000 Jahre Kirchengeschichte zurückblicken und hatten auch noch nicht die vollständige Schrift als Grundlage für Glauben und Handeln, wie wir sie haben. Die Korinther und andere Christen aus dieser Zeit, Paulus eingeschlossen, mussten sich noch mit der Frage herumschlagen, wie viel aus der jüdischen und aus anderen Traditionen man ins Gemeindeleben übernehmen sollte. Zudem hatten sie viel mit Menschen zu tun, die hedonistisch geprägt waren und aus einem Umfeld stammten, wo Götzen angebetet wurden. Niemand hatte ihnen ein Handbuch Wie man seinen Missionar unterstützt zur Verfügung gestellt. Anscheinend unterstützten sie einige (siehe 1. Kor. 9,12), aber sie hatten noch keine allgemeinen Kriterien zum Thema Unterstützung aufgestellt. Paulus argumentiert, dass sie ihn vor allen anderen hätten unterstützen sollen.

Indem Paulus den Korinthern hilft zu verstehen, **warum** sie ihn hätten unterstützen sollen, wenngleich das für die Gemeinde beschämend war, schafft er eine Ausgangslage für zukünftige Missionare und christliche Arbeiter, die von der Unterstützung durch Missionspartner leben. **Und du und ich profitieren von seinen Ausführungen bis auf den heutigen Tag.**

Warum haben die Korinther Paulus eigentlich nicht unterstützt?

Nach allem, was Paulus für die Korinther getan hatte, und wie selbstlos er sich für sie eingesetzt hatte, hätte man erwarten können, dass sie sich ganz vorne in die Reihe der Unterstützer stellen würden. In dieser Reihe glänzten die Korinther jedoch mit Abwesenheit. Schlimmer noch, aus 1. Korinther 9 kann man den Schluss ziehen, dass sie sich bewusst dagegen entschieden, Paulus zu unterstützen. Kein Wunder hat sich Paulus darüber geärgert.

Es ist hier wie bei der Frage, wer zuerst da war, das Huhn oder das Ei. Haben sich die Korinther deswegen entschieden, Paulus nicht zu unterstützen, weil sie seine Einstellung ihnen gegenüber kannten (er hätte ihr Geld sowieso nicht angenommen, auch wenn sie es angeboten hätten)? Oder knüpften sie gewisse Bedingungen an eine Unterstützung, so dass Paulus ablehnte? Vielleicht wollten einige Leute in der Gemeinde Paulus kontrollieren, ihn sozusagen durch die finanzielle Unterstützung unter ihre Schirmherrschaft stellen, wie das in der damaligen Gesellschaft bei Lehrern nicht unüblich war. Das Problem lag darin, dass der Schirmherr vom Lehrer erwartete, nur das zu lehren, was er auch hören wollte – und Paulus wäre der Letzte gewesen, der sich der Kontrolle seiner Unterstützer unterworfen hätte.

Was auch immer der Grund war, eines ist klar: Die Korinther stellten Paulus' missionarischen Dienst in Frage. Sie bezweifelten, dass er wirklich ein Apostel war, fanden seine Lehre zu streng und hatten keine hohe Meinung von ihm als Redner. Indem sie sich auf den Stil seines Dienstes konzentrierten, verloren sie den Mann im Zentrum des Dienstes aus den Augen. So trafen sie die Entscheidung, ihn nicht zu unterstützen, obwohl er so viel für sie getan hatte.

Paulus ging aus dieser verzwickten Situation offensichtlich enttäuscht und verletzt hervor. **Aber auch die Korinther selbst waren Verlierer, denn sie verpassten den Segen, den sie hätten empfangen können und sollen.**

Tom und Sue, ein amerikanisches Ehepaar, arbeiten in einem evangelistischen Missionswerk bereits seit vielen Jahren unter Muslimen in Europa. Kurz nach dem Anschlag auf das World Trade Center und das Pentagon im September 2001 verbrachten sie einige Wochen in den USA, um ihre Missionspartner zu besuchen. Sie waren bestürzt, als zwei ihrer Unterstützer sie kontaktierten und von ihrer Wut auf die muslimische Gemeinschaft erzählten, welche sie dazu veranlasste, die Unterstützung für Tom und Sue aufgrund ihrer Arbeit unter Muslimen zu beenden! Das machte doch keinen Sinn. Weil sie so wütend waren über die Muslime, stoppten sie die Unterstützung für ein christliches Ehepaar – ein christliches Ehepaar, das alles dransetzte um Muslime mit Christus bekannt zu machen!

Tom und Sue trafen einen dieser Unterstützer persönlich. Etwas widerstrebend erklärte er sich schließlich bereit, sie doch noch weiter zu unterstützen, da er einsah, dass ihr Dienst wichtig war. Mit dem zweiten konnten sie nur telefonisch reden. Er reagierte so verbittert über die Anschläge auf sein Land, dass er nicht von seiner Position abrücken wollte und seine Unterstützung auflöste.

Manchmal entscheiden der Stil oder das Wesen deines Dienstes darüber, ob dich jemand unterstützt oder nicht. Es können Dinge sein, die für den Geber wichtig sind, während sie dem Empfänger unlogisch, irrelevant, ja sogar völlig lächerlich vorkommen können. Wenn etwas, was dem Geber wichtig ist, seinen Blick auf den Empfänger als Person verdunkelt, kann es dir so ergehen wie Tom und Sue. Dir mag die Reaktion der Geber (oder potentiellen Geber) bescheuert, unvernünftig oder gänzlich falsch vorkommen, aber für die Unterstützer macht sie Sinn.

Versuche auf jeden Fall die Differenzen zu klären, vor allem wenn es sich ganz klar um Missverständnisse handelt. Es kann aber auch Fälle geben, in denen du unverrichteter Dinge weitergehst, weil du einsiehst, dass eure Differenzen unvereinbar sind und der Versuch, sie zu überwinden, zu viele Schwierigkeiten mit sich bringt. Achte darauf, dass du Menschen gegenüber, die dich aus einem dir unverständlichen Grund nicht unterstützen möchten, keine negativen oder verurteilenden Gefühle hegst, sondern segne sie und bete, dass sie einen anderen Bereich im Reich Gottes finden mögen, den sie fröhlich und mit Begeisterung unterstützen können.

Gedankenpause

Stell dir vor, du wärst ein wohlhabendes Mitglied der Gemeinde in Korinth und hättest, bevor du Christ wurdest, für verschiedene gute Redner als Schirmherr gedient. Du hättest sie gut bezahlt und erwartet, dass sie nur das sagen, was du hören wolltest. Wie würdest du auf Paulus' Einstellung zum Predigen reagieren? (1. Kor. 9,11–23)

Wie steht's mit dir?

Kannst du dich an eine Situation aus deiner Arbeit erinnern, wo eine Gemeinde (oder ein guter Missionspartner) versucht hat, oder vielleicht versuchen wird, dich zu einem anderen Dienst zu „zwingen" abweichend von dem, wozu Gott dich deiner Überzeugung nach berufen hat? Wie hast du dich gefühlt oder würdest du dich dann fühlen? Wenn ein guter christlicher Freund oder eine bedeutende Gemeinde, in der du Mitglied bist, die Entscheidung trifft, deinen Dienst nicht als Missionspartner mitzufinanzieren, befindest du dich in guter Gesellschaft, z. B. mit dem Apostel Paulus. Schreib auf, wie du dich in dieser Situation verhalten würdest:

- *in Bezug auf deine Beziehung zu Gott und den Missionsdienst, zu dem er dich ausgesondert hat*
- *in Bezug auf den weiteren Verlauf deiner Beziehung zu deinem Freund oder deiner Gemeinde.*

Besprich dies mit einem geachteten Leiter deiner Gemeinde oder deiner Missionsgesellschaft.

Bibelvers

„Hört auf, andere zu verurteilen, und ihr werdet auch nicht verurteilt werden. Hört auf, andere zu tadeln, oder es wird euch ebenso ergehen. Wenn ihr anderen vergebt, wird euch auch vergeben werden. Wenn ihr gebt, werdet ihr erhalten. Was ihr verschenkt, wird zusammengepresst und gerüttelt, in einem vollen, ja überreichlichen Maß zu euch zurückfließen. Nach dem Maß, mit dem ihr gebt, werdet ihr zurückbekommen." **(Lukas 6,37–38)**

Gebet – Bete so oder mit eigenen Worten:

Danke, Vater, dass du mein Versorger bist, nicht meine Unterstützer. Ich erkenne an, dass du die besten Unterstützer für mich aussuchst, auch wenn ich vielleicht andere gewählt hätte. Hilf mir, deine Hand sowohl in den enttäuschenden Erlebnissen als auch in den mutmachenden Erfahrungen zu erkennen. Amen.

Gedankenanstoß

Manchmal versuchen wir die Reaktionen unserer Partner-Gemeinden vorherzusehen. Dann sind wir versucht, ihre finanzielle Unterstützung damit zu rechtfertigen, dass wir in unseren Rundbriefen nur das schreiben, was sie unserer Meinung nach hören wollen. Wie würdest du dich in dieser Situation fühlen?

Download **www.aem.de/books**

Obwohl das menschlich gesehen verständlich ist, bleibt der Dienst für die Gute Nachricht Gottes Werk, und unsere Integrität ist ausschlaggebend. Egal wie wir uns fühlen, wir dürfen dabei nicht die Wahrheit auf der Strecke lassen.

Paulus und die Philipper – wo die Zusammenarbeit geklappt hat

„Aber es war trotzdem richtig von euch, mir in meiner jetzigen schwierigen Lage zu helfen. Wie ihr wisst, wart ihr Philipper die einzigen, die mich finanziell unterstützten, als ich euch die Botschaft brachte und dann von Mazedonien aus weiterreiste. Keine andere Gemeinde hat das getan. Selbst als ich in Thessalonich war, habt ihr mir mehrmals Hilfe zukommen lassen."

Philipper 4,14–16

Paulus' Beziehung zu den Philippern war ganz anders als die zu den Korinthern, aber in mancher Hinsicht genauso seltsam. Gemäß Apostelgeschichte 16 hielt sich Paulus dort verhältnismäßig kurz auf, vielleicht nur ein paar Wochen, also nicht zu vergleichen mit den 18 Monaten in Korinth.

Offenbar waren in Philippi einige Menschen Christen geworden, darunter auch eine junge Frau, die ihr Geld mit Wahrsagerei verdiente. Eine Auswirkung ihres neu gefundenen Glaubens war, dass sie ihre Wahrsagerei aufgab, sehr zum Ärger ihrer Chefs, die dadurch eine wertvolle Einnahmequelle verloren. Als diese sich auf Amtswegen darüber beschwerten, wurden Paulus und Silas festgenommen und ins Gefängnis gesteckt. In derselben Nacht erschütterte ein Erdbeben das Gefängnis. Der Gefängnisaufseher eilte herbei, weil er befürchtete, dass seine Gefangenen alle entflohen wären. Er fand jedoch nicht nur alle seine Gefangenen an Ort und Stelle, sondern auch zum Vertrauen in Christus, so dass er und seine Familie sich mitten in der Nacht taufen ließen. Am nächsten Morgen wurde Paulus aus dem Gefängnis entlassen, verließ die Stadt und zog in Richtung Thessalonich und übriges Mazedonien. Auf seiner nächsten Missionsreise machte er kurz Halt in Philippi, um ein Schiff nach Troas zu besteigen (Apg. 20,6).

Als Paulus gegen Ende seines Lebens den Brief an die Gemeinde in Philippi schrieb, stand er unter Hausarrest in Rom und hatte nur wenige Leute, denen er predigen konnte. (Wem sollte er denn noch die Gute Nachricht erzählen, nachdem er sie schon allen Gefängniswächtern mitgeteilt hatte?)

Der Anlass seines Briefes war eine Gabe der Philipper, die ihm Epaphroditus überbracht hatte. Die Philipper hatten davon gehört, dass Epaphroditus nach seiner Ankunft in Rom erkrankt war, und waren sehr besorgt um ihn. Als Beweis, dass der Kranke sich völlig erholt hatte, sandte Paulus ihn nach Philippi zurück. Im Gepäck hatte er einen Dankesbrief von Paulus für die erhaltene Gabe. **Im Grunde genommen ist der Philipperbrief der erste festgehaltene Brief eines Missionars an seine Unterstützer.**

Obwohl die Philipper Paulus kaum kannten, betrachteten sie sich von Anfang an als wichtigen Bestandteil seines Unterstützerteams:

„Jedes Mal, wenn ich an euch denke, danke ich meinem Gott. Ich bete immer für euch und tue es mit frohem Herzen. Denn ihr habt euch vom ersten Tag an bis heute gemeinsam mit mir für die gute Botschaft eingesetzt"

Phil. 1,3–5

Klar ist ebenfalls, dass die Philipper Paulus über einen längeren Zeitraum unterstützt haben – es handelte sich also nicht um eine einmalige Gabe. Gleich nachdem er nach Thessalonich weitergereist war, fingen sie an, ihn zu unterstützen. Es gab dann wohl eine Unterbrechung, und mit dieser Gabe setzten sie ihre Unterstützung fort (Phil. 4,10.15–16).

Ehre, wem Ehre gebührt

Offensichtlich bestand zwischen Paulus und den Philippern ein enges Verhältnis. Im Gegensatz zum Brief an die Korinther ist hier der Ton herzlich und freundlich; der Brief enthält kaum korrigierende Worte. Paulus erinnert sie daran, dass sie in einer betrügerischen und verdorbenen Welt leben und darin wie ein helles Licht in einer dunklen Welt leuchten (Kap. 2,15). Was für eine schöne Beschreibung der Missionspartner! In diesem Brief spricht Paulus auch viel offener über seine innersten Gefühle; er offenbart ihnen sogar seine Ansicht, dass es bald Zeit sei für ihn zu sterben. Er lässt sie an seinen Überlegungen teilhaben, ob es für ihn besser wäre zu sterben und bei Christus zu sein, oder aber weiterzuleben, um weiter zu arbeiten und die Philipper wiederzusehen. Zu welchem Schluss kommt er? Er schiebt das Bei-Jesus-Sein noch hinaus, damit er seine Unterstützer noch einmal besuchen kann! (Phil. 1,21–26)

Was ihre Unterstützung für ihn betrifft, sagt er ihnen gleich zweimal, dass er das Geld eigentlich nicht unbedingt brauche (4,11.17), sich aber trotzdem über ihre Gabe freue. Dabei geht es hier nicht um Bescheidenheit oder falsche Demut. Er brauchte das Geld wirklich nicht. Er stand ja unter Hausarrest, wofür sollte er da Geld ausgeben? **Aber er weiß, dass für die Philipper das Geben wichtig ist, ob er die Unterstützung gerade nötig hat oder nicht.**

Er sagt ihnen, dass ihr Geben ihrem Konto gutgeschrieben wird (4,17). Das Wort gutschreiben hat hier nichts mit doppelter Buchführung zu tun, sondern es bedeutet, dass ihre Gabe zu ihrem Vorteil ausfällt.

Aber wie kann es ihrem Konto gutgeschrieben werden, wenn sie geben? Diese Aussage ergibt nur Sinn, wenn wir verstehen, dass es nicht ums Geld geht, wenn man jemanden finanziell unterstützt. **Es geht darum, dass der Unterstützer seine Rolle in Gottes ewigem Plan für sein Königreich übernimmt, und diese Teilnahme bringt eine Gutschrift in Gottes Buchhaltung mit sich**. Die Sache mit dem Geld sollte lediglich der finanzielle Ausdruck einer Verpflichtung sein, die mit dem Herzen eingegangen wird. Nicht alle Unterstützer wissen das. Aber Paulus fand es wichtig, die Philipper daran zu erinnern, wie wichtig ihre Unterstützung für ihn, aber auch für sie selbst war.

Seit über einem Jahrhundert haben wir in unserem Gemeindeleben die Empfänger als wichtigste Komponente in diesem Prozess hingestellt und dadurch die Realität abgeschwächt, dass **Geber und Empfänger gleichwertige Mitglieder in Gottes Familie sind**

und beide eine gleich wichtige Rolle in diesem Prozess spielen. Wenn eines der Familienmitglieder seine Rolle nicht übernimmt, leidet das Königreich Gottes.

Paulus sagt den Philippern, dass Gott ihnen alles geben wird, was sie brauchen (Phil. 4,19). Dieser Vers wird oft fälschlicherweise auf Missionare und andere, die von der finanziellen Unterstützung Dritter leben, bezogen. Es stimmt zwar, dass Gott diejenigen versorgt, die er zur direkten Arbeit im christlichen Dienst beruft, aber darum geht es in diesem Vers gar nicht. Diese Verheißung gilt dem **Unterstützer** und nicht der Person, die unterstützt wird. Diejenigen, die Unterstützung empfangen, können diesen Vers insofern für sich beanspruchen, als dass sie selber jemand anderen unterstützen.

Denk daran, dass die Philipper Paulus kaum kannten, besonders im Vergleich zu den Korinthern. Und trotzdem haben sie ihn – einen Gefangenen, der den Tod vor Augen hatte – bis hin gegen Ende seines Lebens unterstützt.

Es ist eindeutig, dass das Verhältnis der Philipper zu Paulus nicht von seiner gegenwärtigen Wirksamkeit abhing, noch gründete es sich auf eine langjährige enge Freundschaft. Nein, ihre Beziehung entsprang einer geistlichen Verbindung, die Gott ins Leben gerufen hatte. Die Korinther waren so beschäftigt mit Randerscheinungen im Dienst von Paulus, dass sie den Mann im Zentrum ganz aus den Augen verloren und ihm die Unterstützung verwehrten, die sie logischerweise hätten geben sollen. Im Gegensatz dazu erwiesen sich die Philipper, obwohl sie Paulus nicht so gut kannten und sein Dienst gerade in diesem Lebensabschnitt nicht so wirkungsvoll war – als bereitwillige Unterstützer.

Gedankenpause

Wenn Menschen finanzielle Mittel in die Verbreitung der Guten Nachricht investieren, wird der Betrag auf ihrem Himmelskonto größer, nicht kleiner. Wie beeinflusst dich diese Wahrheit gefühlsmäßig, wenn du daran denkst, dass du von deinen Freunden und Missionspartnern Geld erhältst?

Wie steht's mit dir?

Mach eine Liste der Personen und Gemeinden, die dich bereits finanziell unterstützt haben. Freu dich im Herrn darüber, dass sie diesen Segen von Gott empfangen haben.

Stell dir vor: In einem Jahr bekommst du 50 Prozent mehr Unterstützung, als du brauchst. Was tust du in dem Fall?

- *Du dankst den Gebern und bittest sie, nichts mehr bzw. weniger zu geben.*
- *Du dankst den Gebern und bittest Gott, sie noch mehr zu segnen. Du wägst im Gebet ab, ob du den Überschuss anderen Diensten zukommen lassen sollst, die du unterstützt, oder ob es vielleicht in deinem Dienst neue Möglichkeiten gibt, das Extrageld zu verwenden, welches Gott für deinen Dienst zur Verfügung gestellt hat.*
- *Du kombinierst beide Möglichkeiten.*

Begründe deine Antwort schriftlich.

Download ***www.aem.de/ books***

Bibelvers

„Und mein Gott wird euch aus seinem großen Reichtum, den wir in Jesus Christus haben, alles geben, was ihr braucht." (Phil. 4,19)

Gebet – Bete für deine Missionspartner folgendes Gebet:

Vater, du segnest deine Kinder gern. Ich lobe dich für all die Segnungen, die du über diejenigen ausgießt, die großzügig geben. Bitte fülle aus dem großen Reichtum in Jesus all die Bedürfnisse von (Name deines Missionspartners) aus. Amen.

Gedankenanstoß

Lies Philipper 1,20–26; 4,10–20. Paulus schreibt seinen Unterstützern, dass er sehr glücklich ist über die empfangenen Gaben, obwohl er nicht weiß, ob er lange genug leben wird, um das Geld auszugeben. Und außerdem braucht er im Moment die Gaben gar nicht. Wie fühlst du dich bei dem Gedanken, deiner Gemeinde oder Missionspartnern so etwas zu schreiben? Was kannst du aus der Haltung von Paulus diesbezüglich lernen?

Paulus und seine Heimatgemeinde in Antiochia – hat sie ihn fallen lassen?

„Zu den Propheten und Lehrern der Gemeinde im syrischen Antiochia gehörten Barnabas, Simeon (genannt der Schwarze), Luzius (aus Kyrene), Manaen (der seine Kindheit mit König Herodes Antipas verbracht hatte) und Saulus. Eines Tages, während diese Männer einen Gottesdienst hielten und fasteten, sprach der Heilige Geist: ‚Ihr sollt Barnabas und Saulus für die besondere Aufgabe freistellen, für die ich sie ausersehen habe.' Da fasteten und beteten sie, legten ihnen die Hände auf und sandten sie aus." (Apg. 13,1–3)

„Nach einiger Zeit sagte Paulus zu Barnabas: ‚Lass uns in die Städte zurückkehren, in denen wir vor einiger Zeit das Wort des Herrn verkündet haben, und sehen, wie die neuen Gläubigen zurechtkommen.' Barnabas willigte ein und wollte Johannes Markus mitnehmen. Paulus widersprach jedoch, weil Johannes Markus sie in Pamphylien im Stich gelassen und nicht mit ihnen weitergearbeitet hatte. Ihre Uneinigkeit in dieser Frage führte dazu, dass sie sich trennten. Barnabas segelte mit Johannes Markus nach Zypern. Paulus wählte Silas als Begleiter. Die Gläubigen sandten ihn aus und vertrauten ihn der Gnade des Herrn an. So zog er durch Syrien und Zilizien, um die Gemeinden zu stärken." (Apg. 15,36–41)

„Wie ihr wisst, wart ihr Philipper die einzigen, die mich finanziell unterstützten, als ich euch die Botschaft brachte und dann von Mazedonien aus weiterreiste. Keine andere Gemeinde hat das getan. Selbst als ich in Thessalonich war, habt ihr mir mehrmals Hilfe zukommen lassen." (Phil. 4,15)

Was für eine tolle Aussendungsfeier wurde Barnabas und Saulus (so hieß Paulus damals noch) von der Gemeinde in Antiochia ausgerichtet. Die Gemeindeleiter lobten Gott und fasteten, der Heilige Geist sprach, es wurde noch mehr gefastet (diesmal mit Gebet), Barnabas und Saulus wurden die Hände aufgelegt, und schon zogen sie los. Es gab keinen Zweifel an ihrer Berufung.

Aber das „Dreamteam" der Mission im 1. Jahrhundert währte nicht lange. Wie so oft im christlichen Dienst scheitere die Zusammenarbeit der beiden Männer an der zwischenmenschlichen Beziehung. Barnabas, der Hirte und Mutmacher, wollte Markus noch eine Chance geben, zumal sie Cousins waren! Paulus, der zielorientierte Missionspionier, wollte davon nichts wissen. Markus hatte seine Chance gehabt und verpatzt. Für Paulus kam nur ein zuverlässiger Mann in Frage. So bildeten sie zwei neue Teams und gingen getrennter Wege. Barnabas gab Markus eine zweite Chance, und Paulus fand in Silas einen zuverlässigen Begleiter.

Wie wir im vorangegangenen Abschnitt gesehen haben, schrieb Paulus den Philippern nach einigen Jahren, dass sie die einzige Gemeinde waren, die ihn damals unterstützte, als er Mazedonien verlassen hatte. Aber wie war das mit Antiochia? Schickte diese Gemeinde Paulus kein Geld? Anscheinend nicht, auf jeden Fall nicht in dem Zeitraum, den Paulus in seinem Brief an die Philipper erwähnt. Was war mit ihrer Unterstützung passiert? Warum folgte auf die tolle Aussendungsparty nicht auch eine beständige, verlässliche finanzielle Unterstützung?

Die Antwort lautet ganz einfach, wir wissen es nicht. Aber vielleicht können wir ein paar Gründe ausfindig machen.

Geld an Paulus zu übermitteln, war für die Unterstützer damals nicht so einfach wie eine Überweisung für unsere heutigen Missionspartner. Damals gab es noch keine Schecks oder Zahlungsaufträge. Die Unterstützer von Paulus mussten das Geld einsammeln, dann eine ehrliche Person finden, die Paulus die Spende persönlich überbrachte in der Hoffnung, ihn an dem Ort anzutreffen, wo man ihn vermutete. Vielleicht war es einfach eine Frage der Logistik, dass die Unterstützung aus der Gemeinde in Antiochia Paulus zu dem Zeitpunkt nicht erreichte.

Vielleicht war Paulus auch in eine kirchenpolitische Angelegenheit verwickelt. Barnabas war Hauptleiter der Gemeinde in Antiochia, bevor Paulus dort auftauchte. Und er war es auch, der Paulus nach Antiochia gebracht hatte (Apg. 11,22–26). Durch ihre Meinungsverschiedenheit wurde ihre bis dahin gute Arbeitsbeziehung jäh unterbrochen. Zum Glück scheint sich Paulus später sowohl mit Barnabas als auch mit Markus ausgesöhnt zu haben. Aber wäre es vielleicht möglich, dass sich die Gemeinde in Antiochia nach dem Krach der beiden Männer auf Barnabas' Seite stellte? Wir haben ja bereits von einer Gemeinde gehört, die eigentlich Paulus hätte unterstützen sollen, es aber nicht tat (Korinth). Vielleicht war das auch mit Antiochia so.

Was auch der Grund gewesen sein mag, eines wissen wir: Paulus' aussendende Gemeinde hat ihn – zumindest während einer gewissen Zeit seines Missionarslebens – nicht finanziell unterstützt. Aber Gott sorgte dafür, dass die fehlende finanzielle, geistliche und seelische Unterstützung aus Korinth und Antiochia von den Philippern übernommen wurde, obwohl Paulus sie kaum kannte verglichen mit den beiden anderen Gemeinden.

Wenn Leute sich entscheiden, dich nicht zu unterstützen

Also, wenn es nun dazu kommt, dass eine Gemeinde oder Einzelperson dich nicht unterstützt, obwohl sie anfänglich von deiner Arbeit begeistert waren, dann verzweifle nicht. **Gott**

wird dir andere Unterstützer schenken, vielleicht solche, die du zu Beginn kaum kennst, die aber, wie die Philipper für Paulus – treue und engagierte Freunde werden.

Vorsicht! Es ist freilich nicht angenehm, wenn jemand die Entscheidung trifft, dich nicht zu unterstützen. Noch unangenehmer ist es für dich, wenn ein Missionspartner, der dich längere Zeit unterstützt hat, beschließt seine Unterstützung einzustellen. Meistens liegt der Grund dafür in einer Veränderung seiner finanziellen Situation oder seiner Interessen. Seltener hängt seine Entscheidung mit Dingen in deiner Arbeit zusammen, die ihm zu denken geben, wenn du z. B. in ein neues Arbeitsgebiet einsteigst, die Kommunikation nicht ausreichend gepflegt hast, du mit Aktivitäten beschäftigt bist, die dein Unterstützer nicht gutheißt oder was auch immer. In dieser Situation musst du daran denken, dass du allein Gott Rechenschaft für deinen Dienst schuldest, nicht deinen Unterstützern. Sie und wir sind Brüder und Schwestern in Gottes Familie, und wir arbeiten mit ihnen als Partner zusammen.

Es lohnt sich aber auf jeden Fall , ihre Bemerkungen über deinen Dienst anzuhören, auch wenn du anderer Meinung bist. Wir sollten den unterschiedlichen Meinungen unserer Unterstützer unvoreingenommen begegnen, es könnte ja sein, dass Gott durch sie über einen gewissen Arbeits- oder Lebensbereich mit uns sprechen möchte.

Gedankenpause

Manchmal beschließt sogar die Gemeinde, die dich ausgesendet hat, deine finanzielle Unterstützung abzubrechen. Das bedeutet nicht, dass deine Missionsarbeit enden muss.

Wie steht's mit dir?

Ob nun die Gemeinde in Antiochia aufgehört hat, Paulus finanziell zu unterstützen, oder nicht, manchmal beschließen wichtige Unterstützer eben, dich nicht länger zu unterstützen. Was würde geschehen, wenn wichtige Unterstützer, die zu Beginn stark engagiert waren, dich nicht länger unterstützen wollen? Könntest du Gott für sie danken?

Bibelvers

„Seid nachsichtig mit den Fehlern der anderen und vergebt denen, die euch gekränkt haben. Vergesst nicht, dass der Herr euch vergeben hat und dass ihr deshalb auch anderen vergeben müsst." (Kol. 3,13)

Gebet – Bete so oder mit eigenen Worten:

Unser Vater, manchmal fühlen wir uns von unseren Freunden und Missionspartnern vor den Kopf gestoßen. Vielleicht haben sie unachtsam oder gar sündig gehandelt. Vergib uns bitte, wenn unsere Reaktion darauf darin bestand, unseren eigenen Stolz zu wahren. Und vergib ihnen, wenn sie deinen guten Namen missachtet oder dein Werk in Verruf gebracht haben. Bitte segne sie reichlich, wenn sie nun ihre Mittel und ihre Energie fröhlich in eine andere Arbeit in deinem Reich investieren. Und lass unser Herz immer großzügiger werden. Amen.

Download ***www.aem.de/books***

Zusammenfassung

Die Tradition, dass einige Mitglieder der Familie Gottes von einem Erwerbseinkommen ausgenommen sind und stattdessen von der Unterstützung anderer leben, ist ein in der Schrift begründetes Erbe, welches auch durch die Gemeinde weitergegeben wird. Wie aus den biblischen Beispielen hervorgeht, ging das nicht immer reibungslos zu und her, aber es ist auf jeden Fall Gottes Idee von Anfang an. Wir haben das Privileg, diese Tradition weiterzuführen.

3. FINANZIELLE UNTERSTÜTZUNG DURCH MISSIONSPARTNER: WIE FANGE ICH AN?

Wir haben uns die biblischen Prinzipien vom Geben und Empfangen angeschaut. Wir haben gesehen, dass es ein biblisch fundiertes Erbe ist, von anderen Männern und Frauen Gottes unterstützt zu werden. Aber wie sieht das Ganze jetzt in der Praxis aus? Was geht in einem (potentiellen) Missionspartner vor, wenn er sich überlegt, ob er dich unterstützen soll? Welche Gedanken gehen uns durch den Kopf, wenn wir uns der Realität stellen, von anderen finanziell unterstützt zu werden? Was muss bereitliegen, damit jemand sich wohlüberlegt entscheiden kann, ob er/sie dich unterstützen möchte?

Als Erstes musst du wissen, dass jeder Missionspartner dich aus verschiedenen Gründen unterstützen wird. Deinen finanziellen Bedarf zu decken ist lediglich einer von vielen Gründen, und dein finanzieller Bedarf ist natürlich der **Auslöser** für ihre Entscheidung. Aber deine finanzielle Lage an sich ist nicht ihre Hauptmotivation. Eine Motivation für deine Unterstützung liegt im (bewussten oder unbewussten) Stillen ihres eigenen Bedürfnisses.

In Teil 2 wollen wir uns mit dem Wie und Warum dieses Themas befassen. Es geht um Beweggründe, Komfortzonen, die richtige Balance zwischen **Informieren** und **Bitten** und andere Dinge, die den Aufbau eines Unterstützerteams so abenteuerlich machen:

- Wie sich Missionspartner dafür entscheiden, dich zu unterstützen
- Warum sie sich dazu entschließen, dich zu unterstützen
- Warum uns nicht immer wohl dabei ist, wenn wir um finanzielle Unterstützung bitten
- Warum sich potentielle Missionspartner manchmal unwohl fühlen
- Welche Vorbereitungen du treffen musst, bevor du mit der Planung deiner finanziellen Unterstützung beginnst.

Aber bevor wir uns diesen Themen zuwenden, wollen wir uns vorher einigen grundlegenden Ausgangslagen widmen: In welchem Licht betrachtest du deine Unterstützer und den Aufbauprozess deines Teams?

Die Unterstützer gibt es bereits

Meinst du, deine Entscheidung in einem christlichen Umfeld zu arbeiten, hat Gott überrascht? Es mag eine Überraschung für deine Familie und deine Freunde sein oder sogar für dich selbst. Aber für Gott war die Sache schon lange klar, bevor du auch nur entfernt daran dachtest. Seine Berufung für unsere Leben steht immer schon fest, lange bevor wir selbst sie erkennen.

Wenn du für eine christliche Organisation oder eine Missionsgesellschaft arbeitest, gaben dir sicher Dinge in Zusammenhang mit diesem Werk Anstoß, Gottes Berufung in deinem Leben zu erkennen. Vielleicht hast du einen Vortrag gehört, eine Website, eine Zeitschrift oder einen Prospekt gerade dieser Missionsgesellschaft angeschaut. Es kann auch sein, dass du jemanden, der dort arbeitet, persönlich kennst. Der Bewerbungsprozess hat dir schließlich geholfen, deine Berufung zu prüfen und dir darüber klar zu werden, dass du auch mit kommenden rauen Zeiten fertig wirst.

Wenn du unabhängig arbeitest, nehme ich an, dass du auf eine besondere Not aufmerksam wurdest und du jetzt Gottes Ruf folgst, dieser Not zu begegnen, nachdem du mit deiner Gemeinde oder anderen diesen Ruf auf seine Richtigkeit hin geprüft hast. Auch hier ist es so, dass Gottes Ruf bereits auf deinem Leben lag und er deine Fragen und Antworten und die von anderen benutzte, damit sein Ruf an dich zur rechten Zeit erkennbar wurde.

Wenn Gott sich so viel Mühe gemacht hat um sicherzustellen, dass du seinen Ruf für dein Leben gehört hast, damit du deine Zeit für eine Aufgabe um seines Königreiches willen einsetzt, wäre es dann nicht möglich, dass er ebenso diejenigen beruft, die mit ihrem Geld ebendiese Aufgabe unterstützen? **Denk daran, hier bringt Gott seine Familienmitglieder dazu gemeinsame Sache zu machen, Geber und Empfänger arbeiten partnerschaftlich zusammen. Als liebender Vater möchte er, dass alle Mitglieder seiner Familie ein erfülltes Leben führen. Das gilt sowohl für deine Unterstützer in ihrem Geben als auch für dich im Empfangen.**

Du musst deine Unterstützer nicht erfinden oder selber machen

Gott hat das bereits getan. Alles, was du tun musst, ist herausfinden, wo sie sind. Vielleicht sind sich einige ihrer Berufung, dich zu unterstützen, noch nicht bewusst. Genau wie es bei dir ein Prozess war, dir über Gottes Berufung für dein Leben klar zu werden, damit du deine Zeit in die Aufgabe investierst, zu der Gott dich berufen hat, brauchen auch deine Missionspartner diesen Prozess, der in ihren Leben die Berufung wachruft, ihr Geld zur Verfügung zu stellen.

Wir haben bereits auf Seite *25 und *26 gesehen, dass Gott die Geber zum Geben befähigt. **Gott wird deine Unterstützer nicht zum Geben berufen, ohne dass er dich zum Empfangen beruft.** So wird er dich auch nicht in einen christlichen Dienst führen, ohne Geber für dich zu berufen, die durch ihr Geben seine Berufung in deinem Leben Wirklichkeit werden lassen. Das bedeutet nicht, dass das alles ganz einfach sein wird. Herauszufinden, wen Gott für dein Unterstützerteam vorbereitet hat, kann tatsächlich mehr Zeit beanspruchen, als man denkt. Aber trotzdem – es ist genug Geld da. Es muss nur auf das richtige Bankkonto geleitet werden!

Verlass dich nicht auf irgendwelche Wunder

So alle paar Wochen bekomme ich einen Anruf oder eine E-Mail von jemandem, der mich fragt, ob ich ihm/ihr eine Liste mit Adressen von geberfreudigen Stiftungen geben könnte. Gewöhnlich formuliere ich meine Antwort so, dass die Person ihre Frage überdenkt und sie dann anders stellen kann. Diese Fragen zielen darauf ab, das Augenmerk auf Kontakte in ihrem näheren Umfeld zu richten, anstatt auf weit entfernte Stiftungen, zu denen sie keinerlei Beziehung haben.

Beim Aufbau deines Unterstützerteams geht es nicht nur darum, dass du das benötigte Geld zusammenbekommst. Es geht um das Erforschen von Beziehungen, die Gott bereits hergestellt hat, damit du entdeckst, wen er als Partner in dein Unterstützerteam

berufen hat, um dich mit Finanzen, Gebet und Ermutigung zu unterstützen. Beginne im Zentrum deiner bereits bestehenden Beziehungen und arbeite dich nach aussen. Arbeite nicht von außen nach innen.

Würdest du jemanden regelmäßig finanziell unterstützen, den du gar nicht kennst, von dem du nie etwas gehört hast oder der dir nicht von einem Bekannten vorgestellt wurde, nur weil diese Person dich um Geld gebeten hat? Vielleicht gibst du bei einer Straßensammlung ein paar Euro, aber es wäre unwahrscheinlich, dass du dich zu einer regelmäßigen monatlichen Spende für einen Fremden verpflichtest. Treuhändern von Stiftungen geht es genauso. Sie wollen sicher sein, dass das ihnen anvertraute Geld maximal dem Zweck dient, für den die Stiftung ins Leben gerufen wurde. Es ist also viel wahrscheinlicher, dass Stiftungen Projekte oder Einzelne unterstützen, die sie kennen und denen sie vertrauen, als völlig Unbekannte, wie wertvoll deine Arbeit in deinen Augen auch sein mag.

Vagen Wundern nachzujagen kann für dich damit enden, dass du wertvolle Zeit und Kraft verbrauchst und dabei wenig bis gar nichts herausspringt. Diese Zeit und emotionale Energie wären viel besser eingesetzt, wenn du dich mit deinen Freunden triffst, einen Kaffee mit ihnen trinkst, ihnen dein Herzensanliegen mitteilst und sie fragst, ob sie deine Partner werden möchten. Die Wahrscheinlichkeit ist so viel größer, dass sie dich nicht nur finanziell unterstützen, sondern auch beständig im Gebet hinter dir stehen.

Dein eigentliches Ziel hat nichts mit Finanzen zu tun

Wenn du ein Unterstützerteam aufbaust, hast du wahrscheinlich ein bestimmtes finanzielles Ziel vor Augen, auf welches du hinarbeitest. Es mag sein, dass deine Missionsgesellschaft festgelegt hat, wie viel du für deinen Unterhalt brauchst. Oder wenn du unabhängig arbeitest, hast du eine gewisse Summe im Kopf, die dir angemessen erscheint, um effektiv arbeiten und leben zu können.

Ja, du musst sicher sein, dass du genug Geld hast, um die von Gott aufgetragene Aufgabe ausführen zu können. Es gibt keine geistlichen Bonuspunkte für Leute, die stets mit einem Minimum auskommen. Einige der materialistischsten Leute, die ich kenne, sind Missionare mit zu wenig finanzieller Unterstützung. Sie verwenden so viel Zeit, Gebete und Energie auf die nächste Mahlzeit, die nächste Rechnung und alles Mögliche andere. Ihr Leben dreht sich nur noch ums Geld und um den Geldmangel, so dass sie genau in die Geldfallen tappen, vor denen Jesus in der Bergpredigt warnt.

Bei deinem eigentlichen Ziel geht es nicht darum, das Geld zusammenzukriegen. **Dein eigentliches Ziel ist es, Menschen zu sammeln und tragfähige, langfristige Partnerschaften zu bauen.** Angenommen, du findest einen Menschen, der anbietet, für deine gesamte Unterstützung aufzukommen, solange du sie benötigst, dann hast du

> *„Denn wo dein Reichtum ist, da ist auch dein Herz."*
> Matthäus 6,21

zwar dein finanzielles Ziel erreicht, aber deine Unterstützungsbasis ist noch nicht tragfähig genug. Um deinen geistlichen Schutz und deine persönliche Ermutigung zu gewährleisten, brauchst du die engagierten Herzen einer ansehnlichen Gruppe von Menschen. Berücksichtigt man die Worte von Jesus, dass das Herz der Menschen dort ist, wo ihr Reichtum ist, dann sichert man sich das Herzensengagement von einer ansehnlichen Anzahl Leute dadurch, dass man ihren Reichtum in Form finanzieller Unterstützung gewinnt. Obwohl es nicht immer zutrifft, haben Phyllis und ich die Erfahrung gemacht, dass Leute, die uns finanziell unterstützen, sich mehr für uns und unsere Arbeit engagieren als solche, die sich dagegen entschieden haben. Genauso interessieren wir uns stärker für Leute, die wir finanziell unterstützen, als für solche, die wir nicht unterstützen.

Du verfügst bereits über alle nötigen Fertigkeiten

Für den Aufbau des Unterstützerteams braucht man kein Patentrezept, sondern man muss die Kunst, Beziehungen zu knüpfen, beherrschen. Wichtig ist nicht in erster Linie, wie gut deine Präsentationsmappe gestaltet oder wie herzzerreißend deine Arbeit ist. Vielmehr geht es darum, das, was Gott dir aufs Herz gelegt hat, so persönlich wie möglich mit den Menschen zu teilen, die Gott bereits in dein Kontaktnetz gewoben hat. Wenn du planst, in den vollzeitlichen christlichen Dienst zu treten, dann hast du wahrscheinlich bereits einige Erfahrungen gesammelt in der Kunst, Beziehungen zu pflegen, sei es in Familie, Schule, Arbeit oder Gemeinde. Du weißt, wie man mit Freunden plaudert oder wie man Menschen zum Mitmachen bei verschiedenen Aktivitäten einlädt. Wahrscheinlich bist du schon mit Freunden in Urlaub gefahren, kannst in einer Diskussion deinen Standpunkt vertreten und mit anderen gemeinsam etwas unternehmen. Genau diese Fertigkeiten musst du nutzen, wenn du dich mit Freunden triffst und sie aufforderst, sich auf das Abenteuer, zu dem Gott dich berufen hat, einzulassen.

Geldgeber, Investoren oder Partner?

Wie du deine Missionspartner und ihre Rolle als deine Unterstützer einschätzt, hat einen großen Einfluss darauf, wie sie dich und ihre Rolle als Unterstützer deiner Arbeit betrachten. Die von dir vorgegebene Höhe der Decke wird für die meisten Unterstützer die Limite darstellen, welche sie in ihrem Engagement nicht überschreiten werden. Wenn du denkst, dass sie nur eine begrenzte Rolle spielen sollen, vielleicht ab und zu für dich spenden und beten, dann werden sie sich nicht in der Lage fühlen, über diese Grenze hinauszuschießen. Wenn du deinen Missionspartnern aber ein höheres Maß an Engagement anbietest, wirst du erleben, dass einige bereitwillig und enthusiastisch diese Herausforderung annehmen.

Geldgeber

Ein reiner Geldgeber ist außerhalb der Sache positioniert, nur wenig wird unternommen, damit die Beziehung zwischen Geber und Empfänger bedeutungsvoll wird. In ihrer einfachsten Form besteht eine solche Beziehung beispielsweise zwischen einem Spendensammler, der am Samstagmorgen in der Einkaufspassage seine Blechdose schüttelt und dem Passanten, der 50 Cent in die Dose wirft. Der Geldgeber weiß vielleicht noch nicht einmal, für welchen Zweck er da spendet. Der Empfänger hat auch kein großes Interesse am Geber, außer vielleicht einer gewissen Anerkennung dafür, dass er nicht wie so viele andere achtlos vorbeigegangen ist, sondern etwas Geld in die Dose geworfen hat.

Einige in deinem Unterstützerteam werden vielleicht nie über dieses Geldgeber-Engagement hinauskommen. Aus irgendeinem Grund haben sie sich dafür entschieden, etwas für dich zu geben – vielleicht sogar monatlich – aber ihr Interesse für dich und deine Arbeit nimmt nicht zu. Erachte es als gegeben, dass du Unterstützer haben wirst, die sich mit Blick auf dich für die Geldgeber-Perspektive entscheiden, **aber erachte es nicht als gegeben, dass du dich mit Blick auf diese Unterstützer mit der Geldgeber-Perspektive abfindest**. Falls sie sich für diese Form von Engagement entscheiden, sollte das ihre eigene Wahl sein und nicht daher rühren, dass du ihnen keine weitreichendere Art der Mitarbeit angeboten hast.

Investor

Ein Investor zeigt zwar größeres Interesse an der Sache, aber die Beziehung ist immer noch sehr distanziert. Wenn dir beispielsweise ein paar Aktien einer öffentlich eingetragenen Firma gehören, dann gehört dir tatsächlich ein Teil dieses Betriebs. Aber wahrscheinlich empfindest du das gar nicht so. Ab und zu bekommst du Informationen darüber, wie gut die Firma läuft, wobei negative Dinge positiv verbrämt werden. Ort und Zeit der geplanten Aktionärsversammlung, bei der du Stimmrecht hast, passen dir absolut nicht. Die per Post zugestellten Abstimmungspapiere zur stellvertretenden Einreichung sowie die schriftlichen Erläuterungen zu den Abstimmungsvorlagen sind so kompliziert abgefasst, dass du sie gleich in den Papierkorb wirfst. Trotzdem gehört dir die Firma, oder zumindest ein kleiner Teil davon.

Die Firma möchte eigentlich nicht, dass du dich in ihre Angelegenheiten einmischst, aber sie möchte auch nicht, dass du deine Investition abziehst, und so findet sie einen Weg, dich bei der Stange, aber gleichzeitig vom Hals zu halten.

Viele Missionare und Leute, die in einem christlichen Umfeld arbeiten, sehen ihre Unterstützer als Investoren an. Sie halten sie mit ein paar unpersönlichen Freundesbriefen pro Jahr bei der Stange, in der Hoffnung, dass die Unterstützer das Geld weiter fließen lassen und dabei nicht zu viel ihrer Zeit in Anspruch nehmen.

Auch hier gilt wieder, dass einige Unterstützer sich für diese Ebene in ihrem Engagement entscheiden, aber es sollte nicht deswegen sein, weil du ihnen keine weitreichendere Möglichkeit anbietest.

Partner

Ein Partner empfindet Teilhabe an einem Ganzen. Ob es sich um die Vertrautheit in der Ehe, die Verpflichtungen in einer Geschäftspartnerschaft oder die gegenseitige Abhängigkeit als Partner in einer Sportsmannschaft handelt, ein Partner weiß, dass er oder sie eine einzigartige Rolle spielt und dass ohne ihn/sie die Ehe, das Geschäft oder die Mannschaft nicht so gut funktionieren würden.

Während jeder Partner im Team eine andere Rolle spielt, einige vielleicht mehr im Vordergrund stehen als andere, trägt doch jeder Einzelne entscheidend zur vollständigen Wirksamkeit der Partnerschaft bei. Ein Partner weiß, wenn er seinen Platz nicht einnimmt – egal was für ein Platz das ist – dann leidet das Ganze.

Ohne das Geld, die Gebete und die Ermutigung deiner Unterstützer würde es deinen Dienst ganz einfach nicht geben. In einer Familie übernimmt jedes Familienmitglied eine lebenswichtige Aufgabe, damit die Familie als Einheit funktioniert. So soll es auch in Gottes Familie sein – jeder muss seine Rolle ausfüllen, damit das volle Potential der Familie ausgeschöpft werden kann. Nicht alle deine Unterstützer werden einen Sinn haben für die partnerschaftliche Rolle, die ihnen im Rahmen deiner Arbeit zugedacht ist. Aber sie sollten die Chance und die Möglichkeit bekommen, einen Schritt weiterzugehen und ermutigt werden, auf eine Art und Weise helfen zu können, wie sie es noch nie zuvor getan haben. Warte ab, wie die Einzelnen darauf reagieren, und baue auf ihrem zunehmenden Interesse auf.

Am Ende des Buches werden wir uns einige praktische Möglichkeiten ansehen, wie wir auf dieses Ziel hinarbeiten können.

Es braucht Zeit, ein Unterstützerteam aufzubauen

Ein Ehepaar, das mich um Hilfe bat, hatte ihr eigenes christliches Missionswerk gegründet. Sie waren sich sicher, dass Gott sie in diese Arbeit gerufen hatte. In der Annahme, dass irgendwann von irgendjemandem irgendwelche großen finanziellen Gaben hereinkommen würden, hatten sie fortlaufend Geld, das sie nicht hatten, für ihren Dienst ausgegeben. Als ich mich mit ihnen traf, hatten sie 50 000 Euro Schulden, das meiste davon auf Kreditkarten, für die sie monatlich allein 2 000 Euro Zinsen zahlen mussten! Hatten sie Gottes Berufung für ihr Leben vielleicht falsch verstanden? Vielleicht, aber es kann ebenso gut sein, dass ihre Vorstellung, wie man von der Unterstützung Dritter lebt, unrealistisch war, und sie annahmen: „Das Geld wird schon auf wundersame Weise hereinkommen, solange wir uns um die ‚echte' Arbeit kümmern."

Eine Basis von tragfähigen, engagierten Unterstützern aufzubauen, ist ebenso Teil deiner ‚echten' Arbeit wie jeder andere Aspekt deines Dienstes. Dieser Teil ist kein zusätzliches Anhängsel, das sich irgendwie von selbst erledigt.

Das Ganze braucht Zeit, und viele behaupten, dass sie diese Zeit einfach nicht haben. Aber jedem von uns stehen 24 Stunden pro Tag zur Verfügung. Es kommt darauf an, ob wir dem Aufbau und Unterhalt unserer Unterstützerbasis die nötige Priorität einräumen und dann auch Zeit dafür einsetzen. Man kann den Weg zu gepflegten Beziehungen nicht abkürzen. Rundbriefe mit der allgemeinen Anrede „Liebe Freunde", die den Empfängern immerhin zeigen, dass es dich auch noch gibt, sind nicht geeignet, um Beziehungen zu festigen.

! *Wir müssen kreative Wege finden, die unseren Unterstützern dabei helfen, sich von interessierten Menschen zu persönlich engagieren Partnern zu entwickeln. Ihr Wissen über das, was wir tun, soll sich in echtes Verständnis verwandeln, warum wir es tun.*

! Faustregel: Setze regelmäßig zehn Prozent deiner Arbeitszeit zur Pflege deines Unterstützerteams ein. Ist das zu viel verlangt? Nicht, wenn wir unsere Unterstützer als Partner betrachten, als Mitglieder der Familie Gottes, die mit uns zusammenarbeiten, und nicht nur als Finanzierer. Diese gut investierten zehn Prozent sichern dir eine starke Unterstützungsbasis für die gesamte Zeitdauer, die du im christlichen Dienst verbringst.

Paul gab seinen Posten als Filialleiter bei der Nat-West-Bank in London auf, um für Jugend für Christus zu arbeiten. Das war ein großer Schritt für ihn, besonders deswegen, weil sich dadurch sein Einkommen verringerte und außerdem mindestens 50 Prozent seines neuen Gehalts durch finanzielle Unterstützung gedeckt werden sollten. Er übernahm eine ihm neue Rolle als Geschäftsführer von Jugend für Christus (JfC), dazu kamen die Aufsicht über die gesamte Administration sowie die zentralen Dienste der Organisation. Paul und seine Frau Val gingen also nicht zu einer weit entfernten, unerreichten Volksgruppe; sie arbeiteten noch nicht einmal direkt mit britischen Teenagern. Nein, sie würden eine ganz normale Bürotätigkeit in den Midlands ausüben und sich mit so gesehen weltlichen Aufgaben befassen. Ihre einzige Erfahrung mit persönlicher finanzieller Unterstützung hatten sie bislang auf der anderen Seite des Zauns gesammelt – sie waren selber Unterstützer. Da es ihnen Freude bereitete, Unterstützer zu sein, und sie eine Vorstellung davon hatten, was sie an der Partnerschaft mit den Menschen schätzten, die sie unterstützten, tauschten Paul und Val ganz einfach die Rollen. Obwohl Paul gewissermaßen begeistert war, jetzt selbst ein Unterstützerteam aufzubauen, wusste er, dass seine Arbeit bei JfC so umfangreich sein würde, dass ihnen kaum Zeit bleiben würde, sich ihren Unterstützern zu widmen. Wenn sie sich nicht bewusst Zeit dafür einplanten, würde es immer heißen: „Nächste Woche, wenn es nicht so hektisch zugeht." Um das von JfC gesteckte Ziel, die 50 Prozent ihres Gehaltes, zu erreichen, würden sie sehr geschickt und hart daran arbeiten müssen.

Anfangs verbrachten sie die Abende und Wochenenden mit wichtigen Freunden, um sie eingehend darüber aufzuklären, wozu Gott sie berufen hatte, und sie zu fragen, ob sie Teil ihres Unterstützerteams sein wollten. Anderen, die sie nicht persönlich aufsuchen konnten, schrieben sie Briefe und gingen diesen Kontakten dann telefonisch nach. Als sie die erforderlichen 50 Prozent erreicht hatten, machten Paul und Val einfach weiter, und schließlich übertrafen sie die 100 Prozent Marke.

Und das war noch nicht alles. Paul und Val hatten verstanden, dass ihre Unterstützer genauso Teil ihres Teams waren wie ihre Arbeitskollegen im JfC-Büro. Eine echte Partnerschaft zu den Unterstützern aufzubauen würde mehr verlangen, als alle paar Monate einen gewöhnlichen Rundbrief zu schicken.

Sie eigneten sich Gewohnheiten an, die dafür sorgten, dass sie regelmäßig Kontakt pflegten mit den Leuten, die sich für ihre Unterstützung verpflichtet hatten. So schrieben sie ihnen frühmorgens vor dem Frühstück eine SMS, luden an den Wochenenden ihre Unterstützer aus der Londoner Umgebung zu sich nach Hause ein, unterhielten sich mit wieder anderen wöchentlich abends am Telefon.

Natürlich brauchte diese Kontaktpflege zweifellos Zeit, aber Paul und Val sahen das nicht als eine Last an, die ihnen ihre Freizeit raubte und die sie ertragen mussten, um ihre Arbeit für JfC tun zu können. Ganz und gar nicht! Sie empfanden es als eine großartige Möglichkeit, ihre Freunde an ihrem Leben und Dienst teilhaben zu lassen – das alles war ein integraler und erfreulicher Bestandteil ihrer täglichen Aufgaben bei JfC.

Später wechselten Paul und Val zu einem anderen christlichen Missionswerk, wieder in eine leitende Position. In dieser Anstellung wurde nicht von ihnen erwartet, ihr Gehalt durch die Unterstüt-

zung von Missionspartnern zu decken, da das Gehalt aus dem allgemeinen Topf der Organisation beglichen wurde. Aber die Beziehungen, die sie während ihrer Zeit bei JfC mit ihren Unterstützern gepflegt hatten, waren zu wichtig, als dass sie nun einfach abrupt hätten enden sollen. So fragten sie ihre Missionspartner, ob sie bereit wären, auch das neue Missionswerk zu unterstützen, die Spenden könnten dann wieder für ihr Gehalt verwendet werden. Eine ganze Reihe ihrer Unterstützer war einverstanden. Paul und Val freuten sich, dass die Beziehungen zu ihren Freunden weitergingen, die Unterstützer freuten sich, dass ihre Mitarbeit noch gefragt war, und das neue Missionswerk erfreute sich an einem neuen Mitarbeiterehepaar, das einen Teil seines Gehaltes selber mitbrachte, obwohl das nicht verlangt wurde.

Wie du eine Aufgabe betrachtest, beeinflusst oft, wie du dich dabei fühlst, und es beeinflusst letztlich deine Entscheidung, ob du dir heute dafür Zeit nimmst oder ob du die Sache auf die lange Bank schiebst (und die Aufgabe häufig nie erledigt wird).

Zusammenfassung

- Eine Basis von engagierten Unterstützern aufzubauen gehört genauso zu deinen Aufgaben wie jeder andere Aspekt deines Dienstes.
- Gott hat schon dafür gesorgt, dass es Unterstützer für dich gibt und dass genügend Geld vorhanden ist für die Arbeit, zu der er dich berufen hat.
- Geh nicht davon aus, dass deine Unterstützer plötzlich vor deiner Haustür stehen, ohne dass du selber nach draußen gehst und sie aufsuchst!
- Ein Unterstützerteam aufzubauen ist keine Wissenschaft, es geht um die Kunst, Beziehungen zu knüpfen und zu pflegen.
- Du beherrschst diese Kunst bereits.
- Wie du deine Unterstützer einschätzt, hat einen großen Einfluss darauf, wie sie dich und ihre Rolle als Unterstützer deiner Arbeit einschätzen.
- Der Aufbau und die Pflege eines persönlichen Unterstützerteams brauchen Zeit. Du solltest beständig zehn Prozent deiner Arbeitszeit darauf verwenden.

ZWEITER TEIL:

WIE UND WARUM LEUTE GEBEN

4. WIE FÄLLEN MISSIONSPARTNER DIE ENT-SCHEIDUNG, DICH ZU UNTERSTÜTZEN?

Wir alle verlassen uns auf gewisse Muster, wenn wir Entscheidungen treffen, manchmal geschieht das bewusst, manchmal unbewusst. Ist die Entscheidung sehr wichtig oder dringend, kann dieser Prozess innerhalb weniger Sekunden ablaufen; andererseits kann eine Entscheidung auch viele Tage, Wochen oder sogar Monate beanspruchen.

Die Leute werden hoffentlich nicht Wochen oder Monate brauchen, um zu entscheiden, ob sie dich unterstützen oder nicht, aber sie werden auf jeden Fall einen inneren Prozess durchlaufen.

Die Entscheidungstreppe

Das folgende Diagramm zeigt die Basisstufen, auf denen sich eine Person in ihrem Entscheidungsprozess bezüglich deiner Unterstützung befinden kann. Dieses Modell stellt keine exakte Wissenschaft dar, aber man kann dadurch besser nachvollziehen, was im Inneren der Leute vorgeht, bevor sie wohlüberlegt entscheiden, ob sie dich unterstützen sollen.

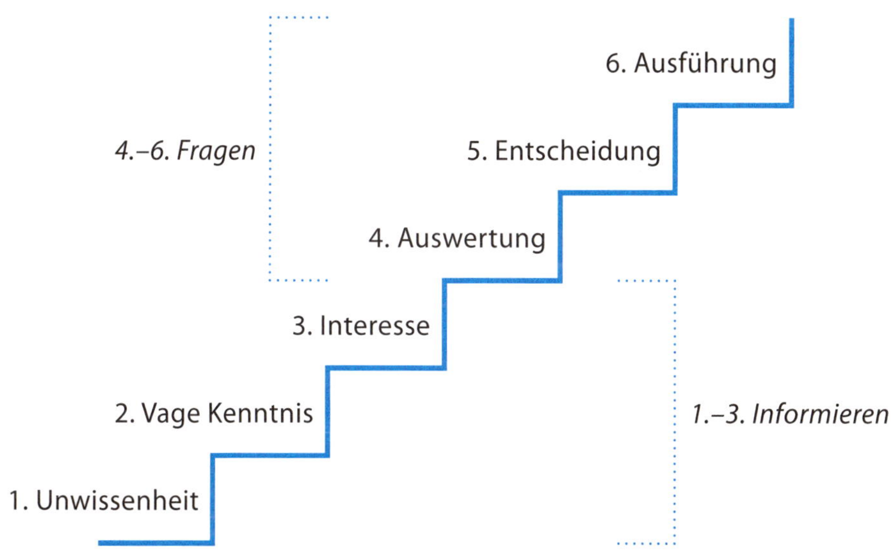

Betrachten wir jetzt diese Stufen im Einzelnen.

1. Unwissenheit

weiß nichts

Hier handelt es sich um jemanden, der keine Ahnung hat, dass du bald schon vollzeitlich in einem christlichen Dienst involviert sein wirst. Es könnte jemand sein, den du seit deiner Schulzeit oder deinem Studium nicht mehr gesehen hast, oder ein Arbeitskollege oder ein Bekannter aus der Gemeinde, die inzwischen weggezogen sind. Vielleicht wart ihr euch früher nahe, und wenn ihr wolltet, könnte jeder von euch beiden sogar herausfinden, wo der andere jetzt wohnt, aber irgendwie ist der Kontakt schon seit längerem abgebrochen.

Ganz einfach **könnte es aber auch jemand sein, den du noch nie getroffen hast.** Natürlich hat derjenige keine Ahnung von dir und deinem Entschluss, Missionspartner zu suchen, damit du dem Ruf Gottes für dein Leben folgen kannst. Du wirst überrascht sein, wie viele Missionspartner plötzlich aus heiterem Himmel auftauchen und dich unterstützen. **Denk daran, es geht dabei mehr um ihr Bedürfnis zu geben, als um dein Bedürfnis zu empfangen.** Es ist gut möglich, dass Gott bestimmte Menschen berührt, die aus irgendwelchen Gründen mehr geben sollen, und Gott beschließt, dass sich eure Wege kreuzen, damit das Bedürfnis dieser Menschen erfüllt werden kann. Es gibt im Reich Gottes keine weitläufig verwandten Cousins und Cousinen, sondern nur Brüder und Schwestern, die du aber noch nicht alle kennst.

2. Vage Kenntnis

weiß ein bisschen

Diese Personengruppe hat eine verschwommene Vorstellung davon, dass du irgendeine christliche Arbeit planst, aber über nähere Einzelheiten können sie keine Auskunft geben. Es könnte jemand aus deiner Gemeinde sein, den du nicht so gut kennst. Der Betreffende erinnert sich vielleicht vage, dass du unter jungen Leuten arbeiten möchtest. War das mit Camp Rock in der Schweiz? Oder mit Jugend für Christus in Berlin? Oder verwechseln sie dich mit jemand anderem, über den in der Gemeinde letzten Monat gesprochen wurde? Ganz gleich, wie viel (oder wie wenig) sie über dich wissen, sie haben keine klare Vorstellung davon, dass dein Vorhaben eine konkrete Reaktion von ihrer Seite wert ist.

3. Interesse

weiß etwas mehr und zeigt Interesse

Auf dieser Stufe im Entscheidungsprozess stehen Leute, die bereits Interesse an deinen Plänen gezeigt haben, oder die du so gut kennst, dass du ein gewisses Interesse bei ihnen voraussetzen kannst. Vielleicht ist es jemand aus deinem Hauskreis, ein christlicher Arbeitskollege oder ein Freund, der deinen Werdegang mit Interesse verfolgt hat. Diese Menschen freuen sich mit dir, stellen wahrscheinlich intelligente Fragen, zeigen Besorgnis über die Risiken, die du auf dich nimmst. Aber trotz all ihres aufrichtigen Interesses ist es ihnen noch nicht in den Sinn gekommen, dass sie selbst eine entscheidende Rolle spielen könnten als Teil deines Unterstützerteams. Vielleicht ist ihnen auch nicht ganz klar, wie deine Arbeit finanziert wird; manche nehmen einfach an, dass du von deiner Missionsgesellschaft oder einer ähnlichen Organisation ein Gehalt bekommst.

4. Auswertung

Wenn jemand diese Stufe erreicht, braucht er/sie keine weiteren Informationen, aber vielleicht deine Hilfe, um sich aus diesen Informationen eine klare Vorstellung von deinen Plänen zu machen. Diese Menschen wissen, dass du in einem christlichen Dienst arbeiten willst, sie können über die Art deines Dienstes grundlegende Auskunft geben. Es ist ihnen auch bewusst, dass du finanzielle Unterstützung von Freunden brauchst, damit deine Pläne Wirklichkeit werden können. Sie haben vielleicht sogar schon einmal flüchtig daran gedacht, dich zu unterstützen, aber inmitten unzähliger Alltagsbeschäftigungen haben sie in dieser Hinsicht noch keine konkreten Schritte unternommen.

weiß genug, um eine Entscheidung zu treffen

Es ist so, als ob sie alle Puzzleteile vor sich liegen haben, aber noch keine Zeit (oder Motivation) hatten, die Teile zu einem Ganzen zusammenzufügen. Wenn sie es täten, würden sie mittendrin neben deinem Bild ihr eigenes Bild sehen als Teil des Gesamtpakets, das Voraussetzung ist, damit du Gottes Ruf für dein Leben folgen kannst.

5. Entscheidung

Diese Person hat sich bereits entschieden, dich zu unterstützen und hat dir das vielleicht auch schon mitgeteilt. Aber bis jetzt ist noch nichts geschehen.

Vielleicht war es so, dass jemand ganz am Anfang, als du die Option im christlichen Dienst zu arbeiten noch abgewogen hast, zu dir sagte: „Wenn bei dir alles geklärt ist, werde ich dich unterstützen.“ Oder jemand meinte im Vorbeigehen nach einem Sonntagsgottesdienst, in dem du deine Pläne vorgestellt hattest, er/sie wolle dich gerne unterstützen. Dann ging diese Person jedoch davon und ließ dich mit ihrer Entscheidung zurück, und du weißt nicht, was du jetzt damit anfangen sollst.

Eine andere Möglichkeit ist, dass jemand sich entschieden hat, dich zu unterstützen, aber es dir noch nicht gesagt hat und auch noch nichts überwiesen hat. Das Problem dabei ist, dass du nichts davon weißt.

Entscheidung bereits getroffen

6. Ausführung

Diese Person hat sich nicht nur entschieden, dich zu unterstützen, sondern hat bereits einen Dauerauftrag eingerichtet oder auf andere Art Geld überwiesen. Du kannst dir ein realistisches Bild ihres Engagements für dich machen und weißt, ob du einen neuen regelmäßigen Unterstützer für dein Team gewonnen hast oder ob es sich um eine einmalige spezielle Gabe handelt, die dir einen guten Start ermöglichen soll. Du tappst nicht länger im Dunkeln, sondern weißt Bescheid.

hat mit Geben begonnen

Menschen einladen, die Stufen zu erklimmen

Natürlich wäre es dir am liebsten, wenn möglichst viele Leute auf der letzten Stufe der Entscheidungstreppe stehen würden. Und du kannst durchaus einiges tun, damit die Leute ermutigt sind, weitere Stufen nach oben zu klettern. Was du nicht ändern kannst, ist, auf welcher Stufe Leute beginnen. Beim Aufbau deines Unterstützerteams wirst du dich wahrscheinlich auf die konzentrieren, die auf Stufe 3 Interesse und auf Stufe 4 Auswertung stehen, und gleichzeitig nach Möglichkeiten suchen, wie du diejenigen auf den niedrigeren Stufen dazu ermutigen kannst, die Stufen nach oben in Angriff zu nehmen. Außerdem musst du darauf achten, dass diejenigen auf Stufe 5 Entscheidung die Möglichkeit erhalten, ihre Entscheidung in die Tat umzusetzen und dass alle, die bereits an Bord sind, deine Wertschätzung erfahren und über deine Entwicklung auf dem Laufenden gehalten werden.

Je weiter man auf der Leiter nach oben steigt, desto persönlicher wird der ganze Prozess. Es ist verhältnismäßig einfach, Leute durch Prospekte oder Vorträge bei Veranstaltungen zu informieren. **Aber wenn du wirklich willst, dass jemand sich ernsthaft überlegt, dein Missionspartner zu werden, ist nichts besser geeignet, als wenn ihr euch zusammensetzt und du direkt fragst.** Es ist so, wie wenn jemand in der Gemeinde dazu aufruft, sich für eine bestimmte Veranstaltung bis nächste Woche in eine Liste einzutragen. Bis der Gottesdienst vorüber ist, haben viele das längst vergessen oder werden abgelenkt, obwohl sie sich eigentlich eintragen wollten.

Wenn sich aber derjenige, der den Aufruf gestartet hat, am Ende des Gottesdienstes an den Ausgang stellt und die Leute nochmals persönlich zu dieser Veranstaltung einlädt und sie auf die Liste hinweist, werden sich garantiert viel mehr Leute eintragen. So schafft man einen Ausgleich zwischen der Information aus dem Aufruf und der darauf folgenden persönlichen Einladung, wodurch größtmöglicher Erfolg erzielt wird. Vielleicht ist es der Person an der Tür ein bisschen peinlich, die Leute so spezifisch auf seine Veranstaltung anzusprechen, aber am Ende werden dadurch viel mehr Teilnehmer kommen.

Hautnah dran

Viel zu häufig verstecken wir uns hinter einer allgemeinen und eher unpersönlichen Vorgehensweise, in der (oft vergeblichen) Hoffnung, dass die passenden Leute schon wissen, was wir brauchen, alle Hindernisse überwinden, um mit uns Verbindung aufzunehmen und uns dann ihre rückhaltlose Unterstützung anbieten. Ja, es stimmt, je persönlicher der Prozess wird, desto unangenehmer wird es für den, der fragt, aber desto positiver wird das Ergebnis sein. Dazu kommt noch: Je persönlicher du vorgehst, desto besser versteht der potentielle Unterstützer, dass du ganz speziell ihn als deinen Unterstützer möchtest, und nicht irgend jemanden, der sich am Büchertisch einen Prospekt mitnimmt oder auf eine Bemerkung bei einer Veranstaltung reagiert.

! **Sorg auf alle Fälle dafür, dass du die Leute gründlich über deine Pläne und deine Arbeit aufklärst, aber lass es dann nicht dabei bewenden.** Baue auf diese Informationen auf, indem du diejenigen Leute spezifisch ansprichst, die das größte Interesse zeigen; so hilfst du ihnen, das, was sie für dich tun möchten, auch wirklich anzupacken, was sie aber vielleicht nicht schaffen würden, wenn du nicht die Initiative ergreifst.

Manchmal tauchen Leute aus heiterem Himmel auf und erklimmen in rasantem Tempo den obersten Treppenabsatz. Halte deine Augen offen für solche Gelegenheiten, denn oft handelt es sich in solchen Fällen um Menschen, die ein dringendes Bedürfnis haben zu geben, und nicht in erster Linie um dein Bedürfnis zu empfangen.

Elaine arbeitete im Ausbildungszentrum von Operation Mobilisation in Halesowen im mittleren Westen von England. Eines Morgens war sie in Eile, deswegen las sie die allmorgendliche Bibelstelle im Bus, mit dem sie zur Arbeit fuhr. Die junge Dame, die neben ihr saß, fragte: „Entschuldige, bist du Christ?" „Ja", antwortete Elaine, „und du?" Sandra (so hieß die junge Dame) bejahte das. Es stellte sich heraus, dass Sandra bei einer Bank arbeitete und vor kurzem in die Zweigstelle nach Halesowen versetzt worden war. Die Gegend gefiel ihr nicht so gut, sie fühlte sich in Halesowen auch noch nicht zu Hause und hatte noch keine Gemeinde gefunden, wo sie sich wohl fühlte. Allmählich war sie zu dem Schluss gekommen, dass es ein Fehler gewesen war, hierher zu ziehen. Sandra schüttete Elaine ihr Herz aus und freute sich, eine aufrichtig interessierte Zuhörerin gefunden zu haben.

Dann fragte Sandra Elaine nach ihrer Arbeit: „Ich arbeite hier in Halesowen bei Operation Mobilisation, hast du schon einmal etwas davon gehört?" „Ja", antwortete Sandra, „Ihr seid doch die Leute mit den Schiffen, oder?" Elaine erklärte, dass sie tatsächlich mit Schiffen arbeiteten (anscheinend kannte jeder die OM-Schiffe!), aber dass sich in Halesowen das englische Ausbildungszentrum von OM befände.

Sandra war begeistert, als sie erfuhr, dass Halesowen wohl doch nicht so ein gottverlassenes Nest war, wie sie gedacht hatte. Während sie sich weiter über Elaines Arbeit in der Mitarbeiterausbildung von OM unterhielten, fragte Sandra plötzlich: „Wie werden die Mitarbeiter bei OM finanziert?" Es wäre jetzt für Elaine ganz einfach gewesen, beispielsweise zu antworten: „Oh, der Herr versorgt uns", oder „Ich werde von meiner Gemeinde, von einigen meiner Verwandten und von Freunden unterstützt". Beide Antworten hätten der Wahrheit entsprochen.

Aber Elaine spürte, dass mehr hinter diesem ‚zufälligen' Treffen mit Sandra steckte, als auf den ersten Blick ersichtlich war. Deshalb antwortete sie: „Ich werde von Leuten wie dir unterstützt – Christen, die sehen wollen, wie das Reich Gottes sich ausbreitet." Und sie fügte hinzu: „Du könntest mich auch unterstützen, wenn du möchtest." Sie erklärte ihr kurz, was das beinhalten würde. Sandra war gerne bereit, diese Möglichkeit zu prüfen, und so vereinbarten die beiden, sich gegen Ende der Woche zum Mittagessen zu treffen. Sandra sagte Elaine zu, sie monatlich regelmäßig zu unterstützen.

Es gibt 1 000 logische Gründe, warum das keine tolle Gelegenheit war, um über Unterstützung zu reden. Elaine und Sandra hatten sich vorher noch nie gesehen, sie wussten nichts voneinander. Sandra wusste sehr wenig über OM, es war früh am Morgen – in einem Bus auf dem Weg zur Arbeit.

Aber Elaine sah über jegliche Logik hinweg, denn sie erkannte in diesem Treffen überall die Fingerabdrücke Gottes.

Es ging dabei nicht um Elaine und ihren Bedarf an Unterstützung, sondern um Sandra und ihr Bedürfnis nach Bestätigung, dass Gott sie nach Halesowen geführt hatte. Weil Elaine das Risiko einging, dass Gott vielleicht etwas Ungewöhnliches tun wollte, konnte Sandra mit halsbrecherischer Geschwindigkeit auf der Entscheidungstreppe nach oben sausen. Hätte Elaine nichts riskiert, als das Thema Finanzen zur Sprache kam, und die morgendliche Unterhaltung von dem vermeintlich peinlichen Thema weggelenkt, gäbe es jetzt keine Geschichte zu erzählen, außer vielleicht, dass Gott jemand anderen gesucht hätte, der Sandra dabei geholfen hätte, ihre Bedürfnisse zu stillen.

Versuche, diese Geschichte aus Sandras Sicht zu schreiben:

Eines Morgens auf dem Weg zur Arbeit – ich fühlte mich gerade etwas niedergeschlagen – saß ich im Bus neben einer jungen Frau, die ihre Bibel las ...

Download
www.aem.de/books

Noch ein paar Worte zu institutionalisierten Gebern

Körperschaften und Institutionen treffen Entscheidungen anders als individuelle Geber. Mit individuellen Gebern meine ich Leute, die über ihr eigenes Geld entscheiden – also deine Freunde oder andere Einzelpersonen, die du um Unterstützung bittest. Institutionalisierte Geber, z. B. Gemeindeleitungen, Stiftungen und andere Gruppen, treffen Entscheidungen im Sinne derjenigen, die das Geld zur Verfügung stellen. Individuelle Geber können schneller entscheiden.

Wenn du mich heute beispielsweise um Unterstützung bitten würdest, müsste ich das zunächst mit Phyllis besprechen. Dann würde ich unser Budget anschauen, beten und noch ein bisschen darüber nachdenken. Es gäbe aber keinen Grund, warum ich nicht innerhalb von einem oder zwei Tagen eine Entscheidung treffen könnte. Bei institutionalisierten Gebern ist es hingegen so, dass sie erst einmal eine Sitzung einberufen müssen, dort werden dann verschiedene Anfragen behandelt. Es wird geprüft, ob deine Anfrage den Interessen und/oder Richtlinien der Geldgeber entspricht, in deren Auftrag das Geld verwaltet wird. Es kann mehrere Monate dauern, bis diese Leute alles auf die Reihe gekriegt haben und du eine definitive Antwort bekommst. Vielleicht sind auch noch mehr Fragen deinerseits zu beantworten, bis du eine Antwort bekommst. Oder du bekommst überhaupt keine Antwort und sitzt dann da, kratzt dir den Kopf und weißt nicht, was du nun tun sollst.

! **Beteilige die Gruppe so früh wie möglich an deinen Plänen und ihrem Fortgang**, besonders deine Heimatgemeinde sowie andere Gemeinden, wo du einmal Mitglied warst. Frage sie, wie der Entscheidungsprozess abläuft, und halte dich dann an ihre Regeln. Und triff dich vor den Sitzungen des entscheidenden Gremiums mit den Leuten, die dir und deiner Arbeit am positivsten geneigt sind. Dadurch stellst du sicher, dass deiner Stimme Gehör verschafft wird. Schließlich werden in der Sitzung auch andere Anfragen für finanzielle Unterstützung auf der Tagesordnung stehen, deshalb solltest du gut vertreten sein, damit dein Anliegen angemessene Beachtung findet.

5. WARUM FÄLLEN MISSIONSPARTNER DIE ENTSCHEIDUNG, DICH ZU UNTERSTÜTZEN?

Es gibt ganz verschiedene Gründe, warum Leute dich unterstützen wollen. Dein Bedarf an finanzieller Unterstützung ist sicherlich der Auslöser für ihre Entscheidung, es ist jedoch unwahrscheinlich, dass dein finanzieller Bedarf den hauptsächlichen Motivationsfaktor darstellt. Bei ihrer Entscheidung lassen sich die Leute von einer ganzen Reihe von Beweggründen leiten. Die folgende Geschichte zeigt, dass diese Beweggründe sehr komplex und äußerst persönlich sind und niemand außer Gott selbst sie vorhersehen kann.

Die politische Lage im Libanon hatte sich vor einigen Jahren so sehr verschlechtert, dass die Leitung vor Ort von Campus für Christus den Angehörigen ihrer Mitarbeiter empfahl, das Land zu verlassen. Die Frau und die Kinder eines Leiters kamen dieser Empfehlung sofort nach und zogen umgehend nach Ägypten, während der Mann in Beirut blieb. Für diesen unvorhergesehenen Umzug war natürlich in ihrem Budget kein Geld vorhanden, deswegen übernahm das Heimatbüro von Campus für Christus Irland die Finanzierung für diesen Umzug.

Unser Missionswerk hatte allerdings auch nicht das nötige Geld, und so wandten wir Mitarbeiter uns an unsere Unterstützer mit der Bitte um Hilfe. Ich war sehr überrascht, als ich von einem unserer Missionspartner, der uns sonst mit 300 Pfund im Jahr unterstützte, einen Scheck über 3 000 Pfund erhielt. Er war ein angesehener christlicher Geschäftsmann, mit dem ich durch einen anderen Unterstützer in Kontakt gekommen war, und den ich nur ein paar Mal getroffen hatte.

Verblüfft durch seine Entscheidung, für diese Notlage zehnmal mehr zu geben als für uns, fragte ich ihn nach seinen Beweggründen. Seine Antwort überraschte mich noch mehr als seine finanzielle Gabe. Er erzählte mir, dass seine Frau und er dabei waren sich zu trennen. Fast niemand wusste davon, nur einige enge Verwandte und der Leiter seiner Gemeinde – und jetzt auch ich! Es mache ihn so traurig, dass dieses Ehepaar durch die äußeren Umstände gezwungen wurde, getrennt zu leben, während seine Frau und er sich freiwillig für eine Trennung entschieden, ganz einfach darum weil in ihrer Ehe der Dampf raus sei. Er bat mich, ihn zu informieren, falls ich von weiteren unterstützungsbedürftigen Familien hören würde und versprach zu helfen, wo er konnte.

Wenn man mich vorher gefragt hätte, wofür dieser Mann, den ich wie gesagt kaum kannte, einen Extrabetrag geben würde, wäre ich nie und nimmer auf den Gedanken gekommen, dass er Familien in Not unterstützen würde. Aber Gott wusste, dass dieser Mann etwas brauchte um mit der Enttäuschung und Entmutigung in seiner eigenen schwierigen Familiensituation umgehen zu können, und er gab unserer Beziehung gerade genügend Gewicht, dass ich ihn ganz arglos um seine Hilfe bitten konnte.

Im Laufe der nächsten Jahre gab er noch oft für Familien in verschiedenen Notlagen, an die ich ihn verwies. Und was noch besser war, er und seine Frau fanden einen Weg durch ihre Schwierigkeiten und trennten sich doch nicht. Obwohl ich ihn immer noch nicht gut kenne, bin ich einer der wenigen, die wussten, dass eine Trennung zur Debatte stand, und das nur, weil ich über etwas gestolpert war, was Gott in seinem Leben tat, als ich ihn bat, einer uns beiden bekannten Familie in einer Notlage beizustehen. Offensichtlich geht es um viel mehr als um Geld.

Auf den folgenden Seiten findest du verschiedene Beweggründe, warum jemand sich entscheidet, dich zu unterstützen – einige davon sind gut, andere weniger.

Ich will gewachsene Beziehungen weiterführen

Das ist der Grund Nummer eins, warum Leute dich unterstützen, ganz besonders am Anfang. Es sind deine Freunde, in die du Zeit und Kraft investiert hast, die Menschen, die dich kennen und mögen und denen du eine Geburtstagskarte schickst. Keine Frage, dass sie dich unterstützen wollen. Es wäre für sie unlogisch, wenn sie dich nicht unterstützten. Wenn die Situation genau umgekehrt wäre, dass einer von diesen Freunden einer christlichen Organisation beitritt und deshalb ein Unterstützerteam bräuchte, dann wärst du ebenfalls sofort bereit, diesen Freund zu unterstützen. Einige dieser potentiellen Unterstützer möchten unbedingt zu deinem Unterstützerteam gehören und werden deshalb von selbst auf dich zukommen. Andere wiederum kommen nicht ganz so weit.

Nur allzu leicht schieben wir es auf, die Menschen, die uns am nächsten stehen, um Unterstützung zu bitten – die Furcht, von unseren Freunden eine Absage zu bekommen, lähmt uns und macht uns handlungsunfähig.

Susi war dabei, ein Unterstützerteam aufzubauen, um für Latin Link, einer Missionsorganisation mit Fokus auf Lateinamerika, zu arbeiten. Die Summe, die sie erreichen sollte, erschreckte sie zunächst, aber als sie damit begann Freunde anzusprechen, die an ihrer zukünftigen Arbeit interessiert zu sein schienen, war sie von der Reaktion der Leute positiv überrascht und kam ihrem finanziellen Ziel stetig näher. Sie brachte es allerdings nicht übers Herz, ihre Mitbewohnerin und beste Freundin Linda um Unterstützung zu bitten. Sie hatte den Eindruck, dass Linda sich gezwungen fühlen würde ja zu sagen, wenn Susi sie fragte. Die Freundschaft mit Linda war Susi zu wichtig, als dass sie diese derart bedrohen wollte. Sie hoffte, dass Linda von sich aus auf sie zukommen und ihr Unterstützung anbieten würde.

Eines Morgens beim für gewöhnlich hastig eingenommenen Frühstück platzte Linda mit der Frage heraus, ob etwas in ihrer Beziehung nicht stimme. Völlig aus der Fassung brachte Susi stammelnd einige Brocken hervor, es sei alles in Ordnung und alles gar kein Problem. Aber Linda beharrte darauf, dass es da ein Problem gäbe: „Du hast alle möglichen Leute um Unterstützung gebeten, aber mich hast du nicht gefragt. Was ist das Problem?"

Manchmal schaden wir einer Beziehung gerade dadurch, dass wir sie zu sehr schützen wollen, besonders dann, wenn wir uns von Gefühlen leiten lassen, dass eine nahestehende Person sich dazu gedrängt fühlen würde uns zu unterstützen, obwohl wir doch wissen, dass wir sie im umgekehrten Fall nur allzu gern unterstützen würden. Im Fall von Linda und Susi ging die Sache noch einmal gut aus. Linda reihte sich in Susis Unterstützerteam ein und Susi lernte eine wertvolle Lektion.

Ich will Partner in einer lohnenden Sache sein

Viele deiner Unterstützer führen ein hektisches Leben, und dennoch empfinden sie es als fade. Bei Gemeindeaktivitäten werden sie vom Alltag eingeholt, und am Ende fragen sie sich vielleicht, ob sich ihr Beitrag für Gottes Königreich wirklich lohnt.

Durch die Verbindung mit dir – und dabei kommt es nicht darauf an, was du genau tust – spüren sie, dass sie sich für etwas Lohnenswertes engagieren. Vielleicht kommt dir dein Dienst gar nicht so aufregend vor, aber aus der Position deiner Unterstützer ist er das sehr wohl. Die Tatsache, dass wir alle von Gott dazu berufen sind (oder wenigstens sein sollten), Teil seines Familienunternehmens zu sein, egal ob als Unterstützer oder Arbeiter, straft die Wahrnehmung Lügen, dass deine Arbeit bedeutsamer ist als ihre. Allerdings ist genau das ihre Empfindung und deshalb auch wahr für sie. Wenn du im Laufe der Jahre die Beziehung zu deinen Unterstützern ausbaust, wirst du noch Gelegenheit haben, die falsche Vorstellung zu korrigieren, dass Missionare ganz oben stehen in der geistlichen Nahrungskette. Was du jedoch nicht ändern kannst, ist ihre Vorstellung zu Beginn eures Beziehungsprozesses.

Einmal hielt ich für die in England stationierten Mitarbeiter von Interserve ein Tagesseminar zum Thema Missionspartnerentwicklung. Im Gegensatz zu den Auslandmissionaren von Interserve, die in ganz Asien und dem Mittleren Osten tätig sind, handelte es sich hier um Leute, die selber von sich nicht den Eindruck hatten, dass sie ‚an der Missionsfront' arbeiteten. Die meisten von ihnen arbeiteten im Büro, verbrachten ihre Tage also am Telefon, am Computer oder in Sitzungen.

Ich konnte sie nur schwer davon überzeugen, dass ihre Unterstützer ihre Arbeit als bedeutsam ansehen würden. Mitten in dieser Diskussion – wir hatten bereits 2 Stunden vorher begonnen – kam eine Mitarbeiterin herein. Sie entschuldigte sich für die Verspätung und erklärte, dass sie zwei Stunden lang auf der Botschaft eines Landes aufgehalten worden war, das normalerweise keine Visa für herkömmliche Missionsarbeit ausstellt und mit der sie ein Visum für einen ihrer Mitarbeiter ausgehandelt hätte. Für ihre Kollegen und sie war das normal, durchschnittlicher Alltag sozusagen, aber wer von ihren Freunden wäre in der Lage gewesen, das betreffende Land auch nur auf der Weltkarte zu markieren? Unterschätze nicht, welche Bedeutung deine Arbeit für das Leben deiner Unterstützer hat.

Ich will stellvertretend durch dich einen Dienst ausüben

Einige Leute werden dich unterstützen, weil sie das, was du tust, selbst nicht tun können. Als Teil deines Unterstützerteams sind sie also in der Lage, im christlichen Missionsdienst aktiv involviert zu sein. Das könnte ein älterer Mensch sein, dem ganz einfach die Energie fehlt, um sich noch genauso zu engagieren wie früher, oder jemand, der aufgrund persönlicher Umstände nicht mehr so aktiv sein kann, wie er/sie das eigentlich wollte. Bei deiner Unterstützung geht es diesen Menschen gleichermaßen darum, dass ihr eigenes Bedürfnis nach weiterführender Teilhabe an dem, was Gott tut, Erfüllung findet und dir geholfen wird.

Im Februar 2001 feierte meine Mutter ihren 80. Geburtstag. Sie war immer noch rüstig und gesund. Trotzdem konnte sie ihr Alter nicht ignorieren, sie spürte, wie ihre Kräfte nachließen und wie sie hinter den rasch fortschreitenden gesellschaftlichen Veränderungen zurückblieb. Besonders schmerzlich war es für sie, dass sie zu Teenagern und jungen Erwachsenen nicht mehr so den Draht hatte wie früher. In der Zeit, als wir Kinder zu Hause lebten, war unser Haus immer voller Teenager und junger Leute um die Zwanzig gewesen, aber jetzt konnte sie sich mit jungen Menschen, die 60–70 Jahre jünger waren als sie, nicht mehr identifizieren, und das frustrierte sie. Meine Mutter liebte junge Menschen und wusste, dass Jesus sie liebte, aber die derzeitige Jugendkultur mochte sie nicht, und seit Mitte der 60-er Jahre verstand sie auch ihre Musik nicht mehr. Sie merkte, dass sie nicht mehr in der Lage war, mit den Jugendlichen in einer ihnen verständlichen Sprache zu reden.

Wir überzeugten sie davon, zu ihrem 80. Geburtstags ein großes Fest zu veranstalten und luden so viele alte und neue Freunde ein, wie wir konnten. Zuerst zögerte sie, aber als sie hörte, dass ihre einzige Tochter, die in Namibia lebte, extra dafür anreisen würde, konnte sie sich für unseren Vorschlag erwärmen. Aufgrund der Tatsache, dass ihre Regale bereits voll mit Dekorationsgegenständen aller Art waren und sie mit 80 alles hatte, was sie brauchte und wollte, wünschte sie sich von ihren Gästen ein Geldgeschenk anstelle anderer Gaben. Ich muss dazu sagen, dass sie das Geld nicht für sich selber wünschte. Sie gab das Geldgeschenk weiter an ihre Gemeinde mit dem Auftrag, es an vier ***christliche Jugendorganisationen*** *zu verteilen, also nicht an Pro Senectute oder andere Einrichtungen, die sich um Menschen ihres Alters kümmerten.*

Auf diese Weise konnte meine Mutter noch Jahre, nachdem sie es selber nicht mehr direkt vermochte, die gute Nachricht an Teenager weitergeben.

Jemanden im aktiven christlichen Dienst zu unterstützen gibt Menschen, die sich aus irgendeinem Grund nicht mehr so stark engagieren können, wie sie gern möchten, ein Gefühl der Zufriedenheit; das gilt besonders für ältere Menschen.

Mit meinem Geld kann ich dabei helfen, ein bestimmtes Ziel zu erreichen

Manchmal unterstützen dich Leute, weil sie deine Überzeugung für die Sache teilen, für die du dich einsetzt. Vielleicht wirst du unter jungen Menschen arbeiten, und der potentielle Unterstützer hat selbst ein Herz für junge Leute und arbeitet bereits im Jugendtreff seiner Gemeinde mit. Oder ein Lehrer kann sich ganz mit deinem Plan, an einer Missionsschule in Asien zu unterrichten, identifizieren. Egal wodurch die Verbindung mit dir zustande kommt, deine Arbeit bringt im Leben dieser Unterstützer eine Saite zum Klingen und weckt ihr Interesse.

Wir alle wünschen uns doch, dass sich unsere Unterstützer genauso mit unserer Missionsarbeit identifizieren können wie wir selbst. Aber die meisten unserer Unterstützer sind in erster Linie an uns selbst interessiert, jedenfalls zu Beginn. Hingabe und Engagement für deine Sache können mit der Zeit wachsen. Einige wenige dagegen interessieren sich gleich von Anfang an für deine konkrete Arbeit. Deine Unterstützung bedeutet, dass sie in einer ihnen wichtigen Sache viel mehr erreichen können, als wenn sie das auf eigene Faust in Angriff nähmen.

Ich habe Schuldgefühle und reagiere auf soziale und geistliche Nöte

Es handelt sich hier um eines der negativen Motive, die manchmal in den Köpfen der Unterstützer herumschwirren. Es zeigt sich besonders dann, wenn dein Dienst gefühlsbetonte Aspekte beinhaltet und du z. B. unter den Ärmsten der Armen oder unter Randgruppen arbeitest. Es ist ja so, dass der Reichtum, den wir im Westen besitzen, im Vergleich zu dem, was die Armen ihr Eigen nennen, erdrückend ist.

Wenn wohlhabende Leute persönlich mit einer Situation konfrontiert werden, die ihre Hilfe erfordert, damit die Last der Armut verringert werden kann, dann sehen sie den einzigen Ausweg, um mit den vom Wohlstand hervorgerufenen Schuldgefühlen umgehen zu können, darin, selber etwas wegzugeben. Dadurch bekommst du zwar das Geld, aber nicht unbedingt das Herz dieser Leute.

Es gibt allerdings auch Leute, die auf einen gefühlsbetonten Dienst mit echt empfundenem Mitleid reagieren. Wenn du z. B. unter Kindern arbeitest, die in bitterster Armut und in einem Land ohne Hoffnung auf irgendwelche Hilfe leben, kann es sein, dass ein im reichen Westen lebendes Ehepaar, dessen eigene Kinder alles besitzen, was das Herz begehrt, sich über diese Kinder erbarmen, denen du helfen willst. In so einem Fall solltest du dich dann auch nicht scheuen, offen über die gefühlsbedingten Aspekte deiner Arbeit zu sprechen. Aber achte darauf, dass du das Mitgefühl eines möglichen Unterstützers nicht dazu ausnutzt, in ihm Schuldgefühle zu wecken, wenn er sich dazu entschließt, dich nicht zu unterstützen. Die Not derer, unter denen du arbeitest, mag wirklich herzzerreißend sein, aber das heißt nicht automatisch, dass Gott diesen potentiellen Unterstützer für dein Team ausgesucht hat.

Mein Selbstwertgefühl muss aufgebaut oder erhalten werden

Es handelt sich hier um ein weiteres negatives Motiv. Wir finden es an den Wänden von Kirchen, Bibliotheken und anderen öffentlichen Einrichtungen, die den Namen der Person oder Familie tragen, die das Geld zur Verfügung gestellt hat: Jeder, der dort vorbeigeht, wird permanent und öffentlich an die Großzügigkeit des Gebers erinnert.

Du wirst wahrscheinlich nicht in den Genuss einer Gabe von dieser Größenordnung kommen, aber dir wird dieses Motiv in anderer Form begegnen. Es handelt sich hier um Menschen, die nicht nur geben, sondern dich auch immer wieder daran erinnern. Vielleicht hat dir jemand einen dringend benötigten Laptop gekauft und erkundigt sich selbst Jahre später noch nach dessen Ergehen. Oder diese Person stellt dich einem Bekannten als seinen Missionarsfreund vor, dem er zu Beginn seines Dienstes einen Laptop gekauft hatte. Oder vielleicht unterstützt dich diese Person nur deshalb, weil er/sie herausfand, dass einer deiner anderen Unterstützer ein Bekannter ist, mit dem er/sie sich sozial misst. Bedenke aber auch, dass die Motive in all unseren Entscheidungen bei keinem von uns völlig rein sind.

Ich liebe Christus und will meinen Dank an Gott zum Ausdruck bringen

Diese Unterstützer bescheren uns beides, Freude und Frustration. Freuen kann man sich über sie, weil ihre Dankbarkeit Gott gegenüber so groß ist. Sie freuen sich darüber, wer er ist und was er für sie getan hat, und sprudeln vor Begeisterung für das Reich Gottes nur so über. Frustrierend ist, dass sie deiner Arbeit häufig ziemlich gleichgültig gegenüberstehen. Sie würden das zwar nie zugeben, aber es ist so. Sie lieben Gott so sehr, dass sie ihm etwas geben wollen. Da sie Gott nicht direkt beschenken können, bist du ihr bester Fund!

Wir kannten eine fromme alte Dame, die uns jahrelang unterstützte. Sie war eine Freundin meiner Familie, hatte mich aufwachsen sehen und stets für mich gebetet. Mindestens einmal im Jahr besuchten wir sie. Sie empfing uns immer sehr freudig und wollte wissen, womit wir derzeit beschäftigt waren. Es dauerte aber nicht lange, und sie erzählte uns von einem Nachbarn, dem sie von Jesus erzählt hatte, oder sie nannte Bibelstellen, die ihr viel bedeuteten, oder erwähnte ein Buch, das sie kürzlich gelesen hatte, oder begeisterte sich für einen tollen Redner, den sie gehört hatte. Ungefähr alle 30 Minuten fragte sie dann jeweils: „Und wie ist es euch ergangen?", worauf sie sich sofort wieder auf irgendein Erlebnis mit Gott stürzte, das ihr viel beigebracht hatte.

Nach einigen Stunden brachen wir meistens auf, gut informiert über alles, was Gott in ihrem Leben und durch sie bewirkte, aber mit nur wenig bis keiner Möglichkeit, über unsere eigene Arbeit zu berichten. Das war jeweils sehr frustrierend für mich. Ich wollte doch, dass sie wusste, dass ihre Unterstützung dabei half, die Grenzen vom Königreich Gottes zu erweitern. Aber das war für sie nicht von Bedeutung. Sie kannte uns und vertraute uns. Ihre Unterstützung war ein Ausdruck ihrer Liebe zu Gott und hatte in Wirklichkeit ziemlich wenig mit uns zu tun.

Ich möchte eine bestimmte Not lindern und Ergebnisse sehen

Ab und zu wird einer deiner Unterstützer zu dir sagen: „Wenn du einmal etwas Besonderes brauchst, lass es mich wissen." Wie geht man damit um? Was genau meinen sie damit – eine Zahnbürste oder einen Rolls Royce?

Die meisten Leute teilen ihre Ausgaben in regelmäßige und einmalige ein; wenn nicht bewusst, dann zumindest unbewusst. Es gibt auch Unterstützer, die gern in dringenden oder besonderen Fällen einspringen möchten: die Problemlöser-Typen. Zugespitzt läuft das dann so ab: Am Montag hören sie von deiner Not, am Dienstag geben sie eine Überweisung an dich in Auftrag, am Mittwoch trifft sie bei dir ein, am Donnerstag regelst du das Problem, am Freitag teilst du mit, dass das Problem gelöst ist, und bescherst ihnen damit ein glückliches Wochenende!

Solche Unterstützer sind vielleicht nicht besonders wohlhabend, aber sie verstehen, dass man ganz plötzlich in finanzielle Engpässe kommen kann und manchmal unvorhergesehene Ausgaben anfallen.

Wenn du annimmst, dass ihre Bemerkung nicht nur eine leere Floskel, sondern ernst gemeint war, solltest du sie beim Wort nehmen. Ja, du wirst nervös sein, und vielleicht ist es dir sogar peinlich, sie anzurufen um ihnen deine unerwartete Not zu schildern. **Aber stell dir einmal vor, wie sie sich fühlen**, wenn sie später erfahren, dass du nicht zu dem bestimmten Seminar gefahren bist, oder dass du dir den so dringend benötigten Laptop nicht gekauft hast oder ein bestimmtes Projekt nicht durchführen konntest, weil dir das Geld dazu fehlte und du es nicht zugelassen hast, dass sie dir aushelfen.

Wir sprechen hier von unerwarteten Möglichkeiten oder Notfällen, die du nicht in dein Budget einplanen konntest, und die, wenn du sie begleichen kannst, deiner Arbeit zugute kämen. Du konntest sie nicht vorhersehen und deine Unterstützer natürlich erst recht nicht. Tu ihnen den Gefallen und ruf sie an. Du könntest ungefähr Folgendes sagen: „Hallo Alex, hier ist Sam. Vor ein paar Monaten hattest du mir versichert, dass ich mich an dich wenden könnte, wenn ich einmal etwas Besonderes brauchen würde. Und nun ist diese Woche so eine Gelegenheit gekommen, und ich wollte nachfragen, ob du wohl aushelfen könntest. Ich habe die Möglichkeit, nächste Woche an einem Kurs teilzunehmen, der mich auf meine neue Aufgabe, die ich nächstes Jahr übernehmen soll, vorbereiten wird (oder etwas anderes, das gerade ansteht). In diesem Kurs bekomme ich wertvolle Einblicke in … (erkläre ihm, wie seine Hilfe bei dem, was du brauchst, deiner Arbeit zugute kommt). Die Gesamtkosten einschließlich Unterkunft und Verpflegung belaufen sich auf 750 Euro. Ich selbst kann 200 Euro dazu geben, aber ich muss mich bis zum Wochenende fest anmelden. Weil du mir damals gesagt hast, ich könne mich bei dir melden, wenn ich was brauchen würde, wollte ich dich nicht übergehen. Meinst du, du könntest mir in dieser Sache weiterhelfen?"

Meistens werden die Leute entsprechend ihren Möglichkeiten gern helfen. Es war ja ihre Idee, nicht deine, dass du sie in Notfällen kontaktieren sollst. Du behandelst sie dadurch als deine Partner, nicht als reine Geldgeber. Selbst wenn sich ihre Vermögensverhältnisse in der Zwischenzeit drastisch verändert haben sollten und sie dir deswegen nicht helfen können, werden sie es schätzen, dass du sie beim Wort genommen hast.

Erledigen: Alex anrufen wegen Kursgebühr!

Ich danke Gott für den Segen und alles, was er mir gegeben hat

Kevin und Lucy waren gerade dabei, ein Unterstützerteam aufzubauen, da sie bei einem evangelistischen Missionswerk in England arbeiten wollten. Als bis dahin wohlhabende Vorstädter nahmen die beiden spürbar finanzielle Einbussen in Kauf, indem sie Gottes Ruf für ihre Leben folgten. Sie waren etwas überrascht, als Jonathan, der erst seit kurzem die Gemeinde besuchte und noch nicht lange Christ war, sie unterstützen wollte. Ihr Erstaunen wurde allerdings noch größer, als er ihnen den Betrag nannte, den er ihnen geben wollte. Kevin ging daraufhin noch einmal alle Einzelheiten mit ihm durch.

Sollte der erwähnte Betrag eine jährliche Spende sein? „Nein," antwortete Jonathan, „ein monatlicher Beitrag." War sich Jonathan darüber im Klaren, dass sie Langzeitunterstützer suchten und nicht solche für ein paar Monate? Ja, er hatte das verstanden und wollte sie längerfristig unterstützen. Konnte er sich das wirklich leisten? An dieser Stelle erzählte Jonathan ihnen seine Geschichte.

Er war in seinem Geschäftsleben sehr erfolgreich und hatte es auf der Karriereleiter bis ganz nach oben geschafft. Aber sein persönliches Leben war ein einziger Scherbenhaufen. Seine Ehe war gescheitert, er fühlte sich einsam, abgelehnt und deprimiert. Er führte ein Doppelleben: Nach außen hin war er der erfolgreiche Geschäftsmann, den seine Kollegen beneideten, aber privat war er völlig verzweifelt.

Eines Tages hielt er es in diesem Doppelleben nicht mehr aus, er setzte sich am Abend ins Auto und fuhr an die Küste, um seinem Leben ein Ende zu setzen. Just in dem Augenblick, als er ins Meer watete und Schluss machen wollte, kam am Strand ein bellender Hund auf ihn zugerannt. Als sein Besitzer, ein ortsansässiger Christ, merkte, dass sein Hund einen Fremden anbellte, kam er näher, um sich für das Benehmen seines Hundes zu entschuldigen. Er fand den Fremden in Tränen aufgelöst vor und wusste sofort, dass hier etwas ganz und gar nicht stimmte. Diese von Gott geschenkte Begegnung führte dazu, dass Jonathan sein Leben Jesus anvertraute und damit begann, sein Leben in Ordnung zu bringen.

„Die erste Hälfte meines Lebens habe ich nur für mich selbst gelebt", fuhr Jonathan fort, „und ich habe es vermasselt. Gott hat mich nicht nur hier auf der Erde gerettet, sondern mir auch ewiges Leben geschenkt. Die restlichen Tage meines Lebens, die Gott noch für mich geplant hat, möchte ich für Gott leben, und dazu gehört auch, wie ich mein Geld einsetze. In der Vergangenheit habe ich mein Geld nur für eigene Zwecke benutzt, ohne einen Gedanken an Gott zu verschwenden. Ich habe da sehr viel nachzuholen. Ich bin so dankbar für alles, was Gott für mich getan hat. Bitte nehmt das Geld an."

Welches Bedürfnis war größer? Das von Kevin und Lucy, Unterstützung zu empfangen, oder das von Jonathan, Unterstützung zu geben?

Obwohl die Summe unerwartet hoch ausfiel für eine in ihrem Wesen eher beschränkte freundschaftliche Beziehung, **wurden die Bedürfnisse des Gebers am stärksten gestillt**.

Diese Geschichte ist sicher dramatischer als die meisten anderen, und obwohl sie im Wesentlichen wahr ist, habe ich doch die meisten persönlichen Einzelheiten verändert, um die Identität der betreffenden Personen zu schützen. Es ist tatsächlich so, dass manche Leute aus Dankbarkeit geben für etwas Besonderes, das Gott in ihrem Leben getan hat. Es geht ihnen dabei nicht darum, Gott etwas zurückzuzahlen, sondern einfach darum, ihren Dank auf eine ihnen mögliche Art und Weise ausdrücken zu können. Und es kann passieren, dass sie ihren Dank durch dich zum Ausdruck bringen möchten.

Kann man an ihrer Unterstützung ablesen, wie wichtig ihnen dein Dienst ist? Nein, aber man kann das Maß ihrer Dankbarkeit Gott gegenüber daran ablesen. Du bist also im Grossen und Ganzen irrelevant für den Geber. Sie wollen Gott ihre Dankbarkeit erweisen. Du bist nur gerade im richtigen Moment aufgetaucht, als sie ihren Dank in die Tat umsetzen wollten. Ziemlich demütigend, oder?

Mit ist Sicherheit wichtig und ich will mir Gottes Gunst erkaufen

Eigentlich wissen wir, dass unsere Errettung ein unverdientes Geschenk Gottes ist, und doch haben wir manchmal das verrückte Verlangen, selbst etwas dazu zu tun. Vielleicht liebt uns Gott dann mehr, findet uns noch toller oder hat dann eine bessere Meinung von uns. Das ist albern, ich weiß, aber wir alle tun das mehr oder weniger, besonders dann, wenn wir denken, wir hätten Gott enttäuscht. Das ist Satans klassische Strategie, unsere intakte Beziehung zu Gott zu untergraben.

Einige Unterstützer geben vielleicht aus dieser Motivation heraus. Es kann sogar sein, dass sie dir das offen sagen. Vielleicht haben sie seit Jahren niemandem mehr von ihrem Glauben erzählt, oder sie fühlen sich immer noch schuldig, weil sie vor vielen Jahren die Möglichkeit ausschlugen, selbst in den christlichen Dienst zu gehen. Sie denken, dass sie das ausgleichen, wenn sie dich unterstützen, und ihre Beziehung zu Gott dadurch wieder ins Lot kommt.

Auch das ist eine negative Motivation, und du wirst sie nur dann bemerken, wenn der Unterstützer während eines Gesprächs in Zusammenhang mit seiner Unterstützung über einen Aspekt seines Lebens spricht, der nicht ganz in Form ist. Wenn möglich, nutze die Gelegenheit und sprich mit deinem Unterstützer weiter darüber. Hilf ihm zu erkennen, dass der Tod Jesu am Kreuz ihn in Gottes Augen wertvoll macht. Besteht also tatsächlich die Gefahr, dass jemand dich unterstützt, um bei Gott Punkte zu sammeln? Ja, sie besteht. Aber wenigstens hast du dann die Möglichkeit, dem anderen dabei behilflich zu sein, dass er/sie seine Stellung in Christus besser verstehen kann. Diese Gelegenheit wäre dir entgangen, wenn du mit dieser Person nicht über deine Unterstützung gesprochen hättest.

Wie ist das mit Leuten, die aus negativen Motiven heraus geben?

Erstens müssen wir verstehen, dass wir nicht für die Beweggründe anderer Menschen verantwortlich sind, das ist eine Sache zwischen ihnen und Gott.

Zweitens müssen wir darauf achten, dass wir andere nicht durch die Art, wie wir unsere Arbeit präsentieren, zu einer negativen Motivation verleiten, z. B. indem wir Schuldgefühle wecken, wenn jemand nicht geben möchte. Manchmal geschieht genau das, und wir merken es nicht einmal. In Kapitel 9 werden wir uns anschauen, wie es soweit kommen kann und besprechen, wie wir das vermeiden können.

Und schließlich können negative Beweggründe auf geistliche Probleme hinweisen, die man genauer anschauen sollte. Wo angebracht, nutze die Gelegenheit, die das Gespräch über Unterstützung euch bietet, und gehe diesen Problemen mit deinem Unterstützer zusammen nach.

! ***Ein Unterstützerteam aufzubauen ist eine fantastische Sache, eine Win-Win-Situation sozusagen. Die Bedürfnisse auf beiden Seiten werden gestillt. Uns ergeht es gut, weil wir Geld, Gebet und Ermutigung bekommen. Den Unterstützern ergeht es sogar noch besser, weil ihre Bedürfnisse gestillt werden, ihr Konto bei Gott eine Gutschrift erfährt und noch mehr Segnungen auf sie zukommen, als sie fassen können!***

Zusammenfassung

Ich wuchs in einer sehr strengen Gemeinde auf, wo oft über die Hölle gepredigt wurde. Besonders gut erinnere ich mich noch an einen Gastprediger, der mir als Kind große Angst einflößte. Bestimmt war er ein freundlicher Mann, der aus guter Absicht heraus predigte, aber für mich war er mit seiner großen schwarzen Bibel, seinem schwarzen Anzug und der finsteren Miene, die er beim Reden aufsetzte, schlicht furchterregend. Wenn er einen bestimmten Punkt besonders betonen wollte, schaute er oben über seine Brillengläser hinweg jemanden in der Gemeinde an und sagte mit großem Nachdruck: „Möge der Herr das in deine Augäpfel ritzen!" Was wahrscheinlich so viel bedeutete wie: Mögest du alles, was ich jetzt noch sage, im Licht dieses Hauptgedankens sehen.

Also, wenn es in diesem Buch einen Punkt gibt, den du dir in deine Augäpfel ritzen solltest, einen Punkt, um den du dein Unterstützerteam aufbaust, dann ist es der: **Das Bedürfnis deiner Unterstützer, dich zu unterstützen, ist größer als dein Bedürfnis nach ihrer Unterstützung.**

- Erinnerst du dich noch an die Aussage von Jesus, dass es seliger ist zu geben, als zu bekommen?
- Denkst du noch an die Bemerkung von Paulus an die Philipper, dass ihr Geben ihrem Konto gutgeschrieben wird und ihre Bedürfnisse gestillt werden?
- Weißt du noch, wie Paulus die Korinther nötigte, für die arme Jerusalemer Gemeinde zu geben, und wie er betonte, wie sehr das ihnen selbst nützen würde, ohne auch nur ein einziges Mal die Not der Empfänger, denen diese Gabe helfen sollte, zu erwähnen?
- Erinnerst du dich an Maleachi, wo Gott seinem Volk einen so reichen Segen versprach, dass sie ihn kaum fassen könnten, wenn sie ihm seinen Anteil geben würden?

Ich hoffe, dass diese Verheißungen Gottes dich überzeugt haben. Wenn du lediglich diese Gegebenheiten in deine Gedanken lässt und in deinem Herzen aufnimmst, wird schon viel Druck vom Aufbau deines Unterstützerkreises weggenommen. Wenn du das alles aber vorerst nur mit dem Kopf aufnimmst, ist es auch recht. Dann bete, dass Gott diese Realität den langen Weg vom Kopf ins Herz führt.

6. WARUM WIR UNS BEIM AUFBAU EINES UNTERSTÜTZERTEAMS NICHT IMMER WOHL FÜHLEN

Nun gut, wenn derjenige, der ein Unterstützerteam aufbaut, dabei gewinnt, und derjenige, der die Unterstützung zur Verfügung stellt, dadurch sogar noch mehr gewinnt, wie kommt es dann, dass dieser ganze Prozess manchmal so unangenehm ist?

Dafür gibt es viele Gründe, von denen mehrere gleichzeitig ins Spiel kommen können.

„Wenn doch bloß das, was ich tue, interessanter klingen würde"

Satans Fachgebiet ist es, unseren Blick von der Tatsache abzuwenden, dass Gott uns durch das Kreuz gerecht gemacht hat, und unseren Blick stattdessen auf unsere Unzulänglichkeiten zu lenken.

Mal angenommen, wir kennen uns nur flüchtig. Vielleicht besuchen wir dieselbe Gemeinde oder wir sind Arbeitskollegen. Ich kann 50 Euro monatlich weggeben, und heute Abend bin ich mit dir verabredet, um deine Arbeit kennenzulernen. Morgen werde ich mich mit Mark und Lorna treffen, die ich auch nur flüchtig kenne. Sie werden mir etwas über ihre Arbeit unter Kindern erzählen, die im Kanalsystem einer indischen Großstadt geboren werden, dort aufwachsen und sterben. Ich habe beschlossen, mich für einen von euch beiden so gut ich kann zu engagieren, ich werde den Betrag also nicht aufteilen. **Erkläre mir, warum gerade du den Betrag bekommen solltest.**

Nimm dir einen Moment Zeit und überlege dir, was du mir sagen würdest.

Und, wie ging es dir dabei?

Wenn du meinst, ich solle das Geld lieber Mark und Lorna geben, dann verwechselst du Gefühle mit Gottes Berufung. Egal wozu Gott dich berufen hat, genau das ist deine Berufung. Sie hat genauso Berechtigung wie jeder andere Arbeitsbereich im Königreich, selbst wenn deine Arbeit nicht so starke Emotionen hervorruft. Wenn du einfach annimmst, dass ich automatisch die Sache unterstützen sollte, die am meisten Gefühle in mir weckt, dann verwehrst du mir als Geber die Möglichkeit herauszufinden, wohin Gott mich mit meinem Engagement ruft. Als potentieller Geber muss ich unbedingt erfahren, was dir am Herzen liegt, deine Anliegen und Bedürfnisse verstehen und dann vor Gott selber die Entscheidung treffen.

Wir können uns in der „Wenn doch bloß"-Argumentation regelrecht verfangen. Wenn doch bloß meine Aufgabe spannender wäre, wenn doch bloß meine Gemeinde missionsinteressierter wäre, wenn sie doch bloß nicht schon so viele Missionare unterstützen würde, wenn doch bloß meine Familie reicher wäre, wenn ich doch bloß besser auf Leute zugehen könnte, wenn ich doch bloß mehr gut verdienende Freunde hätte. Jedes Mal wenn du sagst: „Wenn doch bloß", sagst du damit, dass Gott einen Fehler gemacht hat: Er hat dich in die falsche Familie, in den falschen Dienst, in die falsche Gemeinde, in den falschen Freundeskreis gestellt oder dich mit der falschen Persönlichkeit ausgestattet. Aber das stimmt nicht. Er kennt dich besser als du dich selbst. Und dennoch hat er dich gewählt, damit du etwas ganz Bestimmtes für sein Königreich tust. Lass nicht zu, dass Satan dir deine Sicherheit und dein Vertrauen raubt, dass du dich im Zentrum von Gottes Willen befindest.

! ***Wenn du dich mit potentiellen Unterstützern unterhältst, dann spiel deine Arbeit nicht herunter, so als sei sie nicht wichtig. Damit will ich nicht sagen, dass du die absolute Dringlichkeit deiner Arbeit überbetonen sollst und damit die Leute überrumpelst, aber wenn dir jemand jeden Monat Geld geben möchte, damit du deiner göttlichen Berufung nachgehen kannst, dann muss man spüren können, dass deine Arbeit bedeutsam ist und dass sie die Nöte von Menschen entweder direkt oder indirekt lindert. Versuche, die Leidenschaft, die Gott dir ins Herz gelegt hat, rüberzubringen. Wenn du nämlich die verschiedenen Aspekte deines Dienstes zu routinemäßig herunterleierst, bekommen die Leute den Eindruck, dass du einen bequemen Job suchst unter netten Leuten, die nicht rauchen oder fluchen (jedenfalls nicht zu häufig) und die auf der Welt Gutes tun.***

In Lukas 15 heißt es, dass die Engel im Himmel ein Fest feiern, wenn jemand umkehrt, wahrscheinlich mit Singen und Tanzen. In gewisser Weise trägst du dazu bei, dass diese himmlische Party stattfinden kann. Wenn du nicht wirklich eine gottgegebene Leidenschaft für deine Arbeit hast und für die Menschen, die letztlich von deinem Dienst profitieren werden, oder wenn du diese Leidenschaft über die Jahre verloren hast, dann bitte Gott sie dir zu schenken.

„Was ist, wenn sie nein sagen ... oder ja!?"

Was geschieht, wenn wir einen Bekannten um Unterstützung bitten und er sagt nein? Wird das unsere Beziehung zerstören? Was geschieht, wenn er ja sagt? Wird das zu einer gewissen Abhängigkeit führen?

Im Allgemeinen (aber nicht immer) ist es so, dass Frauen leichter Beziehungen knüpfen und pflegen können als Männer. Schau dir nur an, wie viel leichter es ist, ein Frauentreffen in der Gemeinde zu vereinbaren als eines für Männer. Männer brauchen dazu einen besonderen Grund, z. B. das monatliche Samstagmorgen-Frühstückstreffen nach einem Fußball-Gebetstreffen. Frauen können sich einfach so treffen, sie brauchen dazu keinen besonderen Grund.

Ähnlich verhält es sich auch mit dem Aufbau des Unterstützerteams. Manche sind mit ihren Beziehungen so übervorsichtig, dass sie niemanden direkt ansprechen, sondern hoffen, dass die verfügbaren Informationen allein ausreichen, damit Leute sich dem Team anschließen. Einige wenige gut organisierte und beständige Leute tun das vielleicht, aber in unserer geschäftigen Welt, wo so vieles um unsere kostbare Zeit und Energie wirbt, werden viele – die vielleicht tatsächlich an deiner Unterstützung interessiert wären – letztlich nicht dazu kommen, besonders dann nicht, wenn sie sich auch noch selbst um das ganze Prozedere kümmern müssen.

Am anderen Ende des Spektrums sind diejenigen, denen das Gespür für Beziehungen fehlt. Sie arbeiten sich von A bis Z durch das Mitgliederverzeichnis ihrer Gemeinde und fragen jeden, der zur Gemeinde gehört, um Unterstützung an, ohne groß darüber nachzudenken, warum sie gerade diese Person ansprechen.

Die meisten von uns liegen irgendwo zwischen diesen beiden Extremen, wahrscheinlich mit Neigung auf die übervorsichtige Seite. (Mit hinweisender roter Hand) **Wo du auch stehen magst, beweg dich hin zur Mitte.** Wenn du zur übereifrigen Gruppe gehörst, die auf alle und jeden zugeht und um Unterstützung bittet, dann schraube ein wenig zurück und stell dir die Frage: Warum bitte ich gerade diese bestimmte Person um Unterstützung? Was weiß ich über sie, das mich glauben lässt, sie könnte interessiert sein? Gibt es in ihrem Leben irgend etwas, das sie mit mir und meiner Arbeit in Verbindung bringt? Wenn du jetzt immer noch den Eindruck hast, dass ihr gut zusammenpasst, dann gut, mach weiter. Aber wenn du keine Gründe finden kannst, warum er/sie daran interessiert sein könnte, dich zu unterstützen, dann lass es sein.

Gehörst du aber zu den Übervorsichtigen, dann gib dir einen Ruck. Denk an all die Leute, die du nicht direkt kontaktierst, weil du zu nervös bist und nicht genau weißt, wie sich deine Bitte auf die Beziehung auswirken könnte. Denkst du, dass sie vielleicht Interesse hätten, dich zu unterstützen? Wenn es umgekehrt wäre und diese Leute ein Unterstützerteam brauchten, würdest du sie dann unterstützen wollen? Kann es sein, dass du es den Leuten zu schwer machst, sich deinem Team anzuschließen, besonders wenn man den geschäftigen Alltag der Leute berücksichtigt? (Mit hinweisender roter Hand) Versuche solche Leute anzusprechen, die dich kennen und dir vertrauen und von denen du dir sicher bist, dass sie dich immer noch akzeptieren, selbst wenn du die Sache vergeigst. Bitte sie nicht nur darum sich zu überlegen, ob sie dich unterstützen wollen, sondern frage sie auch, ob es ihnen etwas ausgemacht hat, dass du sie angesprochen hast. Wenn es deinen Freunden so geht wie dir, werden sie höchstwahrscheinlich antworten, dass es ihnen nichts ausgemacht hat von dir angesprochen worden zu sein, aber dass sie selbst das nicht schaffen würden!

Du kannst fragen, wen du willst: Jeder, der schon ein paar Jahre mit einem Unterstützerteam gelebt hat, wird dir bestätigen, dass es Leute gegeben hat, die ihn nicht unterstützt haben, obwohl er/sie es erwartet hatte, und ihre Beziehung hat sich dadurch merklich abgekühlt. Andererseits gab es solche, die sie kaum kannten, die aber mit der Unterstützung begannen und heute zu ihre guten Freunden zählen. Trotz aller Versuche, Beziehungen an einem gewissen Punkt einfrieren zu wollen, sind sie doch ständig in Bewegung. Erinnerst du dich an deinen guten Schulfreund, von dem du dachtest, dass diese Freundschaft ewig halten würde? Und heute weißt du nicht einmal mehr, wo er wohnt.

! ***Für gewisse Leute wird die Entscheidung, ob sie dich unterstützen werden oder nicht, eine entscheidende Wende in eurer Beziehung herbeiführen. Einige Beziehungen werden mehr in den Hintergrund rücken, weil das Engagement auf andere Dienste ausgerichtet ist. Viele andere Beziehungen aber werden wachsen und sich über deine kühnsten Erwartungen hinaus weiter entwickeln, weil sich jemand dafür entscheidet, sich dir anzuschließen.***

„Das schaff ich nie"

Die Aussage „Das schaff ich nie" ist weder Ausdruck von Zweifel noch von Unsicherheit, sondern ganz einfach von Unglauben. Damit sagst du, dass dein Unterstützungsziel für Gott viel zu hoch gesteckt ist. Viele sind angesichts ihres Unterstützungsziels eingeschüchtert, obwohl die Summe, die sie anstreben, sehr wahrscheinlich niedriger ist als ihr Bruttogehalt in ihrem früheren Arbeitsverhältnis. Und doch türmt es sich wie ein riesiger Berg vor ihnen auf. Gib acht, dass du dich nicht mit der Aussage zufrieden gibst: „Das schaff ich nie".

Einmal arbeitete ich mit einem Ehepaar zusammen, das bereits 20 Jahre bei einer großen internationalen Missionsgesellschaft gearbeitet hatte. Die beiden hatten niemals 100 Prozent Unterstützung erreicht und waren nur selten über 80 Prozent hinausgekommen. Auch mit 100 Prozent wären sie nicht reich gewesen, aber sie hätten effektiv leben und arbeiten können. Jahrelang kümmerte sich ihre Missionsgesellschaft nicht um die finanzielle Lage dieses Ehepaares, und sie selbst kamen zu dem Schluss, dass sie niemals genug Unterstützung haben würden, um all das zu tun, wozu Gott sie berufen hatte. Für das Allernotwendigste reichte es ja, aber andere Gebiete ihrer Arbeit und ihres persönlichen Lebens blieben unentdeckt. Ein Urlaub kam nicht in Frage, und ihr Auto stand genauso oft in der Garage, wie es einsatzbereit war. Projekte, die sie gern in Angriff genommen hätten, zogen an ihnen vorbei. Es war ja auch nicht so, dass sie freiwillig so spartanisch lebten, sie dachten halt einfach, dass es für sie keine andere Möglichkeit gäbe.

Schließlich nahm die Missionsgesellschaft ihre Situation ernst und setzte ihnen eine Frist, in der sie 100 Prozent Unterstützung erreichen sollten. Das Ehepaar betrachtete diese Frist als Chance, ihrem Unglauben entfliehen zu können. Sie gingen nun Risiken ein und kontaktierten Leute, die sie schon vor Jahren hätten ansprechen sollen. Gott ging auf ihren Richtungswechsel ein und ließ auch aus unerwarteten Quellen neue finanzielle Unterstützung sprudeln. Innerhalb weniger Monate erreichten sie 100 Prozent Unterstützung, zum allerersten Mal überhaupt. Ihre Freude wurde nur getrübt durch das Bedauern, dass ihr Unglaube sie 20 Jahre daran gehindert hatte, Gott voll zu vertrauen, dass er es schaffen würde.

Wenn Gott dich beruft, wird er dich auch versorgen. Das bedeutet nicht, dass dir deine Unterstützung per Fallschirm vom Himmel in den Schoß fällt. Beim Aufbau deines Unterstützerteams gibt es Zeiten der Freude und Ermutigung, aber genauso auch Momente der Enttäuschung und Niedergeschlagenheit. Verliere dabei nie Gott, sein Wort und seine Verheißungen aus den Augen. Er wird seine Verheißungen immer erfüllen, allerdings nicht immer nach unseren Vorstellungen und unserem Zeitplan.

Eines Morgens hatte ich auf dem Flug von Belfast den Platz am Gang, während neben mir und auf dem Fensterplatz eine Mutter mit ihrer Tochter saß. Für das Mädchen war es der erste Flug; entsprechend aufgeregt war sie. Als wir starteten und die Hügel Belfasts überflogen, rief sie: „Mami, diese Berge sind gar nicht so groß von hier oben!" Wenn man am Fuß des Matterhorns oder der Zugspitze steht und zu ihnen emporschaut, empfindet man diese Berge als sehr hoch. Aber wenn man über sie hinwegfliegt, hat man eine ganz andere Perspektive.

So kann es auch mit deiner Unterstützung sein. Wenn du ganz unten stehst und zum Ziel hinaufschaust, scheint alles enorm groß zu sein und dir sogar den Blick auf Gott zu verdunkeln. Aber wenn du von oben herabschaust, aus Gottes Perspektive heraus, dann kannst du sagen: „Diese Berge sind gar nicht so groß von hier oben."

„Mir geht das zu sehr gegen den Strich"

Komfortzonen haben eine eigenartige Form. Jeder von uns hat Komfortzonen, die mit der Zeit durch Erfahrung und Übung wachsen und in der Form anschwellen. Dinge innerhalb dieses Teils der Komfortzone erledigen wir sozusagen im Schlaf. Andere Bereiche innerhalb der Komfortzone entsprechen in der Form eher einem dünnen Ast, beispielsweise Aufgaben und Fertigkeiten, die wir noch nie zuvor ausgeübt haben, weshalb wir uns schnell jenseits der Komfortzone wähnen. Manchmal ist es nicht so wichtig, wie gut wir uns eine neue Fertigkeit aneignen. Ob wir z. B. ein neues Hobby vollkommen beherrschen, ist nicht lebenswichtig, wenn auch befriedigend. Wenn es aber darum geht, Neues für unseren Beruf zu lernen, sieht die Sache schon anders aus. Je lebensnotwendiger das Beherrschen neuer Kenntnisse für uns ist, desto unwohler fühlen wir uns anscheinend.

Ein Unterstützerteam aufzubauen, liegt wahrscheinlich außerhalb deiner Komfortzone. Du hast noch keine Erfahrung damit und bist dafür auch nicht besonders geschult worden. Aber es ist lebensnotwendig für die Zukunft deiner Berufung.

An diesem Punkt hast du zwei Möglichkeiten

Weil dir der Aufbau eines Unterstützerteams unangenehm ist, kannst du hier aufgeben und dich in diejenigen Komfortzonen zurückziehen, in denen du dich wohl fühlst. Manche Leute bewerben sich deshalb lieber bei einer Missionsgesellschaft, die sie nicht mit dem Aufbau eines persönlichen Unterstützerteams betraut. Aber wenn du Gottes Ruf für dein Leben vor allem an dieser Frage festmachst, befindest du dich auf einem gefährlichen Weg.

Die andere Möglichkeit, wenn du dich einer Aufgabe gegenübersiehst, die sowohl unvermeidbar als auch unangenehm ist, ist die: Du erweiterst deine Komfortzone, bis sie so weit reicht, dass sie die zu erledigende Aufgabe darin einschließt. Wenn du dieses Buch ganz durcharbeitest, ist es sehr wahrscheinlich, dass dir nichts anderes übrigbleibt, als die Sache mit dem Unterstützerteam anzupacken.

! Die einzige Möglichkeit, um deine Unterstützerteam-Komfortzone zu erweitern, ist direkt damit anzufangen!

Kein noch so langes Grübeln oder Beten über das Thema wird dir die Erfahrung bescheren, die du brauchst, damit du Gott völlig vertrauen kannst, dass er sich wirklich um dich kümmert, dich versteht und mit dir in diesem ganzen Prozess drinsteckt.

Als das Volk Israel aus Ägypten ausgezogen war, wurden sie gleich mit einem unbekannten Bereich außerhalb ihrer Komfortzone konfrontiert – dem Roten Meer. Als sie das scheinbar undurchquerbare Meer vor sich und die scheinbar unbesiegbare ägyptische Armee hinter sich sahen, bestand ihre unmittelbare Reaktion darin, anzuhalten und sowohl Gott als auch Mose in Frage zu stellen. Gott antwortete Mose auf das Drängen des Volkes in 2. Mose 14,15 folgendermaßen: „Warum schreist du zu mir? Sag den Israeliten, dass sie aufbrechen sollen!"

Es gibt Zeiten, in denen du weißt, wo es langgeht, aber gleichzeitig auch spürst, dass dieser Weg unangenehm sein wird. Dann hilft es dir nicht wirklich, Gott und andere in Frage zu stellen, die dich auf diesem Weg schon so weit gebracht haben. **Dann ist es Zeit aufzubrechen.** Das Volk Israel musste der Führung und Leitung des Herrn vertrauen, um das Rote Meer zu durchqueren. Deine Aufgabe ist im Vergleich dazu harmlos. Du musst lediglich auf Gottes Führung und Leitung beim Aufbau deines Unterstützerteams vertrauen. Aber an einem bestimmten Punkt musst du einfach damit anfangen, deine Zehen (bildlich gesprochen) ins Wasser tauchen und staunen, was Gott tun wird.

Meine Mutter zitierte oft ein altes Sprichwort, das sie als Kind auf dem Bauernhof gehört hatte: „Durch Nachdenken wird noch kein Acker bestellt." **Genauso wirst du mit Nachgrübeln niemals ein Unterstützerteam auf die Beine stellen.** Garantiert wirst du bei der Arbeit im christlichen Bereich generell früher oder später irgendwo außerhalb deiner Komfortzone landen. Es gibt wohl kaum einen geeigneteren Zeitpunkt, um mit dieser Tatsache umgehen zu lernen, als jetzt zu Beginn des Aufbaus deines Unterstützerteams.

„Ich habe Angst davor"

Nervosität, die dich in die Arme des Heiligen Geistes treibt, ist in Ordnung. Aber Furcht, die dich lähmt, ist etwas ganz anderes. Es gibt eine Krankheit, die häufig Missionare befällt, wenn sie an ihrem Unterstützerteam arbeiten: die „Telefose". Es handelt sich um eine Lähmung der Finger, sobald die betroffene Person in die Nähe eines Telefons kommt. Wenn du als Betroffener endlich die Telefose soweit unter Kontrolle bringst, dass die Finger sich wieder bewegen können, wählst du die Nummer eines potentiellen Unterstützers in der Hoffnung, dass besetzt ist. Du lässt es zweimal klingen und legst dann schnell wieder auf in der Annahme, dass niemand zu Hause ist. Kaum hast du aufgelegt, klingelt auch schon dein Telefon und die Angerufenen melden sich. Du stammelst, dass die Sache nicht so wichtig sei, und am Ende des Gesprächs hat dein Gegenüber keine Ahnung, worum es eigentlich ging.

Wenn du derart verängstigt bist, dass dich diese Furcht daran hindert, deinen Freunden und Bekannten von deinem gottgegebenen Auftrag zu erzählen und sie zu bitten, deine Partner zu werden, dann wird es Zeit dagegen anzugehen. Das ganze ist ein geistlicher Kampf. Bitte einige Freunde konkret gegen diese Furcht anzubeten. **Denk daran, dass du**

deine Furcht in der Kraft des Heiligen Geistes, der in dir wirkt, überwinden kannst, aber du kannst nur feststellen, ob du Fortschritte machst, wenn du es auch ausprobierst. Warte nicht darauf, bis du dich furchtlos **fühlst.** Satan ist ein Meister darin, unsere Gefühle zu manipulieren. Es kann sehr gut sein, dass das Überwinden der Angst schrittweise fortschreitet. Je häufiger du Leute ansprichst, desto mehr wird die Furcht in den Hintergrund gedrängt. Es ist klug, zuerst gute Freunde anzusprechen, mit denen du auch offen über deine Ängste reden kannst. Bitte sie nicht nur um Unterstützung, sondern auch um ihr Feedback zu deiner Vorgehensweise. Ihre ehrliche Einschätzung wird dein Selbstvertrauen stärken, und es wird dir dann nicht mehr so schwer fallen, auch Leute anzusprechen, die du nicht so gut kennst.

Siehe Kapitel 26: Ein Gebetsteam aufstellen

„Ich mag das Gefühl nicht, von anderen Leuten abhängig zu sein"

Beim Aufbau eines Unterstützerteams müssen wir noch einen anderen geistlichen Kampf ausfechten: den Kampf gegen unseren Stolz. Wir leben in einer Gesellschaft, in der Unabhängigkeit ein hoher Wert ist. Insbesondere die Generation, die sich jetzt zum christlichen Dienst meldet, wurde stark durch die Wirtschaftphilosophie der 80er Jahre geprägt: „Strebe nach der besten Ausbildung, dem besten Job, dem schönsten Zuhause, sei einer, der die Gesellschaft mitgestaltet, du verdienst es."

Frühere Generationen, deren Werte durch die Instabilität der Weltwirtschaftskrise und den 2. Weltkrieg geprägt wurden, beeinflusste eine andere Wirtschaftsphilosophie: „Lebe lieber in Lumpen, als Schulden zu machen." Beide Strömungen haben unsere westliche Kultur geprägt und zum Grundsatz „Selbst ist der Mann" beigetragen; Eigenständigkeit und Erfolg, ohne die Hilfe anderer in Anspruch zu nehmen, wird als positiver Wert angesehen.

Von einem Unterstützerteam zu leben fordert diesen Grundsatz heraus. Es geht dabei vielmehr um eine Wechselbeziehung als um Unabhängigkeit. Beim Aufbau eines Unterstützerteams werden Geber und Empfänger in ihrem Verständnis bestärkt, dass dem einen ohne den anderen etwas fehlt, dass jeder den anderen braucht, um die Rolle auszufüllen, zu der Gott beide berufen hat. In der Familie Gottes ist es so wie in einer natürlichen Familie: Die Familie ist dann am stärksten, wenn sich jeder nach seinen Fähigkeiten so gut wie möglich einbringt. Keiner von uns kann Gottes Werk im Alleingang erledigen. **Ob wir nun Geber oder Empfänger sind, wir brauchen den anderen, damit wir unsere Aufgabe vollständig umsetzen können.**

„Mir fehlt die Zeit dafür"

Der Aufbau und die Pflege deines Unterstützerteams benötigen wahrscheinlich mehr Zeit als du denkst, besonders, wenn du Langzeitpartnerschaften anstrebst. Ich bin immer wieder erstaunt und gleichzeitig enttäuscht über die vielen christlichen Organisationen, die ihre Mitarbeiter bitten, ein Unterstützerteam aufzubauen ohne ihnen gleichzeitig auch die dafür benötigte Zeit zur Verfügung zu stellen . Der Aufbau deines Unterstützerteams ist nicht einfach eine Nebenbeschäftigung, die dir deine Arbeit ermöglicht, sondern selber integraler Bestandteil deiner Arbeit. Du setzt deine Zeit, deine Gebete und Fähigkeiten für jeden Bereich deiner Arbeit im Reich Gottes ein, zu der er dich berufen hat, egal was für ein

Bereich das sein mag. In diesem Fall versuchst du ein Team von Menschen aufzustellen, die ihr Geld, ihre Gebete und Ermutigungen für dich in dasselbe Ziel investieren. Egal wie du diesen Bereich betrachtest, er ist Teil deiner Arbeit und verdient einen angemessenen Platz auf deiner Prioritätenliste. Du solltest ihn nicht in deine Freizeit verbannen und auch nicht ins Regal abschieben bis zu einer weniger vollen Woche.

Ich hatte gerade ein zweitägiges Starter-Seminar zum Thema Missionspartnerentwicklung gehalten für eine christliche Organisation, deren Leute beschlossen hatten, diesem Thema mehr Aufmerksamkeit zu schenken. Am Schluss stand einer ihrer Leiter auf und verkündete, dass man allen Mitarbeitern während der kommenden Monate einige Tage frei geben würde, damit sie an ihrer Unterstützung arbeiten könnten. Ich nahm mir die Freiheit, die man als Außenstehender hat, und erhob sofort öffentlich Einspruch. „Sie geben doch Ihrer Belegschaft nicht frei, damit sie ihre Arbeit tun?!", sagte ich. „Nein, natürlich nicht", antworteten sie, „aber Sie wissen schon, was wir meinen." Nein, ich wusste es nicht. Würden die gleichen Leute ihren Angestellten **frei** geben, damit sie z. B. evangelisieren oder andere Aufgaben ihrer ganz normalen Tätigkeit wahrnehmen könnten? Nein.

Das grundlegende Problem war, dass die Leiter dieser Organisation trotz allem, was sie gehört hatten, immer noch nicht einsahen, dass der Aufbau eines Unterstützerteams in sich selbst Teil der Arbeit ist. Sie verstanden es als etwas Zusätzliches, als etwas, das Geld für die Arbeit fließen lässt, und das man noch dazunimmt, wenn man seine eigentliche Arbeit getan hat. Damit schadet man den Mitarbeitern und verunglimpft die Rolle des Unterstützers. Sicherlich hat Jesus seine Unterstützer nicht nur als externe Geldgeber betrachtet und sie nicht mit ein paar allgemeinen Freundesbriefen pro Jahr abgespeist.

! *Nimm dir Zeit. Besuche deine Unterstützer, schreibe ihnen, rufe sie an, beteilige sie an deiner Arbeit, soweit sie das möchten und können. Quetsche deine Aufmerksamkeit für den Aufbau deines Unterstützerteams nicht in ein paar wenige freie Minuten; gib diesem Vorgang die dafür nötige Zeit. Zu Beginn kann der Aufbau eines Unterstützerteams sehr intensiv, ja fast ein vollzeitlicher Job sein. Selbst wenn du das Unterstützungsziel erreicht hast, solltest du als Faustregel weiterhin bis zu 10 Prozent deiner Arbeitszeit in die Pflege deines Unterstützerteams investieren. Das scheint dir zu viel? Nicht, wenn du dir vor Augen hältst, dass dir dadurch deine Finanzen, Gebete und Ermutigungen gesichert sind, die du für die übrigen 90 Prozent deines Dienstes brauchst.*

„Ich weiß nicht, wie ich es anstellen soll"

Wie man wirksam ein Unterstützerteam aufbaut, ist bei den meisten Menschen eine erlernte und keine angeborene Fähigkeit. Auch du besitzt wahrscheinlich alle dafür nötigen Fertigkeiten, hast sie bloß noch nicht in diesem Kontext angewendet. Einige Fähigkeiten, die du vorher nur gelegentlich gebraucht hast, musst du jetzt schärfen, da du dich in einem viel größeren Maß auf sie verlassen musst. Wie bei jeder anderen Verbesserung von Fähigkeiten braucht es dazu Übung und Zeit. Jede Person, die ein Unterstützerteam aufbaut, ist anders und jeder, der Unterstützung gibt ebenso. Deshalb meine ich mit Übung nicht, dass du ein fertiges Skript auswendig lernst, das du dann wie bei einer doppelt gestrickten Verkaufsmasche herunterleiern kannst.

Vielmehr will ich damit sagen, dass du dich ausreichend mit den biblischen Prinzipien des Gebens und Empfangens beschäftigen solltest, dass du wissen solltest, wie und warum Menschen geben und dir grundlegende hilfreiche Vorgehensweisen vertraut sind, sodass du dich an die Arbeit machen kannst.

! ***Dieses Arbeitsbuch durchzugehen wird dir helfen, aber du solltest auch herausfinden, ob es irgendwo in der Nähe Schulungen oder Seminare zum Thema gibt.***

Wenn dein eigenes Missionswerk bis jetzt keine geeigneten Schulungen anbietet, schau dich anderweitig um. Es ist auch hilfreich, wenn du jemanden ausfindig machen kannst, der selbst schon ein Unterstützerteam aufgebaut und eine positive Einstellung dazu hat. Setzt euch zusammen, bitte diese Person um Ratschläge, lerne von ihr, bitte sie, dein Mentor zu sein.

Wenn du das alles getan hast, hast du immer noch nicht wirklich gelernt, wie man ein Unterstützerteam aufbaut und pflegt. Das wirst du letztlich nur, wenn du es in die Tat umsetzt und dabei deinen eigenen Stil entwickelst, der deiner Situation und deiner Persönlichkeit entspricht.

„Ich denke, ich bin zu aufdringlich"

„Ich habe den Leuten alle nötigen Formulare dagelassen, die können sie nun ausfüllen und an unser Büro senden. Sie waren bei meinem Vortrag, in dem ich meine Arbeit vorgestellt habe, somit wissen sie, dass ich Unterstützung brauche. Wenn sie interessiert sind, werden sie Kontakt mit mir aufnehmen."

Wir gebrauchen alle möglichen Entschuldigungen, um einen aktiven Prozess in einen passiven zu verwandeln. Ist es nicht eigenartig, dass Leute, die von der Unterstützung Dritter leben, das oft folgendermaßen ausdrücken: „Wir müssen ein Unterstützerteam aufbauen"? Müssen hat einen negativen Beigeschmack und klingt nach etwas, das einem unangenehm ist, worauf man sich nicht freut und das man nur deshalb hinter sich bringt, weil man ‚muss'. Frag die Geber, wie sie sich dabei fühlen. Ihnen geht's prima, sie genießen all die Vorteile, von denen wir bereits gesprochen haben– sie werden von Gott gesegnet, ihre Bedürfnisse werden gestillt und ihr Konto erhält von Gott eine Gutschrift. Selbst wenn sie ihre Erfahrungen nicht mit diesen Worten beschreiben könnten, so betrachten sie ihre Unterstützung für dich sicherlich nicht als etwas Unangenehmes, auf das sie sich nicht freuen und das sie nur deshalb hinter sich bringen, weil sie ‚müssen'.

Chris und Jenny, die wir nicht näher kannten, ließen uns innerhalb weniger Monate zweimal finanzielle Unterstützung zukommen, einmal 50 Euro und das zweite Mal 70 Euro. Dieses Ehepaar hätten wir nicht ohne weiteres wegen Unterstützung angesprochen, aber zwei Überweisungen so kurz hintereinander überzeugten uns vom Gegenteil. Nachdem wir ihnen bereits für die finanzielle Unterstützung gedankt hatten, rief ich bei ihnen an und fragte sie, ob sie uns gerne monatlich unterstützen wollten. Ja, sie würden sich gern mit mir darüber unterhalten.

Da ich am folgenden Donnerstag bei einer christlichen Organisation in ihrer Nähe zu tun hatte, verabredete ich mich mit ihnen zum Abendessen.

Wie vereinbart, erzählte ich ihnen an diesem Abend noch mehr über unsere Arbeit und darüber, wie unser Unterstützungssystem funktionierte. Ich gab ihnen auch das Formular zur Einrichtung eines Dauerauftrags sowie alle Unterlagen, die sie für die Steuerbehörde brauchten. Grundsätzlich waren sie bereit, uns zu unterstützen, aber wie das oft der Fall ist, wollten sie über die Höhe des Betrags noch nachdenken und mich dann anrufen. Ich fragte sie, wann sie mich anrufen könnten, und Chris versprach, sich am Wochenende zu melden.

Ich bin schon lange genug in diesem Geschäft, um zu wissen, dass der Gedanke an meine Unterstützung innerhalb von 3 Tagen leicht in Vergessenheit geraten kann, und so fragte ich sie, ob es in Ordnung ginge, wenn ich sie am Montagabend anrufen würde, falls sie mich am Wochenende nicht erreichen könnten. Ja, das sei ihnen recht, sagten sie, aber sie würden sich ganz bestimmt am Wochenende melden.

Sie meldeten sich nicht. Sofort bewegten sich meine Gedanken in negativen Bahnen. Vielleicht hatten sie es gar nicht so ernst gemeint? Hatte ich sie vielleicht in irgendeiner Weise vor den Kopf gestoßen? Waren sie nur verhindert? Eigentlich war mir klar, dass all diese Gedanken nicht der Wahrheit entsprachen. Schließlich hatten sie bereits ihr Interesse an meiner Arbeit bekundet, hatten sich sogar schon mit mir getroffen, um über die Sache zu reden und mir dann voller Begeisterung ihre Unterstützung zugesagt. Aber ihr Alltag mit zwei kleinen Kindern und ihre sonstigen Termine hatten unsere Angelegenheit bis zum Wochenende von ihrer Prioritätenliste verdrängt.

Obwohl ich schon seit über 30 Jahren mit dem Aufbau eines Unterstützerteams lebe, werde ich dabei immer noch nervös, und so rief ich die beiden etwas besorgt an. Chris war nicht zu Hause und Jenny entschuldigte sich, sie hätten noch keine Gelegenheit gehabt, über die Höhe ihrer monatlichen Unterstützung zu entscheiden. Sie fragten, ob sie mich zurückrufen könnten. Da ich am kommenden Donnerstag wieder etwas in ihrer Gegend zu erledigen hatte, schlug ich vor, kurz bei ihnen vorbeizukommen, um alle Einzelheiten zu klären. Jenny war damit einverstanden.

Warum machen sie es uns so schwer, ihnen Geld zu geben?

Und am folgenden Donnerstag füllten sie dann einen Dauerauftrag über monatlich 50 Euro für uns aus.

Am selben Abend erzählten sie mir dann noch, wie es dazu kam, dass sie sich für mich entschieden. Chris und Jenny hatten diese monatlichen 50 Euro eigentlich für ein anderes Ehepaar zurückgelegt, das sie schon einige Wochen vor mir angesprochen hatte. Leider hatten die beiden keine Überweisungsträger dabei, stattdessen baten sie Chris und Jenny, falls sie Interesse hätten, bei ihrer Missionsgesellschaft anzurufen und die nötigen Papiere anzufordern. (Erster Fehler – Halte immer alle nötigen Formulare und Zahlscheine bereit. Du weißt nie, wer dir über den Weg läuft!)

Aber wo sollten Chris und Jenny, die beide berufstätig waren, die Zeit hernehmen, das Missionsbüro anzurufen? Sie schafften es trotzdem, aber die Formulare kamen nie bei ihnen an. Was sie aber noch mehr verwirrte, war die Tatsache, dass dieses Ehepaar sich nie mehr bei ihnen meldete, noch nicht einmal um zu erfahren, ob die nötigen Unterlagen bei ihnen eingetroffen waren. Diese enttäuschende Erfahrung führte dazu, dass Chris und Jenny uns ihre Unterstützung gaben. Jenny sagte sogar, mit einem Anflug von Frustration: „Warum machen es uns die Leute so schwer, ihnen Geld zu geben!"

Chris und Jenny konnten nicht wissen, dass ich dieses andere Ehepaar kannte. Ein paar Wochen später traf ich diese Leute und erzählte ihnen Chris' und Jennys Seite der Geschichte als Unterstützer. Für das Ehepaar war die Sache einfach. Sie hatten Chris und Jenny alle nötigen Informationen gegeben, damit diese mit der Unterstützung hätten beginnen können. Hier noch weiter nachzuhaken wäre ihnen unangenehm gewesen; sie waren der Ansicht, dass dieses Vorgehen zu aufdringlich sei. Aber wem war das Ganze infolgedessen am Ende unangenehm? Chris und Jenny.

Aus dieser Geschichte können wir eine wichtige Lektion lernen. Unbehagen verschwindet nicht einfach, es überträgt sich. Wenn du nicht bereit bist, mit einer gewissen Portion Unbehagen zu leben, während du Leute ansprichst und ihnen erklärst, was du tun möchtest, warum du sie gerne als Partner in deinem Unterstützerteam hättest, was das für sie im Einzelnen bedeutet und wer genau was als nächstes dafür tun kann, dann werden sie es sein, die sich am Ende unwohl fühlen. Sie werden unsicher sein, was du nun von ihnen erwartest und was sie als Nächstes tun sollen; schließlich fühlen sie sich vielleicht sogar schuldig oder sind verärgert darüber, dass jemand sie um die Freude des Gebens gebracht hat.

! **Tu deinen Unterstützern einen Gefallen: Nimm du das Unbehagen auf dich, es gehört einfach zu deinem Berufsrisiko.**

Diese Geschichte hat ein Happyend. Nach abermaligen Bemühungen bekamen Chris und Jenny die nötigen Formulare dann doch noch und fingen an, auch das andere Ehepaar zu unterstützen. Für Chris und Jenny war es ziemlich harte Arbeit, bis das Ganze zustande kam; nach alldem mussten die beiden sich auch noch mit ihrer Frustration und ihrem Ärger auseinandersetzen. Alles hätte 3 Jahre früher so viel einfacher für alle Beteiligten sein können, wenn das Ehepaar, das sein Unterstützerteam aufbaute, die Initiative selber ergriffen hätte.

! ***Verwechsle nicht „die Initiative ergreifen" mit „aufdringlich sein". Das sind zwei ganz verschiedene Dinge. Es ist sogar sehr wichtig, dass du die weiteren Schritte einleitest, das hilft dir und dem Unterstützer.***

7. WAS POTENTIELLEN UNTERSTÜTZERN UNBEHAGEN BEREITEN KANN

Wie wir bereits gesehen haben, verschwindet Unbehagen während dem Aufbau eines Unterstützerteams nicht einfach, weil der um Unterstützung Bittende sich diesem entzieht. Das Unwohlsein wird oft auf den anderen, der wegen Unterstützung angefragt wird, übertragen. Im Folgenden zeige ich ein paar Gründe auf, warum potentielle Unterstützer sich am Ende gefühlsmäßig außerhalb ihrer Komfortzone befinden können. In diesen Bereichen Maßnahmen zu ergreifen, wird wahrscheinlich etwas unangenehm sein für dich. Aber manchmal musst du eine Wahl treffen: Entweder du fühlst dich unwohl, oder die anderen, und dann ist es auf jeden Fall immer besser, wenn du das Unbehagen auf dich nimmst.

„Die sind so mit ihren eigenen Leben beschäftigt – mein Leben interessiert sie nicht"

Jemand, der mit dem Aufbau seines Unterstützerteams beschäftigt ist, ist so von der Sache eingenommen, zu der Gott ihn berufen hat, dass sie seinen gesamten Alltag prägt. Das trifft besonders zu Beginn eines vollzeitlichen Einsatzes in einem christlichen Dienst zu, wenn das Leben eine ganz neue Richtung nimmt und diese Person vielleicht sogar das Heimatland verlässt. Aber auch Leute, die schon lange in einem christlichen Dienst involviert sind, laufen Gefahr, die Dinge zu sehr aus ihrem eigenen Kontext heraus und gemäß eigener Pläne und Ziele zu betrachten.

Denk daran: Der andere, den du um Unterstützung bittest, führt sein eigenes Leben, hat seine eigene Arbeit, eigene Sorgen in der Familie, eigene Träume und Verpflichtungen. Als um Unterstützung Bittender musst du dich in ihn hineinversetzen, musst du eine Verbindung zwischen deiner Berufung und dem Umfeld herstellen, in das Gott diesen Menschen gestellt hat. Wenn du z. B. ein Unterstützerteam aufstellst, um bei einer Jugendorganisation arbeiten zu können, dann (mit hinweisender roter Hand) **frage den anderen, wie er die Jugendarbeit in seiner Gemeinde findet** oder wie seine Kinder mit dem Druck während der Pubertät zurechtkommen. Oder frage ihn, für welche Missionsdienste er sich bereits engagiert.

In den meisten Fällen wird dich das Leben des anderen aufrichtig interessieren. **Achte darauf, dass die Begeisterung für deine Berufung euer Gespräch nicht derart dominiert, dass der potentielle Unterstützer das Gefühl bekommt, du hättest überhaupt kein Interesse an dem, was Gott in seinem Leben tut.**

! **Was weißt du über die Person, die du ermutigen möchtest, dich zu unterstützen?** Welche Interessen hat er/sie? Wie sieht es bei ihm/ihr Zuhause aus? Ist alles fein sauber und ordentlich, oder merkt man dem Zuhause an, dass dort gelebt wird? Wenn du dich in deinen potentiellen Unterstützer hineinversetzt und Dinge mit seinen Augen betrachtest, sorgst du dafür, dass er sich während dem Gespräch über deine Arbeit wohl fühlt, weil ihr euch im Kontext seines Lebens bewegt.

Aber Vorsicht! Wenn du dich nur zu scheinbarem Interesse bewegen lässt, weil damit die Chancen auf Geld steigen, dann lass die Finger davon. Denk daran, es geht hier nicht ums Geldbeschaffen, sondern darum, dass du ein Team von Menschen aufstellst, die sich unterschiedlich stark als deine Partner für die Aufgabe engagieren, zu der Gott dich berufen hat. Wenn du also kein echtes Interesse an der Person hast, die du um Unterstützung anfragen möchtest, dann solltest du dir vor Gott über deine Motive Klarheit verschaffen.

„Ich wurde wie ein Zuschauer behandelt, nicht wie ein Individuum"

Ich hielt für die Mitarbeiter verschiedener Missionsgesellschaften ein Seminar zum Thema Missionspartnerentwicklung, und wir kamen zum lockeren und amüsanten Teil: dem Rollenspiel. Ein Ehepaar, das bei einer Missionsgesellschaft in Indonesien arbeiten wollte, erklärte sich bereit, diejenigen zu spielen, die Unterstützung suchten, und ein anderes Ehepaar stellte sich als ihre Freunde zur Verfügung, die um Unterstützung gefragt werden sollten. Nachdem sich das zweite Ehepaar darauf vorbereitet hatte, die Rolle der potentiellen Unterstützer so realistisch wie möglich zu spielen, konnte das Rollenspiel beginnen. Das Missionarsehepaar war gut organisiert, sie hatten sogar schriftlich festgehalten, was sie wie sagen wollten, und lasen abwechseln aus ihrem ‚Drehbuch' vor.

In atemberaubendem Tempo peitschen sie ihr Manuskript durch. Sogar die Fragen, die Teil ihres Drehbuchs waren, schienen lediglich dafür da zu sein, die Unwissenheit ihrer potentiellen Unterstützer bloßzustellen, anstatt diese zu informieren. Besonders deutlich wurde das durch die Art der Fragestellung(„Wisst ihr eigentlich, auf wie vielen Inseln in Indonesien noch nie jemand etwas von Jesus gehört hat? Nein? Es sind Tausende!"). Ich saß da und dachte: „Wie kann ich diesen eifrigen Leuten, die begierig Gottes Willen tun wollen, erklären, dass dies so ziemlich das schlechteste Rollenspiel war, das ich jemals gesehen habe?" Schließlich tat ich das, was jeder Seminarleiter mit Sinn für Anstand tun würde – ich bat die Teilnehmer um ihre Kommentare.

Zunächst herrschte peinliches Schweigen, dann sagte die Frau des Ehepaares, das die Rolle der potentiellen Unterstützer spielte: „Ich fühle mich, als sei ich von einem Lastzug überrollt worden!" Der erstarrte Blick der beiden bekräftigte noch ihre Aussage. Sogar während dem Rollenspiel war ihnen unbehaglich zumute.

In ihrem Wunsch, alles richtig zu machen, hatte dieses junge Paar alle Beteiligten aufs Äußerste zugetextet. Sie wollten auf keinen Fall vom Thema abgelenkt werden und ließen den potentiellen Unterstützern deshalb keine Gelegenheit für Fragen oder Kommentare; so konnten sie die Präsentation vollständig kontrollieren. Da sie eigentlich zurückhaltende, bescheidene Leute waren, war das Zuschauen bei dieser nicht dem Wesen des Paares entsprechenden Präsentation umso unerträglicher und qualvoller. Sie wollten ja nur alles richtig machen. Aber anstatt das andere Ehepaar in einen fokussierten Dialog über ihre Arbeit und ihren Bedarf an Unterstützung hineinzunehmen, führten sie einen anmaßenden Monolog.

In der nächsten Pause setzte ich mich mit dem Ehepaar zusammen und besprach mit ihnen, wie sie ihre Präsentation verbessern könnten. Sie konzentrierten sich immer noch auf ihr Manuskript und baten mich um Verbesserungsvorschläge. Ich sah nur eine Möglichkeit, wie man es verbessern konnte: Ich zerriss das Manuskript! Dann besprachen wir, wie sie ihre Arbeit aus ihren Herzen heraus vorstellen und gleichzeitig die potentiellen Unterstützer ins Gespräch mit einbeziehen könnten.

Nach der Pause wiederholten wir das Rollenspiel. Obwohl sich das Ehepaar anfänglich sehr unsicher fühlte ohne die schriftliche Krücke, brachten sie doch je länger je mehr eine große Leidenschaft zum Ausdruck, die in ihrem Drehbuch gefehlt hatte. Außerdem bekamen sie gute Rückmeldungen von dem anderen Ehepaar, das die Unterstützer spielte. Diese hatten sich jetzt in ein Gespräch eingebunden gefühlt, das Ziel und Richtung hatte, ohne dabei wie durch eine schlecht gemachte Verkaufsvorführung gezerrt zu werden.

! ***Vergiss nicht, dass du dabei bist ein Unterstützerteam aufzubauen und zu pflegen. Diejenigen, die sich deinem Team anschließen möchten, müssen sich darüber informieren können, was diese Entscheidung für sie und was sie für dich bedeutet. Und du musst sicher sein, dass deine Äußerungen auch so verstanden wurden, wie du sie gemeint hast. Ein gutes gezieltes Gespräch, in dem du weißt, was du willst, wird durch einen guten wechselseitigen Austausch im weiteren Verlauf sogar noch aufgewertet. Wir werden uns weiter hinten in diesem Buch noch genauer damit befassen, wie man dieses Ziel erreicht.***

„Ich habe den Eindruck, dass ich nur ‚Ja' sagen darf"

Du kennst dieses Gefühl. Jemand bittet dich um einen Gefallen. Eigentlich passt es dir gerade nicht, aber die Art, wie du gefragt wurdest, lässt dir keine andere Wahl, als ‚ja' zu sagen. Ein unangenehmes Gefühl.

Der Prozess rund um dein Unterstützerteam sollte wie ein Zimmer mit zwei Türen sein, wo auf der einen ‚Ja', auf der anderen ‚Nein' steht. Natürlich ermutigst du den anderen, die Tür mit ‚Ja' zu wählen (es wäre komisch, wenn du das nicht tätest!). Aber die Person, die du fragst, weiß auch, dass sie die Tür mit ‚Nein' wählen kann. Wie kommt es also, dass manche das Gefühl haben, es würde nur die Tür mit ‚Ja' geben?

Du wirst feststellen, dass du manchmal im Umgang mit potentiellen Unterstützern sehr zurückhaltend, fast entschuldigend bist; du möchtest nicht den Eindruck erwecken, dass du übermäßigen Druck auf die Leute ausübst, damit sie dich unterstützen. Aber gerade diese Art des Vorgehens bewirkt alles andere, als dass der Druck von den Leuten abfällt; dadurch kann bei den Unterstützern das Gefühl entstehen, dass sie keine andere Wahl haben, als dich zu unterstützen.

Stell dir Folgendes vor: Kurz vor Beginn des morgendlichen Sonntagsgottesdienstes fragt dich jemand, ob du ihn nach dem Gottesdienst nach Hause fahren könntest. Normalerweise würdest du sehr gerne eine Mitfahrgelegenheit anbieten, aber an diesem Sonntag möchtest du so schnell wie möglich nach Hause, um beim Beginn des Formel 1 Rennens dabei zu sein. Dich befallen leise Schuldgefühle, weil du noch vor Beginn des Kirchenkaffees heimwärts stürmen wirst – aber es ist das letzte Rennen in dieser Saison, und heute gilt es ernst für die Fahrer. Du hast auch ein paar Arbeitskollegen eingeladen und konntest dich sogar selber überzeugen, dass dieser Anlass eine wirklich gute Gelegenheit bietet, um den Kollegen von deinem Glauben zu erzählen! Zeitlich wird es für dich knapp, du hast sogar vor, dich schon während des letzten Liedes aus dem Staub zu machen. Nimmst du den anderen aber mit, bedeutet das, dass du den Start und die vieles entscheidende erste Kurve verpasst. Aber die Art, wie er dich fragt, drängt dich dazu, deine Kurve anders zu fahren als geplant! „Ich weiß, dass mein Zuhause nicht auf deinem Weg liegt, ich könnte sicher jemand anderen finden, aber besteht nicht doch die Möglichkeit, dass du mich nach dem Gottesdienst mitnimmst? Schon gut, wenn du bereits andere Pläne hast und es dir nicht möglich ist mich mitzunehmen. Ich möchte dir ja nicht zur Last fallen oder so."

Nun kennst du natürlich die Geschichte vom barmherzigen Samariter, besonders den Teil, wo zwei Leute zu beschäftigt waren, um dem Menschen in Not zu helfen. Du fühlst dich schuldig, wenn du nein sagst – schließlich ist es sicher wertvoller jemand mitzunehmen als ein Autorennen anzuschauen – auch wenn du ein noch so großer Fan bist und noch so gute Freunde hast, die dir dabei Gesellschaft leisten.

Ironischerweise denkt derjenige, der dir bei seiner Frage so viele Ausflüchte offen lässt, dass er dir dadurch das Neinsagen erleichtert. Aber das Gegenteil ist der Fall. Je mehr jemand bei seiner Anfrage zögert und sich entschuldigt, desto schwieriger ist es, nein zu sagen. Hätte dein Freund dich so gefragt: „Ist es dir möglich, mich nach dem Gottesdienst mitzunehmen?", wäre es viel einfacher gewesen zu antworten: „Normalerweise gern, aber heute möchte ich schon früher gehen, ich habe ein paar Arbeitskollegen eingeladen, um zusammen mit ihnen das Finalrennen der Formel 1 anzuschauen. Ich möchte ganz sicher zu Hause sein, bevor sie kommen. Hast du Jim schon gefragt? Er fährt sonntags manchmal in deine Richtung, wenn er seine Schwiegermutter abholt."

! **Achte darauf, dass du potentielle Unterstützer nicht in eine unangenehme Lage bringst, weil sie aufgrund deiner zögerlichen und halb-entschuldigenden Art der Bitte das Gefühl haben ‚ja' sagen zu müssen.** Eine Beziehung zu einem Unterstützer, die damit beginnt, dass der Unterstützer dich bedauert, ist keine gute Grundlage für den Aufbau einer lebenslangen Partnerschaft.

Es gibt noch einen weiteren Umstand, welcher jemanden in die unbehagliche Lage versetzen kann, ‚ja' sagen zu müssen: Derjenige, der nach Unterstützung fragt, tritt so überwältigend auf und seine Aufgabe ist so offensichtlich notwendig, dass ein Nein am Höhepunkt der alles entscheidenden Frage die gesamte Stoßkraft des Anliegens zerstören würde. In so einem Moment ist es schlicht einfacher „ja" zu sagen, damit man das Ganze hinter sich bringt!

! Pass auf, dass du deine potentiellen Unterstützer weder durch entschuldigende Zurückhaltung, noch durch unbändigen Wortschwall in die Jasager Ecke drängst.

„Ich verstehe nicht wirklich, wovon du sprichst"

Leute, die in der Missionswelt leben, sprechen eine eigenartige Sprache. Lange bevor es SMS gab, hatten christliche Werke und Missionsgesellschaften schon die Kommunikation in Anfangsbuchstaben und Abkürzungen künstlerisch vollendet. Man braucht nur einmal die Namen bekannter Missionsgesellschaften zu betrachten: JmeM, OM, DMG, CfC, WBÜ... die Liste ließe sich beliebig fortsetzen. Und wenn sie keine Anfangsbuchstaben und Abkürzungen gebrauchen, dann benutzen sie Ausdrücke, die nur Insider verstehen.

Ob es sich nun um den Namen einer Organisation, eine neue Strategie, eine Berufsbezeichnung, den Namen einer Abteilung oder einen anderen Bereich aus der Missionswelt handelt, du kannst sicher sein, dass ein Außenstehender bei all dem internen Jargon leicht verwirrt ist. Vor kurzem erzählte mir ein Mitarbeiter einer Gruppe, mit der ich arbeite, sie hätten schon 82 Prozent ihrer WUQ. Am nächsten Tag, in einer anderen Gruppe, versicherte mir ein Mitarbeiter, dass sein HRC schon voll im Einsatz sei. In beiden Fällen hatte ich das Gefühl, dass ich mich mit ihnen freuen und beeindruckt sein sollte, aber ganz sicher war ich mir nicht, was sie eigentlich meinten.

Weil du in der Missionswelt lebst, benutzt du intern selbstverständlich einen gewissen Missionsjargon. Aber die Menschen, die du um Unterstützung anfragst, sind Außenstehende, die vielleicht gar nicht so sehr an deinem Missionswerk oder an deiner Arbeit, sondern mehr an dir selbst interessiert sind. Wenn du mit ihnen kommunizierst, dann **gebrauche normale Wörter, eine für jedermann verständliche Sprache**. Wenn du tatsächlich mal einen Insider-Begriff benutzen musst, dann erkläre ihn.

Wenn du schon einmal in einem fremden Land warst, dessen Sprache du nicht kanntest, dann kennst du das Gefühl, wenn man nicht versteht, was um einem herum vorgeht. **Setze deine potentiellen Unterstützer nicht diesem unangenehmen Gefühl aus, indem du in einer Fremdsprache kommunizierst, die sie nicht verstehen. Deinen Unterstützern ist es vielleicht außerdem noch peinlich, dich andauernd um Erklärungen zu bitten.**

„Ich bin mir nicht sicher, ob ich genug weiß"

Jeder potentielle Unterstützer braucht unterschiedliche Informationen, um eine fundierte Entscheidung hinsichtlich deiner Unterstützung zu treffen. Deine engsten Freunde, die dich gut kennen und dir vertrauen, benötigen dazu eher weniger Informationen. Aber sehr wahrscheinlich wirst du auch Leute außerhalb deines engsten Freundeskreises ansprechen müssen, um dein Ziel zu erreichen. Sie wissen wahrscheinlich wenig über die Hintergründe, weshalb du gerade diesen Weg eingeschlagen hast. Auch ihr Wissen über dein Missionswerk und die Bedürfnisse, auf die sich deine Arbeit ausrichtet, ist wahrscheinlich bruchstückhaft. Selbst wenn du zwei bis drei (oder mehr) Rundbriefe verschickt hast, kannst du nicht davon ausgehen, dass sie auch gelesen wurden.

Deine Informationen sind dir täglich gegenwärtig – du lebst darin. Deine potentiellen Unterstützer nicht. Wenn du erwartest, dass diese Leute durch einen wundersamen Prozess der Gedankenübertragung alles über den Hintergrund deiner Arbeit erfahren, wirst du enttäuscht werden, und für sie wird es unbehaglich.

Vielleicht denkst du, dass ein potentieller Unterstützer genauso gut informiert ist wie du, obwohl du dir die ganzen Einzelheiten über deine Arbeit wochen- oder sogar monatelang angeeignet hast. Aber warum sollte das der Fall sein? **Stelle Verständnisfragen** um sicherzustellen, dass dieser Bekannte, der dich vielleicht unterstützen will, alle Informationen für eine durchdachte Entscheidung bekommen hat. Schlecht informiert in einer Sache entscheiden zu müssen, kann äußerst verwirrend und unangenehm sein. Es ist so, als ob jemand, den du nicht besonders gut kennst, dich fragt: „Möchtest du gehen?" Natürlich erkundigst du dich in diesem Fall zuerst nach dem Wohin, Wann, Warum und wie lange du weg sein wirst.

Aber lass dir sagen: Selbst wenn du dich bemühst, einen potentiellen Unterstützer so gut wie möglich über dein Missionswerk zu informieren, kann es schief gehen. In der folgenden Geschichte habe ich manche Einzelheiten verändert oder etwas verschleiert, um die Beteiligten nicht bloßzustellen.

Colin arbeitete für Neil, einen christlichen Wirtschaftsprüfer, der bei verschiedenen Missionswerken als Berater tätig war. Obwohl ihm seine Arbeit gefiel, spürte Colin, dass die Zeit reif war für einen Wechsel, und er nahm eine Stelle im Büro der ABC-Mission an. ABC war nicht nur Kunde von Neil, sondern Neil hatte auch eine hohe Meinung von dieser Organisation. Er hatte ABC in der Vergangenheit immer wieder ausgeholfen. Neil war gerne bereit, Colin in seiner neuen Arbeit halbjährlich mit einem Scheck über einen höheren Betrag zu unterstützen. Er hielt Wort, der erste Scheck kam im ABC-Büro an – allerdings ausgestellt auf CBA, eine völlig andere Organisation!

„Und die Moral von der Geschicht'? Selbst gut informierte Unterstützer packen's manchmal nicht." Erwarte nicht zu viel, dann wirst du nicht enttäuscht werden. Wenn du aber zu viel erwartest, können du und deine Unterstützer leicht in Verwirrung geraten.

„Ich bin jetzt gut über deine tägliche Arbeit informiert, aber was bewirkt dein Dienst im Endeffekt?

Die Tatsache, dass du mitten in deinen täglichen Aufgaben steckst (oder bald stecken wirst), kann dazu führen, dass du dich ganz schnell in diesem Prozess verfängst und das Endprodukt deiner Arbeit aus den Augen verlierst – nämlich die Menschen, die direkt oder indirekt durch deine Arbeit in irgendeiner Weise von der Liebe Gottes berührt werden.

Egal wie du deine Unterstützung erhältst, ich vermute, dass der Löwenanteil dieses Geldes für allgemeine Lebenshaltungskosten ausgegeben wird – Wohnen, , Lebensmittel, Fahrtkosten usw. Warum sollten diese Ausgaben deine Unterstützer begeistern, wo die meisten von ihnen doch mit ihrem eigenen Lebensunterhalt zurechtkommen müssen?

Die Antwort auf diese Frage liegt nicht in der Arbeit, die du jeden Tag tust, sondern darin, was am Ende dabei **herauskommt**. Zwischen beidem besteht ein großer Unterschied. Das, was du täglich tust, ist vielleicht nicht sehr aufregend. Vieles ist Routine, manches wird sogar von Zeit zu Zeit langweilig. Aber alles, was du tust, zielt in der einen oder anderen Weise darauf ab, dass irgendjemand irgendwo auf der Welt von der Liebe Gottes hört, sie erkennt oder anderswie erlebt.

Vor einigen Jahren führte *Mission Aviation Fellowship* (MAF) unter ihren Unterstützern eine Umfrage durch. Sie fanden heraus, dass die meisten nicht an der Fliegerei interessiert waren. Das ist natürlich ein Problem für eine Mission, deren Hauptaufgabe es ist, Leute mit dem Flugzeug zu befördern! Die Unterstützer waren vielmehr an den Menschen interessiert, die Hilfe bekamen, weil MAF-Mitarbeiter in schwer zugängliche Gebiete geflogen hatte. Deshalb liest man in der Zeitschrift von MAF viel mehr Geschichten über das Wirken von Ärzten oder Evangelisten, als über Piloten und Flugzeugmechaniker. Und wenn du die Fotos in dem Heft anschaust, wird dir auffallen, dass im Vordergrund die Person zu sehen ist, die von einem MAF-Mitarbeiter Hilfe bekommen hat, während das Flugzeug im Hintergrund steht.

Ja, MAF fliegt Leute – das ist ihr Auftrag. Aber sie tun es nur, weil es hilfsbedürftige Menschen gibt, denen am besten durch Spezialisten mit bestimmten Gaben und Fähigkeiten geholfen werden kann, und die wiederum werden von MAF eingeflogen. Man muss – als Einzelperson oder als Missionswerk – weise sein, um zu erkennen, dass Unterstützer sich mehr für das Ergebnis der Arbeit interessieren als für die tägliche Routine.

Ja, es wird immer auch Leute geben, die sich für irgendein verstecktes Detail deiner Arbeit interessieren, aber wichtig ist vor allem, dass du genau erklären kannst, wie deine Arbeit letztlich Menschen zugute kommt, auch wenn dir das sehr indirekt erscheint.

Die meisten Leute unterstützen gerne Menschen, die sie kennen. Sie freuen sich auch, dass ihre Gabe im Leben eines Menschen irgendwo auf der Welt etwas bewirkt. Die wenigsten wollen lediglich einen Prozess unterstützen, auch wenn ihr guter Freund daran beteiligt ist.

! *Sammle Geschichten von Menschen, die durch dein Missionswerk mit der Liebe Gottes in Berührung kamen und dadurch eine Lebenswende erfahren haben. Das ermutigt und begeistert die Unterstützer viel mehr als die Einzelheiten deines Dienstes oder was genau du mit deiner Zeit oder mit ihrem Geld anfängst.*

„Ich weiß nicht genau, wie viel ich geben soll"

Der Direktor einer englischen Missionsgesellschaft besuchte einen Geschäftmann, um ihn um einen finanziellen Beitrag für ein neues Projekt zu bitten. Die beiden Männer waren nicht miteinander be-

kannt, aber ein gemeinsamer Freund, der die Mission bereits unterstützte, stellte diesen Kontakt her, und der Geschäftsmann erklärte sich für ein Treffen bereit. Kaum hatten sie sich begrüßt, sagte der Geschäftsmann: „Ich bin es leid, mit christlichen Organisationen zu verhandeln, die meine Unterstützung möchten, mich aber im Unklaren darüber lassen, was genau sie von mir wollen. Erklären Sie mir, warum ihr Projekt wichtig ist, wie Leute als Resultat Ihrer Arbeit profitieren, was es kostet, wie viel Geld Sie bereits dafür erhalten haben und wie viel Sie von mir erwarten. Ich werde Ihnen dann sagen, ob ich diesen Betrag geben möchte."

Dieser Geschäftsmann drückte in unverblümter Form aus, was viele Unterstützer empfinden. Sie fühlen sich unwohl, wenn sie nicht genau wissen, was du von ihnen möchtest. Heute geben die meisten aus ihrem Überfluss heraus, es bedeutet also kein Opfer. Es ist unwahrscheinlich, dass eine große Anzahl von Menschen bereit ist, den eigenen Lebensstandard zu senken, um dir Geld geben zu können. Wir leben in einer Überflussgesellschaft, die meisten besitzen mehr Geld, als sie wirklich brauchen. Deine Unterstützer brauchen deshalb Hilfe, um sich zu entscheiden, wie viel sie geben sollen.

Mit deinem christlichen Dienst gehst du eine ernste Verpflichtung ein. Du baust ein Team von Unterstützern auf, von denen du hoffst, dass sie deine Arbeit auch ernst nehmen. Anfangs werden einige interessierter sein als andere, und einige werden mehr geben können als andere. Eigentlich ist es nicht so wichtig, was du brauchst, sondern es ist wichtiger, was sie geben können und wollen.

Ich bin nicht unbedingt dafür, den Leuten, die ich um regelmäßige monatliche Unterstützung bitte, einen bestimmten Betrag zu nennen, obwohl ich weiß, dass einige das tun und damit Erfolg haben. Wozu ich allerdings ermutigen möchte, ist, **dem potentiellen Unterstützer gewisse Größenordnungen als Anhaltspunkte zu nennen.** Wenn du gerade anfängst, Unterstützer für dein Team zu suchen, könntest du z. B. Folgendes sagen: „Ich freue mich über jede Summe, ganz gleich wie hoch. Vielleicht hilft dir Folgendes: Ich suche 3 oder 4 Leute, die monatlich 75 bis 100 Euro geben können, ungefähr 6 bis 10 Leute, die 50 bis 75 Euro und 10 bis 20, die 25 bis 50 Euro monatlich geben können."

Wenn deine Anfangsquote erfüllt ist und du dich an jemanden mit durchschnittlichem oder sogar überdurchschnittlichem Einkommen wendest, könntest du sagen: „Ich freue mich über jede Summe, ganz gleich wie hoch. Falls es Dir bei deiner Entscheidung hilft: Meine Unterstützer geben im Durchschnitt 35 Euro pro Monat, aber es gibt auch solche, die bis zu 100 Euro monatlich geben." Sprichst du mit jemandem, der ein eher niedriges Einkommen hat, dann sag es so: „... Meine Unterstützer spenden mir im Durchschnitt 35 Euro pro Monat, aber es gibt auch solche, die 7 Euro monatlich geben." Wenn du dein Anliegen so vorbringst, bestehst du nicht auf einem bestimmten Betrag, aber du gibst ihnen gewisse Richtlinien für ihre Entscheidung.

Wenn du den Leuten keine Hilfe anbietest, werden sie meistens weniger geben, als sie eigentlich könnten. Sie möchten nicht ganz oben in deinem Team stehen (sie könnten dadurch ja überheblich wirken) und deswegen pendeln sie sich auf einem niedrigeren Niveau ein. Wenn du ihnen die verschiedenen Möglichkeiten aufzeigst, fühlen sie sich viel eher im Stande, sich für einen angemessenen Betrag zu entscheiden, den sie nur zu gern geben und der dir eine große Hilfe ist.

Je mehr du über den potentiellen Unterstützer und seine Interessen weißt, desto spezifischer kannst du ihm die verschiedenen Möglichkeiten aufzeigen. Du läufst dann nicht

Gefahr, jemanden in die peinliche Lage zu versetzen, dass du ihn um eine viel höhere Summe bittest, als er geben kann oder will. Umgekehrt bittest du dann auch nicht um einen zu niedrigen Betrag, der deinen Dienst nicht ernsthaft erscheinen lässt. Man neigt eher dazu, zu tief anstatt zu hoch einzusteigen. Weiter hinter in diesem Buch werde ich noch näher darauf eingehen.

! **Hüte dich auch vor der „Liebe Freunde"- Vorgehensweise.** Bitte nicht ganz allgemein in deinem Rundbrief um Unterstützung, so nach dem Motto: „Wenn jeder, der diesen Rundbrief empfängt, 10 Euro pro Monat geben könnte, hätten wir 100 Prozent unserer Unterstützung erreicht." Wenn du dieses Arbeitsbuch von Anfang an durchgearbeitet hast, hoffe ich, dass du erkennst, dass bei dieser Art Aufruf einiges falsch läuft. Ein großer Fehler besteht in der Annahme, dass alle Empfänger gleich viel geben können und wollen. Was ist, wenn ich wirklich Interesse habe, aber mit meiner Rente kaum durchkomme? Vielleicht kann ich mir nur 5 Euro pro Monat leisten. Deine Bitte um 10 Euro schließt mich dann aber von deinem Missionspartnerteam aus. Oder was wäre, wenn ich ebenfalls interessiert bin, aber locker 100 Euro pro Monat geben könnte? Dein Dienst hätte in meinen Augen 90 Prozent an Wert verloren.

„Ich weiß nicht, was ich als Nächstes tun soll"

Stell dir vor, du hast Leuten deine Arbeit vorgestellt, und sie sind richtig begeistert von deinen Zielen. Ja, sie möchten dich gern unterstützen. Aber leider hast du gerade weder Formulare noch die passenden Einzahlungsscheine dabei. Du versprichst, ihnen die Formulare in den nächsten Tagen zu besorgen, doch dann bist du sehr beschäftigt und eine Woche vergeht, und dann noch eine. Bis dahin hast du längst vergessen, wem du die Formulare schicken wolltest.

Auch bei den potentiellen Unterstützern geht das normale Leben weiter, die anfängliche Begeisterung lässt nach. Noch haben sie ihre Meinung nicht geändert, aber nach einigen Wochen verblasst der erste Eindruck, und sie sind nicht mehr so voller Tatendrang wie an jenem ersten Abend, als du ihnen deine Arbeit vorgestellt hast. Und wenn sie es sich nochmals recht überlegen, sind sie auch nicht mehr ganz sicher, wie das mit den Formularen war. Wolltest du sie besorgen oder war das ihre Aufgabe? Inzwischen ist alles ein bisschen verschwommen. Im Endeffekt hast du sehr wahrscheinlich einen potentiellen Unterstützer verloren, und bei ihnen bleibt ein ungutes Gefühl zurück, die Sache nicht recht besiegelt zu haben.

! ***Erleichtere deinen Unterstützern die Arbeit. Führe immer und in jedem Fall alle Unterlagen mit, die der potentielle Unterstützer braucht, damit er deine Bitte umsetzen kann. Es ist viel angenehmer für ihn, wenn er das, was er dir versprochen hat, in einem Zuge erledigen kann.***

„Es liegt an mir dranzubleiben!"

Oft ist es so, dass Leute, die du um Unterstützung bittest, eine gewisse Bedenkzeit benötigen. Sie wollen erst noch darüber nachdenken und beten, dein Anliegen mit ihrem Ehepartner besprechen und den Betrag festlegen, den sie geben können. In diesem Fall scheint es richtig zu sein, dem potentiellen Missionspartner den nächsten Schritt zu überlassen. Aber trotzdem ist es ihnen gegenüber nicht fair.

In der kurzen Zeit, in der du mit ihnen über deine finanziellen Bedürfnisse gesprochen hast, hatte dein Anliegen höchste Priorität für sie. Aber du kannst nicht erwarten, dass es in ihrem Leben die ganze Zeit über, bis sie ihre endgültige Entscheidung getroffen, den Betrag festgelegt, den Dauerauftrag ausgefüllt und dir alles zugeschickt haben, den gleichen hohen Stellenwert behält.

Blättere noch einmal zurück zu den Beispielen auf Seite 85ff. Wen solltest du heute noch einmal kontaktieren?

Das heißt nicht, dass diese Leute ihre Meinung geändert haben. Aber dein Anliegen muss noch einmal wenigstens 10 Minuten lang Priorität haben, damit sie den angefangenen Prozess auch tatsächlich zu Ende führen. Bei eurem ersten Gespräch sagen die Leute leicht in ihrer anfänglichen Begeisterung, dass sie sich bei dir melden werden, wenn sie sich entschieden haben. Da ist es hilfreich, gleich Nägel mit Köpfen zu machen. Frage sie, wann sie dich ungefähr anrufen werden und lass dir die Möglichkeit offen, selber auf sie zurückzukommen.

Briefe

Dasselbe gilt, wenn du Leute per Brief anfragst, ob sie dich unterstützen möchten, vielleicht einen Freund, der jetzt so weit weg wohnt, dass ein persönlicher Besuch ein zu großer Aufwand wäre (einen Beispielbrief findest du weiter hinten in diesem Buch). Schreibe als P.S. drunter: „Ich werde dich in ein paar Tagen anrufen, um zu hören, wie du darüber denkst", das gibt dir nicht nur die Gelegenheit, an der Sache dranzubleiben, sondern zeigt deinem Unterstützer, dass er nicht die Verantwortung für die nächsten Schritte trägt.

Vorsicht beim Versenden von Briefen! Es dauert manchmal länger, als du denkst, jemanden tatsächlich ans Telefon zu bekommen. Mach nicht den gleichen Fehler wie ein Freund von uns, der einmal zur selben Zeit fast 70 Briefe an potentielle Missionspartner verschickte, alle mit dem Versprechen, in den nächsten Tagen anzurufen. Erst als er die Briefe in den Briefkasten geworfen hatte, wurde ihm mit Schrecken bewusst, dass er sein Versprechen nicht würde halten können. Es war ihm peinlich, dass er einige Monate brauchte, um alle zu erreichen. Viele hatten bis dahin vergessen, dass er ihnen überhaupt geschrieben und sie um Unterstützung gebeten hatte!

Zusammenfassung

Wenn du ein Unterstützerteam aufbaust, wirst du mit der Zeit bestimmte Vorgehensweisen entwickeln, die für dich passend sind, wirst deinen Dienst auf ganz bestimmte Weise erklären, bestimme Worte verwenden, die dein Anliegen gut rüberbringen, du wirst herausfinden, wie du deinen Unterstützern die Bedürfnisse der Menschen, die von deiner Arbeit profitieren, am besten veranschaulichst.

Jeder Mensch, den du ansprichst, ist unterschiedlich, sowohl in seiner Persönlichkeit als auch in seinem Wissen über dich und deine Arbeit, in seinem Interesse daran. Aber du wirst Wege finden, um deine Botschaft trotz dieser Unterschiede klar zu kommunizieren.

Du wirst auch lernen, dich in deine Unterstützer hineinzuversetzen und je nachdem, wer dein Gesprächspartner ist, deinen Dienst so vorzustellen, dass der andere sich innerhalb seines Umfeldes angesprochen fühlt.

All das ist positiv, und du solltest deinen eigenen wirksamen Kommunikationsstil entwickeln und ihn verbessern. Wenn du deine Fähigkeiten in diesem Bereich ausbaust, wird dir das in den kommenden Jahren in vielen Bereichen deines Dienstes zugute kommen.

8. STELL DICH DEN RIESEN

Beim Aufbau eines Unterstützerteams versperren manchmal Riesen unseren Weg . Dabei sehen diese Riesen bei jedem von uns anders aus – vielleicht haben sich negative Gefühle oder schlechte Erfahrungen aus der Vergangenheit eingeschlichen . Was auch immer, wenn du diese Riesen nicht anpackst, zwingen sie dich etwas zu glauben, das deinen Fortschritt blockiert.

Nun, wie gehst du mit diesen Riesen um, die oft Unglauben wecken? Schauen wir uns eine Situation an, in der andere Menschen Riesen begegneten, welche ihnen den Weg versperrten.

Gott versorgte das Volk Israel während einer Zeit der Hungersnot, indem er Joseph gebrauchte, damit sie nach Ägypten ziehen konnten. Vierhundert Jahre später befanden sie sich immer noch dort. Wahrscheinlich war es ihnen in dem guten Land, das der Pharao ihnen gegeben hatte, zu gemütlich geworden; jedenfalls wurden aus den sieben Jahren, in denen Gott sie während der Hungersnot versorgt hatte, vier Jahrhunderte fern von der Heimat.

Das Leben lief für die Israeliten schon bald anders, als „...ein neuer König, der nichts von Joseph gehört hatte, in Ägypten an die Macht kam“, so lesen wir am Anfang von 2. Mose. Dieser neue König hatte keine Ahnung, wie viel Dankbarkeit die Ägypter Joseph schuldeten, so dass er seine Leute gegen die Israeliten aufbrachte. Sehr schnell änderte sich dadurch ihr Los: Aus gut eingelebten Fremden wurden gefangene Sklaven. Den Israeliten begann es an allem zu fehlen, sie befanden sich von nun an im *Land des Ungenügens*: nicht genug Lebensraum für die Kinder; nicht genug Zeit, um alles zu erledigen, was die Sklaventreiber von ihnen verlangten; nicht genug Material, um die erdrückenden Aufträge auszuführen. Zusammengefasst: Ihre Lebenssituation wurde unerträglich.

Dann kommt Mose und verkündet, dass er sie zurück in die Heimat, ins Land der Fülle, führen wird, zurück in die von Gott gegebene Bestimmung. Die Israeliten mussten wohl gedacht haben, Mose sei nicht ganz bei Sinnen. Ein 80-jähriger Fremdling, den niemand kannte, dessen Akzent eher ägyptisch war als hebräisch, der außerdem beim Reden stotterte, wie ein Schafhirte roch und aus dem Nichts auftauchte und behauptete, dass er die Zukunft der Israeliten sei!

Allerdings sahen sie dann in den darauf folgenden Wochen, wie Gott dramatische Dinge durch diesen alten Mann tat. Auf jedes vom Pharao gebrochene Versprechen folgte mit zunehmender Härte eine Plage nach der anderen. Nach dem Tod aller erstgeborenen Ägypter war dem Pharao schließlich bewusst, dass er geschlagen war, und er ließ die Israeliten gehen. Die Ägypter waren so froh, die Israeliten nur noch von hinten sehen zu müssen, dass sie ihnen sogar Gold, Silber und Kleidung mit auf den Weg gaben.

Pharao unternahm dann einen letzen Versuch, um diesen Zermürbungskrieg mit Mose doch noch zu gewinnen, indem er den Israeliten seine Armee hinterherschickte. Doch die Armee ertrank, als das Rote Meer über ihr zusammenkrachte, kurz nachdem Mose seine Leute durch denselben Landstrich geführt hatte, als das Meer für sie offenstand.

Nun also waren die Israeliten endlich frei. Aber sie waren immer noch nicht an ihrem Bestimmungsort angekommen. Sie hatten das *Land des Ungenügens* verlassen, hielten sich in Richtung *Land der Fülle*, mussten dazu jedoch das *Land des gerade Genug* durchwandern.

Gerade genug Essen jeden Tag mit dem Manna und den Wachteln, die Gott bereitstellte. Gerade genug Wasser mit den Wundern, die Gott durch Mose vollbrachte.

Aber dieses *Land des gerade Genug* war lediglich eine Durchgangsstrasse, nicht das Endziel. Es war ein Ort um zu lernen und vorwärts zu gehen.

Schließlich erreichten sie die Grenze vom *Land der Fülle*. Dieses Land war Gottes Bestimmung für sie. Die Israeliten hatten von Eltern und Großeltern Geschichten über dieses Land gehört. Aus diesem Land also stammte Joseph. Das war das Land, das Gott ihnen versprochen hatte. Und jetzt konnten sie es sehen. Sie konnten es riechen. Sie waren *so* nah dran.

Mose benötigte Informationen, um seinen Schlachtplan zu erstellen. Zu diesem Zweck sandte er 12 Männer aus, ein jeder von ihnen Anführer seines eigenen Stammes, damit sie das Land ausspionierten. Er bat sie *nicht* darum zu entscheiden, ob man das Land einnehmen könnte. Gott hatte ihnen ja schon mitgeteilt, dass sie gewinnen würden, zudem hatte er schon dutzendfach bewiesen, sowohl im *Land des Ungenügens* als auch im *Land des gerade Genug*, dass er mächtig genug war, jedes Hindernis auf dem Weg seines Volkes ins *Land der Fülle* zu überwinden.

! **Stell dir vor, du bist ein Hebräer, deine Bestimmung ist in greifbarer Nähe, du wartest angespannt darauf, dass die Spione zurückkehren.** Was ist wohl mit ihnen passiert? Wurden sie umgebracht? Was haben sie entdeckt? Dann, nach beinahe sechs bangen Wochen, siehst du, wie die Spione zurückkehren. Alle 12 haben überlebt. Sie haben es sogar geschafft, riesige süße und saftige Trauben sowie haufenweise Granatäpfel und Feigen mitzubringen!

„Ja", erzählen sie, als sie Bericht erstatten, „das Land ist fantastisch, es gibt großartige Früchte dort, außerdem viel Milch und Honig. ABER wir können es nicht erobern. Alle Bewohner dort sind Riesen. Sie sind alle stärker als wir. Es ist sinnlos, es nur schon zu versuchen. Wir werden allesamt vernichtet werden."

Angesichts so schonungsloser Negativität verliert das Volk Israel das Vertrauen in Gottes Bestimmung und stürzt ab in Verzweiflung, Verwirrung, Wut, Unglaube und Angst. Nach alldem kann das doch nicht Gottes Plan gewesen sein. Wie konnte Mose nur so danebenliegen? Obwohl zwei Spione der Meinung sind, dass man am ursprünglichen Plan festhalten kann, bleiben die übrigen zehn eisern: „Das schaffen wir nicht. Wir trauen uns nicht über den Fluss. Wir werden alle umkommen."

Aber einen Plan B gibt es nicht. Also, was nun? Und was sollst du deinen Kindern sagen, nachdem sie dir während der gesamten Reise trotz aller Furcht vertraut haben?

In nur wenigen Minuten haben die Israeliten einen Glaubenssatz, der sie befähigte ihre Bestimmung zu erfüllen, eingetauscht für die Annahme, dass sie es nicht schaffen können. Diese Annahme ist ebenso ein Glaubenssatz, allerdings baut sie nicht auf Gottes bewiesener Kraft auf. Stattdessen lassen sich die Israeliten durch die Angst von zehn Männern leiten. Und das hält sie davon ab ins *Land der Fülle* zu gelangen.

Was ist also schiefgelaufen?

- Erstens hielten sich die Spione nicht an die Anweisung. Ihr Auftrag war es, Informationen zu sammeln, und nicht ein auf diesen Informationen basierendes Urteil zu fällen.
- Zweitens glaubten sie einer Lüge – „alle Menschen, die wir dort sahen, waren riesengroß", erzählten sie. Entsprach das der Wahrheit? War *jeder* ein Riese? Oder neigten sie aufgrund ihrer Furcht zu Übertreibungen? Jedenfalls hatten alle Spione dort 40 Tage überlebt und waren unversehrt zurückgekehrt.

- Drittens entwickelte sich dadurch, dass sie einer Lüge glaubten, ein selbst verursachter Minderwert – „in unseren Augen schienen wir wie Grashüpfer." In erster Linie war das ihre Sicht von sich selber, es entsprach also nicht dem Bild, das andere von ihnen hatten.
- Viertens nahmen sie an, dass andere sie genau so sahen, weil sie der Lüge glaubten und ein ungesundes Selbstbild hatten – „und in den Augen der anderen erschienen wir ebenso." Wie konnten sie das wissen? Hatten sie die Riesen etwa gefragt? „Entschuldige, Riese, sehe ich in deinen Augen aus wie ein Grashüpfer?"
- Der letzte und bedeutendste Punkt ist schließlich, dass die zehn Spione in ihrem Auftrag Gott aus den Augen verloren und das übrige Volk von einer göttlichen Perspektive abbrachten.

Ja, es gab großgewachsene Menschen im Land. Aber sie waren als Feinde schon dem Untergang geweiht. Gott hatte den Israeliten ganz deutlich gesagt, dass sie das Land einnehmen würden. Kaleb und Josua versuchten ihr Bestes, um das Volk daran zu erinnern: „Fürchtet euch nicht vor den Bewohnern des Landes, denn wir werden sie vertilgen. Ihr Schutz ist verschwunden, aber der Herr ist mit uns. Fürchtet euch nicht vor ihnen." (4. Mose 14,9) Aber es war schon zu spät. Es herrschten bereits die Gesetze der Masse. Inmitten einer Welle von Furcht drohte Josua und Kaleb die Steinigung, weil sie sich der Mehrheit widersetzten.

Im Verlauf der darauf folgenden traurigen Ereignisse wird weiter aufgezeigt, wie das Volk seine von Gott gegebene Bestimmung zurückweist.

Stell dich deinen eigenen Riesen

Ich hoffe, die folgende Übung wird dir dabei helfen, wie du mit Unglauben aller Art umgehen kannst; Unglaube kann sich dann bei dir einschleichen, wenn du auf dem Weg zu deinem Missionspartnerteam Riesen begegnest.

Stell dir vor, du bist einer aus dem Volk Israel und steckst in der Situation fest, die wir soeben angeschaut haben. Du bist gleich alt und hast dieselben familiären Verpflichtungen wie im realen Leben. Versetz dich einfach ein paar tausend Jahre zurück in die Menschenmenge, die soeben den Bericht der zurückgekehrten Spione vernommen hat.

Denk daran, du weißt nicht, wie die Geschichte weitergeht – Kapitel 14 wurde noch nicht geschrieben! Du bist ganz in die Anspannung und Verwirrung des Moments verwickelt. Noch vor einigen Minuten hat dich dein Glaube denken lassen, dass du zur ersten Generation gehören würdest, die nach 400 Jahren im von Gott verheißenen Land lebt. Aber nun ist diese Überzeugung in tausend Scherben zerbrochen. Jetzt sagt dir dein Unglaube, dass du es nicht schaffen kannst – und niemals wirst.

Geh mit mir nun diese Fragen durch. Ich habe einige mögliche Antworten gegeben, aber du kannst auch noch deine eigenen hinzufügen.

F: ***Dein Unglaube sagt dir, dass du es nicht ins Land hinein schaffst. Woher kam diese Überzeugung?***

A: Aus dem Bericht von den zurückgekehrten Spionen.

F: ***Wer veranlasste dich dazu, diesen Unglauben zu übernehmen?***

A: Die Spione. Zwei von ihnen meinten zwar, dass wir es schaffen könnten, aber die anderen sagten, es sei nicht möglich.

F: ***Achtest du die Leute, die dir diese Überzeugung vermittelt haben?***

A: Ja, selbstverständlich. Einer von ihnen ist Stammesältester in meinem Stamm. Sein Zelt befindet sich gleich oben an der Strasse, ein wenig entfernt von unserem. Als er die letzten 40 Tage weg war, habe ich mit einigen aus seiner Familie zu Mittag gegessen. Er ist ein guter Mann, und ich vertraue ihm. Für Mose mag das schon okay sein zu sagen, wir sollten weiterziehen. Er ist eher reserviert und lebt nicht gerade in meiner Nähe. Außerdem ist er ja nicht selber ins Land gegangen, wie kann er also sicher sein, dass alles gut wird? Ich muss mich an die Person halten, die ich am besten kenne und der ich vertraue.

F: ***Was kostet es dich in deinem Alltag, wenn du an diesem Unglauben festhältst?***

A: Im Moment kostet es mich alles, worauf ich gehofft habe. Ich bin total verzweifelt und durcheinander. Ich weiß einfach nicht, was ich denken soll. Am schlimmsten war es, das Ganze meinen Kindern zu erklären. Sie haben mir vertraut, und ich habe sie im Stich gelassen. Ich weiß nicht, wo Gott in all dem steckt. Ich hab Angst vorwärts zu gehen, aber zurück möchte ich auch nicht – zurück wohin auch? Einige meinen, wir sollten nach Ägypten zurück, und obwohl ich das für keine so gute Idee halte, weiß ich auch keine andere Lösung.

F: ***Wie wirkt sich das Festhalten an diesem Unglauben dauerhaft aus auf dich und die Menschen, die du lieb hast?***

A: Ich wünschte, ich wüsste die Antwort. Und hör auf, es Unglauben zu nennen! Du hast gut Reden. Alles, was du tust, ist ein Buch über Missionspartnerentwicklung zu schreiben. Ich steck hier fest und hab keinen blassen Schimmer, was ich tun soll. Aber um deine Frage zu beantworten, ich schätze, mein Vertrauen auf Gott ist dahin, und ich hab keine Ahnung, was die Zukunft bringt. Langfristig sieht es schlecht aus. Wenn wir in der Wüste bleiben, werden wir sterben. Wenn wir versuchen ins Land einzudringen, werden wir umgebracht. Wenn wir nach Ägypten zurückgehen, werden wir bestenfalls wieder als Sklaven enden; aber wahrscheinlicher ist wohl, dass wir getötet werden. Und nun sitze ich also hier mit Ausblick auf eine Zukunft der totalen Verwirrung und Hoffnungslosigkeit, ohne Gott und das Vertrauen meiner Kinder, und niemand ist da, dem ich als Anführer vertrauen kann.

F: ***Wie würde sich dein Leben ändern, wenn du diesen Unglauben loslassen würdest?***

A: Da haben wir's, du hast schon wieder *Unglaube* gesagt! Ich wünschte, ich *könnte* ihn loslassen, aber sie reden davon, dass diejenigen gesteinigt werden, die behaupten, dass wir immer noch ins Land eindringen können. Wie dem auch sei, ich habe den Glauben an die Vorstellung verloren, dass wir ins Land hinein kommen. Aber an *irgendwas* muss ich ja glauben. Wenn ich also aufgebe, was du *Unglauben* nennst, also die Annahme, dass wir nicht weiterkommen, dann muss ich es mit dem Glauben versuchen, dass es besser für uns wäre, einen neuen Anführer zu finden und zurück nach Ägypten zu gehen. Das Gefühl, das ich dabei empfinde, gefällt mir gar nicht, aber ich habe keine andere Überzeugung, an die ich mich festklammern könnte.

! Zurück zu dir in der Wirklichkeit. Wahrscheinlich wirst du dich nicht in einer solch ernsten oder tragischen Situation befinden wie im Rollenspiel. Aber es kann sein, dass du an einer Überzeugung festhältst, die deinen Fortschritt im Prozess der Missionspartnerentwicklung behindert. Vielleicht bezweifelst du, dass du das von der Missionsorganisation gesteckte finanzielle Ziel erreichen kannst und tust es ab, indem du dir sagst, es sei zu hoch. Oder vielleicht haben dir deine Eltern von Klein auf eingebläut, dich niemals von anderen abhängig zu machen; jetzt suchst du Missionspartner, die dich finanziell unterstützen, und kommst dir dabei wie ein Bettler vor. Vielleicht hindert dich auch die Angst vor Ablehnung daran, auf Leute zuzugehen und mit ihnen über deinen Dienst zu sprechen und sie darum zu bitten, deine Anfrage nach Unterstützung zu prüfen.

Manchmal halten wir an unserem Unglauben fest, weil wir keine guten Alternativen sehen, genau wie das Volk Israel. Wir bauen uns Schutzschilder auf, die es uns erlauben, auch weiterhin an dieser Überzeugung festzuhalten.

! Sei ehrlich mit dir selbst. Wenn dich etwas blockiert, dann benenne es; versteck dich nicht hinter irgendwelchen Ausreden. Versuch dich durch die folgenden Übungen durchzuarbeiten und beobachte, ob dir das hilft.

! *Und denk daran, Gott ist immer größer als jeder Riese, der deinen Fortschritt behindert.*

Gibt es da etwas, das deinen Fortschritt im Prozess der Missionspartnerentwicklung einschränkt? Selbst wenn andere der Meinung sind, dass es sich dabei um Kleinigkeiten handelt, solange es dich blockiert, ist es für dich ein ‚Riese' und du musst lernen mit ihm umzugehen.

Eine Überzeugung/ein Unglaube, die/der mich in meinem Prozess bei der Missionspartnerentwicklung behindert, ist ...

Woher kommt diese Überzeugung/dieser Unglaube?

Wer hat dir diese Überzeugung/diesen Unglauben vermittelt?

Achtest du die Leute, die dir diese Überzeugung/diesen Unglauben vermittelt haben?

Was kostet es dich in deinem Alltag, wenn du an diesem Unglauben festhältst?

Wie wirkt sich das Festhalten an diesem Unglauben dauerhaft aus auf dich und die Menschen, die du lieb hast?

Wie würde sich dein Leben ändern, wenn du diesen Unglauben loslassen würdest?

Download **www.aem.de/books**

9. NOCH EIN PAAR WARNHINWEISE

Lass dich nicht vom Geld beherrschen

Wenn du einem Ehepaar vorgestellt wirst, deren Zweitwagen ein sechs Monate alter C-Klasse-Mercedes ist und deren Wohnzimmer so groß ist wie deine gesamte Wohnung, wirst du Mühe haben, diese potentiellen Unterstützer nicht durch die „Geldbrille" zu sehen. Aber trotz allem, was in unserer Gesellschaft gilt: Der Wert eines Menschen wird nicht an seinem Reichtum gemessen, sondern an dem, was Gott für ihn zu zahlen bereit war – das Kreuz. Behandle jeden Menschen als gleichwertiges Mitglied in Gottes Familienunternehmen: Alle sind von Gott geliebt, vor Gott dir gleich und von ihm berufen, auf ihre Weise in seinem Königreich mitzuwirken.

Ironischerweise sollte gerade diese Erkenntnis dir die Freiheit geben, Bessergestellte um mehr Unterstützung zu bitten, nicht bloß weil sie wohlhabend sind, sondern weil du Menschen bittest, im Verhältnis zu dem Reichtum zu geben, den Gott ihnen geschenkt hat. Unter denen, die Jesus unterstützt haben, waren sowohl Maria Magdalena als auch Johanna, die Frau Chusas, des Verwalters von König Herodes. Das bedeutete ein breites soziales und finanzielles Spektrum. Jesus ging sehr einfühlsam auf die Bedürfnisse und die Situation der beiden Frauen ein, auch wenn die eine wahrscheinlich über mehr Geld verfügte als die andere.

Nimm deine Unterstützer nicht für selbstverständlich

Auch wenn du im Aufbau eines Unterstützerteams routinierter wirst, solltest du nie deine Unterstützer oder potentiellen Unterstützer für selbstverständlich nehmen. Sobald du sie nur noch als Geldquelle betrachtest und nicht mehr als echte Partner deiner Arbeit, hast du das Spiel verloren.

Keiner ist verpflichtet, dir Geld zu geben, und deine Unterstützer haben unzählige andere Möglichkeiten, wie sie das Geld, das sie dir geben, verwenden könnten. Wenn sie sich dafür entscheiden, dich zu unterstützen oder den Betrag zu erhöhen, haben sie in dem Moment offenbar mehr Geld zur Verfügung als vorher oder sie geben dir Geld, das sie früher für jemand oder etwas anderes verwendet haben.

Wenn du mit dem Aufbau deines Unterstützerteams erst begonnen hast, ist die Gefahr, dass du deine Unterstützer für selbstverständlich nimmst, noch nicht so groß wie später. Aber ich habe schon mehrere langjährige Missionare getroffen, die anscheinend vergessen hatten, dass die finanziellen Mittel ihrer Unterstützer auch begrenzt sind. Wenn ihr finanzieller Bedarf aus irgendeinem Grund anstieg, versuchten sie sofort, mehr Geld von ihren Unterstützern zu bekommen, während sie mit etwas Kreativität auch andere Wege hätten finden können.

Achte darauf, wie du deinen Dienst präsentierst

Es gibt eine ganze Reihe unbeabsichtigter negativer Präsentationsweisen, wie du Einzelnen oder Gruppen deine Arbeit vorstellen kannst.

Betteln: *„Ich habe es nicht verdient, aber hab doch Mitleid mit mir"*

Ich nehme mal an, dass du dich wohl eher nicht auf dieses Niveau herablassen würdest, aber schau dir noch einmal das Beispiel auf Seite 91–93 an mit dem Mann, der nach dem Gottesdienst eine Mitfahrgelegenheit suchte.

Je zögerlicher du an potentielle Unterstützer herantrittst und je mehr du dich für dein Anliegen entschuldigst, desto stärker haben sie auch den Eindruck, dass nur ein „Ja" akzeptabel ist. Vielleicht bekommst du so ihr Geld, aber mit dem Herzen sind sie dann nicht bei der Sache.

Überzogene Erwartungen hegen: *„Ich gehe davon aus, dass du mir Geld gibst"*

Auch hier nehme ich an, dass du das so offen nicht sagen würdest, aber tief in deinem Herzen lauern vielleicht folgende Gedanken: „Ich bin jetzt schon jahrelang Mitglied in dieser Gemeinde. Ich habe Sonntagsschule gehalten und die Jugendgruppe geleitet, auch meine Eltern gehören schon jahrzehntelang dazu. Natürlich wird mich die Gemeinde unterstützen, und zwar hoffentlich mit der gleichen Summe wie die anderen Missionare."

Zum Aufbau eines Unterstützerteams gehört ein Plan. Man sollte anfangs nur Leute ansprechen, von denen man glaubt, dass sie Interesse haben. Dabei haben wir vielleicht eine gewisse Vorstellung, welche Leute oder Gruppen wohl am ehesten bereit wären, uns zu unterstützen. Das ist in Ordnung. Problematisch wird es aber, wenn diese Erwartungen zu Forderungen werden und man dann Kritik an denen übt, die diesen Forderungen nicht nachkommen. Dann reagiert man z. B. so: „Die Gemeindeleitung sagt, dass sie mir nur 500 Euro pro Jahr geben kann, aber schau mal, wie viel Geld sie für den Neubau ausgibt." Oder: „Tolle Freunde sind mir das! Spenden nur 10 Euro pro Monat für mich und fliegen im Sommer nach Florida – und das schon zum zweiten Mal!"

Du wirst dich wundern, wie schnell Satan dich dazu verführt, eine kritische und verurteilende Haltung einzunehmen. Denk an das, was Jesus gesagt hat:" Hört auf, andere zu verurteilen, dann werdet auch ihr nicht verurteilt. Denn andere werden euch so behandeln, wie ihr sie behandelt. Der Maßstab, nach dem ihr andere beurteilt, wird auch an euch angelegt werden, wenn man euch beurteilt" (Mt. 7,1–2). Wenn du sicher bist, dass du einen Einzelnen oder eine Gruppe in angemessener Weise angesprochen und ihnen alle nötigen Informationen gegeben hast, dann überlass Gott den Kampf mit denen, die bewusst nicht auf seine Führung eingehen wollen. Schließlich ist es sein Geld, nicht deines oder ihres.

Krise: *„Wenn du mir nichts gibst, kann ich meine Bedürfnisse und die Not der Menschen, zu denen Gott mich berufen hat, nicht stillen"*

Auch das wirst du nicht so direkt sagen, aber du wirst es vielleicht indirekt kommunizieren. Ja, du hast einen bestimmten Ruf von Gott. Ja, du bist dir deiner Berufung ganz sicher und gibst dafür ganz oder zeitweilig deine berufliche Laufbahn auf. Aber andere, deine Unterstützer eingeschlossen, haben ihre eigenen Anliegen von Gott aufs Herz gelegt bekommen. Anliegen, denen sie sich voll und ganz stellen, die aber nicht die Aufgabe ihrer beruflichen Karriere erfordern, so wie in deinem Fall. Es ist wichtig, dass du potentiellen Unterstützern so positiv und ausdrücklich, wie es deiner Art entspricht, deine Pläne und deinen Bedarf an Unterstützung darlegst, aber bedränge Menschen nicht. Denke immer wieder daran, dass du ein Unterstützerteam aufbaust, und dass einige Unterstützer dich solange begleiten werden, wie du auf Missionspartnerbasis lebst. Es geht nicht einfach darum, Geld für eine unmittelbare Not zu bekommen.

Jedes Jahr habe ich durch meine Seminare und Trainingskurse Kontakt zu mehreren hundert Leuten, die alle von der Unterstützung ihrer Missionspartner leben. Dadurch bekomme ich auch sehr viele Rundbriefe. Einige – zum Glück nur einige! – fallen in die Kategorie „Krise". Immer enthalten sie eine ganz dringende Angelegenheit, auf die der Schreiber eine sofortige Antwort meinerseits erwartet, sehr oft eine Bitte um Geld, und zwar jetzt, heute! Es macht mir nichts aus, solche Briefe von Missionsgesellschaften oder christlichen Werken zu erhalten, ihre Adresslisten sind einfach zu umfangreich, als dass sie mich als Individuum behandeln könnten. Aber ich erhalte ungern solche Briefe von Leuten, die mich leicht anrufen oder mir einen persönlichen Brief oder eine Email schreiben könnten. In den meisten Fällen liegt gar keine Krise vor. Diese Leute haben sich lediglich angewöhnt, generell mit großer Dringlichkeit zu schreiben, weil sie meinen, dass ihr Dienst dann wichtiger erscheint. Was es aber viel eher bei mir bewirkt, ist eine gewisse Abstumpfung ihren Anliegen gegenüber, außerdem frage ich mich, wie effektiv diese Leute überhaupt arbeiten. Waren nicht zumindest einige dieser häufigen sogenannten Krisen vorhersehbar und vermeidbar?

Natürlich gibt es manchmal eine echte Krise. Vor einigen Jahren explodierte der Motor unseres Autos und ließ sich nicht mehr reparieren. Zu der Zeit war ich jeden Tag in ganz Nordirland unterwegs. Für diesen unvorhergesehenen Notfall hatten wir nicht genug Erspartes. Ich nahm also telefonisch oder schriftlich Kontakt mit einigen Unterstützern auf, von denen ich dachte, dass sie am ehesten bereit wären, uns aus dieser Notlage herauszuhelfen. Und tatsächlich, am Ende der Woche hatten wir einen neuen fahrbaren Untersatz.

In diesem Fall haben wir nicht versucht, den dringenden Aufruf für ein neues Auto unten an unseren Rundbrief zu hängen. Nein, wir teilten gewissen Leuten ganz einfach mit: „Hilfe, unser Auto hat Totalschaden, wir brauchen noch diese Woche ein anderes. Kannst du uns helfen?" Keiner schien sich über diese Bitte zu ärgern, fast alle konnten auf die eine oder andere Weise helfen, und die meisten schätzten es sogar, dass wir sie angefragt hatten.

Ich könnte an den Fingern einer Hand abzählen, wie oft wir in über 30 Jahren unsere Unterstützer wegen einer Notlage um Hilfe gebeten haben. Wenn wir nur dann „Feuer" rufen, wenn es tatsächlich brennt, nehmen die Leute unseren Hilferuf ernst.

Stolz: *„Meine Arbeit verdient deine Unterstützung"*

Vor einigen Jahren nahm ich an einer Missionskonferenz teil. Ich stand im Hintergrund mit einem Freund zusammen, der auch in der Mission arbeitet. Wir lauschten gerade dem Bericht eines Missionsdirektors. Beide kannten wir den Mann, und was wir da von ihm hörten, stimmte nicht wirklich mit dem überein, was wir über seine Arbeit wussten – es war zwar beinahe die Wahrheit, aber eben nur beinahe. Mein Freund flüsterte: „Ist es nicht komisch, dass in Rundbriefen und auf Missionskonferenzen immer nur Positives über Mission berichtet wird?" Anscheinend dachte der Redner, wenn er seinen Dienst interessanter und wichtiger als der Wirklichkeit entsprechend darstellen würde, dann wäre er in den Augen der Zuhörer unterstützungswürdiger.

Theoretisch wissen wir alle, dass Stolz im Leben eines Christen keinen Platz haben sollte. Schließlich ist sogar unsere Erlösung ein völlig unverdientes Geschenk von Gott. In der Praxis aber wollen wir alle gern zeigen, dass wir ganz gut allein zurechtkommen, dass wir ein bisschen besser als andere sind und in uns selbst wertvoll. Ja, wir sind wertvoll, aber nur, weil Gott uns durch das Kreuz Wert verliehen hat.

Es ist schwierig, hier das rechte Gleichgewicht zu halten und zu entscheiden, was wir mitteilen und wie wir es mitteilen. Wenn wir zuerst unsere Motive prüfen und anerkennen, dass wir mit allem, was wir sind und haben, völlig von Gott abhängig sind, wird uns der Rest besser gelingen.

Hier sind einige Fragen, die auf den ersten Blick vielleicht kompliziert erscheinen, es aber in Wirklichkeit gar nicht sind.

Wem verdankst du deine Erlösung? Wem gehört sie?

Ganz einfach, Gott. Sie gehört ihm.

Hat er andere Menschen gebraucht, um dir seine Erlösung zu schenken?

In den meisten Fällen schon. Andere hatten Anteil daran, dir Gottes Erlösung zu vermitteln.

Hast du Gottes Erlösung bekommen, weil du sie verdient hast, weil du dafür gearbeitet hast oder weil du jemand Besonderes bist, oder hast du sie als einen Akt der Gnade Gottes erhalten?

Ganz offensichtlich war es ein Akt der unverdienten Gnade Gottes.

Lass uns jetzt die gleichen Fragen im Zusammenhang mit deiner Unterstützung stellen.

Wem verdankst du deine finanzielle Unterstützung? Wem gehört sie?

Ganz einfach, Gott. Sie gehört Gott, so wie aller Reichtum auf der ganzen Welt.

Gebraucht er andere Menschen, um dir seine Unterstützung zukommen zu lassen?

Ja. Andere sind daran beteiligt, dass du Gottes Unterstützung bekommst, es sei denn, Gott lässt dir das Geld vom Himmel in den Schoss fallen.

Bekommst du Gottes Unterstützung, weil du sie verdient hast, weil du etwas dafür tust oder weil du etwas Besonderes bist, oder bekommst du sie als ein Geschenk der Gnade Gottes?

Deine Unterstützung ist genauso ein Geschenk der Gnade Gottes wie deine Erlösung. Sobald wir denken, dass wir die Unterstützung verdient haben oder dass sie uns aufgrund unserer Arbeit zusteht, untergraben wir genau den Glauben, den wir repräsentieren. Irgendwie fällt es uns leichter, Vergebung und ewiges Leben als unverdientes Geschenk von Gott anzunehmen, als auf derselben Grundlage 50 Euro pro Monat von einem Freund aus der Nachbarschaft.

Zusammenfassung

- Betrachte ich angehende Unterstützer als reine **Geldgeber**, als Investoren oder als Partner?
- Manipuliere ich Leute durch die Art, wie ich sie bitte?
- Sehe ich meinen Dienst als **wichtig** an?
- Glaube ich, dass das Bitten um Missionspartner ein Privileg ist, das anderen eine echte Chance gibt, sich im Reich Gottes zu engagieren?

10. GRÜNDLICH VORBEREITET

Wie jede andere Aufgabe muss auch der Aufbau eines Unterstützerteams gut vorbereitet sein. In Teil 3 werden wir uns näher damit befassen, wie du ganz praktisch damit beginnst, Missionspartner für dein Team zu gewinnen. Aber ehe es soweit ist, musst du noch ein paar Vorbereitungen treffen. Die Inhalte dieses Kapitels solltest du genau beachten. Damit legst du sowohl inhaltlich als auch praktisch eine gute Grundlage für den weiteren Aufbau deines Missionspartnerteams.

Informiere dich umfassend über dein Missionswerk

! **Informiere dich über die Geschichte deines Missionswerkes, seinen speziellen Auftrag, was es tut und was es nicht tut.**

- Wie viele Mitarbeiter gibt es?
- Wo arbeiten sie?
- Was waren die wichtigsten Meilensteine in der Geschichte der Organisation? usw.

Vielleicht wirst du diese Informationen nie alle brauchen, aber du wirst dich auf jeden Fall sicherer fühlen, wenn Fragen gestellt werden. Wenn du erst seit kurzem zu dem Werk gehörst, dann sammle ein paar Geschichten von Menschen, die eure Arbeit veranschaulichen. Als Jesus gebeten wurde, ein hochkompliziertes Thema zu erklären (das Reich Gottes), erzählte er Geschichten von Menschen; wir kennen sie als Gleichnisse. Wenn Jesus dieses Mittel recht war, dann solltest du auch davon Gebrauch machen.

Was ist das Besondere an deinem Dienst?

Besonders zu sein bedeutet nicht, besser zu sein als andere. Es bedeutet ganz einfach, dass Gott deine Organisation ins Leben gerufen hat, weil sie einem bestimmten Zweck dient, den andere nicht erfüllen. Einige spezialisieren sich auf ein bestimmtes geographisches Gebiet, andere wiederum legen ihren Schwerpunkt auf einen bestimmten Dienst. Der Name einer Organisation gibt manchmal bereits Aufschluss: Jugend für Christus, Internationale Nepal Gemeinschaft, Operation Mobilisation, Wycliff Bibelübersetzer, Campus für Christus, Licht im Osten, usw. Diese Namen weisen mehr oder weniger darauf hin, was die Gruppe tut, warum sie ins Leben gerufen wurde und wo sie arbeitet.

! **Überlege dir, was das Besondere an deiner Arbeit ist.** Was würde in der Arbeit im Reich Gottes fehlen, wenn du nicht an deinem Platz stehen würdest? Es könnte eine große globale Sache sein. Frontiers z. B. sagt ganz klar, dass ihre Arbeit ausschließlich darauf ausgerichtet ist, in Teams unter muslimischen Völkern Gemeinden zu gründen. Andere Werke arbeiten auch unter Muslimen, aber der Unterschied besteht darin, dass Frontiers nur dieses eine Ziel abdeckt – das macht sie besonders. Andere Werke wiederum arbeiten mehr vor Ort, wie z. B. das Jugend-für-Christus-Zentrum im englischen Mittelland. Jeden Monat kommen sie durch ihre Arbeit an Schulen mit allen Kindern von 5 bis 16 Jahren in Kontakt. Danach richten sie ihre ganze Arbeit aus, ebenso ihre Kommunikation mit ihren Missionspartnern.

! **Benenne das Besondere an deiner Aufgabe und schreibe es dir groß auf die Fahnen.** Damit meine ich nicht, dass du damit prahlen sollst, aber wenn ich dich eventuell unterstützen möchte, hilft es mir, wenn du mir erklärst, was dein Dienst für das Wachstum von Gottes Königreich bewirkt.

Die Qualität deines gedruckten Materials

Obwohl in einigen Fällen noch Verbesserungsbedarf besteht, ist das Werbematerial der meisten christlichen Organisationen heutzutage von recht guter Qualität. Prospekte, Zeitschriften und Spendenaufrufe sind viel besser gestaltet und einfacher zu lesen, als das noch vor einigen Jahrzehnten der Fall war. Einige Missionswerke erstellen für ihre Mitarbeiter sogar einen persönlichen Vorstellungsprospekt, der eine Kurzbiographie, eine Beschreibung ihrer Arbeit und Hinweise, wie man sie unterstützen kann, enthält. Das alles ist sehr gut und hilft dem Mitarbeiter, anhand von qualitativ hochwertigem Material seine Arbeit vorzustellen, besonders auch vor Leuten, die ihn oder sein Missionswerk noch nicht so gut kennen.

Problematisch wird es dann, wenn der Mitarbeiter sein eigenes Material erstellt, wie z. B. eine Vorstellungsmappe über sich und seine Arbeit, einen Vorstellungsprospekt oder auch seinen regelmäßigen Rundbrief. Wenn die Qualität seines eigenen Materials im Vergleich zum Material seines Missionswerks stark abfällt, kann das der Glaubwürdigkeit schaden. Heutzutage, wo viele Missionswerke ein Logo oder andere gestalterische Elemente auf einer CD haben oder zum Herunterladen im Internet anbieten, gibt es keine Entschuldigung mehr, minderwertiges Material zu präsentieren.

! **Wenn du auf eigene Faust arbeitest, dann investiere etwas Zeit und Geld und überlege dir, wie du die Informationen über deine Arbeit kommunizieren willst.**

- Pack die Seiten deines Materials nicht zu voll, weiße Flächen sind wichtig.
- Wörter sind dazu da, dass sie gelesen werden. Und je mehr Wörter auf einer Seite stehen, desto geringer ist die Chance, dass sie gelesen werden.
- Fotos sind immer besser als viele Worte, besonders solche, welche die Wirksamkeit deines Dienstes zeigen. Ein Foto, das groß genug ist, ist besser als drei kleine, wo man die Augen zukneifen muss, um etwas zu erkennen.

! ***Du nimmst deine Aufgabe ernst. Und du möchtest, dass deine Missionspartner deinen Dienst ernst nehmen. Verdirb dir die Sache nicht durch schäbiges Werbematerial, z. B. schlechte Ausdrucke, wo der Toner fehlte. Ja, es gibt auch ein Zuviel an guter Aufmachung, wenn die hervorstechende Qualität deines Materials in keinem Verhältnis zu deinem Dienst und zur Höhe deiner Unterstützung steht. Nach meiner Erfahrung fallen die meisten Leute***

aber eher auf der anderen Seite vom Pferd. Sie könnten locker die Qualität und die Kosten ihres selbst produzierten Materials verdoppeln und hätten immer noch Platz für weitere Verbesserungen.

Informiere dich, wie viel Unterstützung du benötigst

Wie viel Unterstützung die Mitarbeiter aufbringen und was das beinhaltet, ist von Organisation zu Organisation verschieden. Einige Werke erwarten von ihren Mitarbeitern, dass sie das ganze Gehalt und alle übrigen Ausgaben durch Spenden aufbringen, und bezahlen den Lohn nur aus, wenn genug Geld eingegangen ist. Andere verlangen vielleicht von ihren Mitarbeitern, dass sie 100 Prozent Deckung für ihr Gehalt aufbringen, bezahlen aber auch dann ein festes Gehalt, wenn diese 100 Prozent nicht erreicht wurden. Manche bitten ihre Mitarbeiter, einen kleineren Prozentsatz durch persönliche Unterstützung aufzubringen, und bezahlen ihnen den fehlenden Betrag aus einem großen Topf. Wieder andere lassen alle Mittel zusammenfließen, und jeder Mitarbeiter bekommt daraus den gleichen Betrag ausbezahlt. Manche verwenden die Spenden, die für einen bestimmten Mitarbeiter eingegangen sind, nur für diesen. Es gibt auch Missionswerke, die von deinen Spenden einen bestimmten Prozentsatz für allgemeine Verwaltungskosten abzweigen, auch für all die versteckten Kosten, die daraus entstehen, dass du ihr Mitarbeiter bist – dazu gehört das Bewerbungsprozedere, deine Ausbildung, deine Berufsbegleitung usw. Andere bestreiten diese Ausgaben aus allgemeinen Mitteln.

Ganz gleich, nach welchem System deine Missionsgesellschaft arbeitet, du musst es respektieren. Du kannst dich innerhalb deiner Mission für Änderungen einsetzen, aber kritisiere deine Mission nicht vor Außenstehenden. Das ehrt Gott nicht. Das System deiner Mission ist nicht perfekt (keines ist das!), aber es wurde im Lauf der Jahre von erfahrenen, gottesfürchtigen Leitern entwickelt, deren Ziel es ist, dass du die Aufgabe, zu der Gott dich berufen hat, innerhalb dieser Organisation gut erfüllen kannst.

Wenn du unabhängig arbeitest oder mit einer Organisation, die dir keine Vorschriften über die Höhe deiner Unterstützung macht, dann tappe nicht in die Falle falscher Geistlichkeit, wo du denkst, dass es geistlicher ist, arm zu sein, als genug zu haben. Paulus schrieb den Philippern, dass er ein Leben in Armut, aber auch im Überfluss kannte; er sagte nicht, dass das eine besser sei als das andere. Du bist Gott dafür verantwortlich, für die zu sorgen, die er dir anvertraut hat, selbst wenn das nur du selber bist.

! ***Auch du wurdest von Gott zu einem bestimmten Dienst in seinem Reich berufen. Unterschätze nicht die Kosten dafür. Deine Aufgabe ist so viel Zeit, Gebet, Kraft und Geld wert wie nur irgend möglich. Sieh das nicht als unwichtig an – die Ewigkeit ist viel zu kostbar, als dass du eine Gelegenheit verpassen dürftest, jemandem Gottes Liebe nahe zu bringen, nur weil du dich unwohl gefühlt hast, dich um ausreichend Unterstützung zu bemühen.***

Bereite dich innerlich auf dein Gegenüber vor

Wir werden später noch ausführlicher darüber reden, aber du solltest schon jetzt darüber nachdenken, wen du um Unterstützung bitten möchtest und warum. Natürlich wirst du nervös sein, aber lass dich dadurch nicht davon abhalten, viele Leute anzusprechen. Gott hat dir bereits ein Netzwerk von Kontakten gegeben.

! **Mach dir eine Liste der Leute, die zu deinem Netzwerk gehören.** Anstatt dir einzureden, dass sowieso keiner von ihnen Interesse hat, dich zu unterstützen, dreh den Spieß doch einfach um. Versuche Gründe zu finden, warum unterschiedliche Bekannte auf deiner Liste Interesse haben könnten, deine Partner zu werden.

Wenn du an deine alte Sonntagsschullehrerin denkst, sag nicht: „Ich kann sie nicht anrufen, ich habe sie ja schon über 4 Jahre nicht mehr gesehen." Sag lieber: „Ich möchte mal wissen, was meine alte Sonntagsschullehrerin sagen würde, wenn sie wüsste, dass eine ihrer Schülerinnen gut aufgepasst hat und jetzt ihren Dienst bei der ABC-Mission beginnt."

Es ist leicht, tausend Ausreden zu finden, warum man Leute nicht kontaktieren möchte. Man muss schon etwas mehr überlegen, um gute Gründe zu finden, warum man es doch tun sollte. In den meisten Fällen werden die Menschen, die du ansprichst, sehr gern bereit sein, darüber nachzudenken, ob sie dich unterstützen wollen. Du als Bittende(r) hast ein Problem, nicht sie.

Beachte die Umstände

Die Umstände, in denen sich deine potentiellen Unterstützer gerade befinden, sind von weit größerer Bedeutung dafür, ob sie sich deinem Team anschließen oder nicht, als deine eigenen Umstände. Manchmal fallen die Reaktionen zwar ganz anders aus, als wir denken, aber es gibt doch Situationen, in denen du dir gut überlegen solltest, ob und wie du jemanden um Unterstützung bittest. Wenn jemand gerade arbeitslos geworden ist, die Gemeinde ein Bauprojekt plant oder die drei Töchter eines Ehepaares gerade alle zur selben Zeit ihre Verlobung bekannt gegeben haben, solltest du es dir vielleicht nochmals überlegen, ob und wie du diese Leute ansprichst.

Das heißt aber nicht, dass du solche Leute überhaupt nicht ansprechen kannst. Vielleicht freuen sie sich, dir helfen zu können, wenn auch in begrenztem Maß. Du solltest aber vorsichtig anfragen, z. B. so: „Ich weiß, dass ihr dieses Jahr viele Ausgaben haben werdet, da Berta, Martha und Agathe alle heiraten wollen. Aber eure Gebete haben mir bis hierher sehr geholfen, und deswegen wollte ich euch nicht übergehen. Ich würde mich sehr freuen, euch zu meinen Unterstützern zählen zu können, so wie es euch im Moment eben möglich ist."

Wenn du Leute nicht ansprichst, weil du das Gefühl hast, sie können dich nicht finanziell unterstützen, erweckst du leicht den Eindruck, dass du nur an Leuten mit viel Geld interessiert bist. Du weißt, dass das nicht stimmt, aber sie wissen es nicht. **Lass sie wenigstens selber nein sagen, anstatt es für sie zu tun.** Wer weiß, vielleicht erlebst du sogar eine Überraschung. Zu unseren besten Unterstützern gehört ein Ehepaar, von dem ich nie gedacht hätte, dass sie so viel geben könnten. Man weiß nie!

Ist das Glas halb leer oder halb voll?

Lies aber auch nicht mehr als nötig in die Situation deiner Freunde hinein. Ich traf mich einmal mit den Mitarbeitern eines Missionswerkes in England, um mit jedem individuell einen Plan für den Aufbau eines Unterstützerteams zu erstellen. Eine Frau, Mitte 20, war sehr pessimistisch über ihre Aussichten auf Missionspartner. „Das Problem in meiner Situation ist, dass fast alle meine Bekannten Studenten oder Berufsanfänger sind. Die Studenten haben kein Geld und die Berufsanfänger haben Schulden. Es gibt niemanden, den ich um Unterstützung bitten könnte."

Die nächste Mitarbeiterin, mit der ich mich traf, war ebenfalls Mitte 20 und freute sich richtig darauf, Missionspartner zu suchen. „Das Erfreuliche an meiner Situation ist, dass die meisten meiner Freunde entweder Studenten oder junge Berufstätige sind. Sie haben sicher nicht viel Geld, aber vor allem hat bis jetzt noch niemand mit ihnen darüber gesprochen, wie man gibt, selbst wenn man wenig hat. Dies ist eine tolle Gelegenheit für mich, das zu tun, bevor sie zu sehr in die Falle des Materialismus tappen. Ich kann es kaum erwarten, ein Treffen mit ihnen zu vereinbaren."

Zwei Mitarbeiterinnen in derselben Situation. Eine war wie gelähmt durch das, was nicht möglich schien. Die andere sah es als eine Gelegenheit für Jüngerschaft an. Rate mal, wer von den beiden am meisten Unterstützung bekam. Na klar, die zweite.

DRITTER TEIL:
WIE ES FUNKTIONIEREN KANN

11. AUF GEHT'S!

Nachdem wir die biblischen Prinzipien des Gebens und Empfangens betrachtet und auch darüber gesprochen haben, wie und warum Menschen geben, ist jetzt der Zeitpunkt gekommen für die praktischen Seiten der Missionspartnerentwicklung.

Es gibt keine Zauberformel, die du für deinen Erfolg beschwören kannst. Vielmehr geht es darum, Beziehungen aufzubauen, und dabei geht jeder anders vor, so wie es auch in anderen Lebensbereichen der Fall ist. Deine Methode wird sich auch nach der Person richten, die du ansprichst. Wenn du mit einer 75-jährigen Frau aus deiner Gemeinde redest, wird das anders klingen, als wenn du mit einem 24-jährigen Arbeitskollegen sprichst.

Vergiss auch nicht, dass du dich beim Aufbau eines Unterstützerteams auf geistlich explosivem Boden bewegst. Wenn jemand dir zusagt, dich zu unterstützen, ist das ein dreifacher Segen: Der Unterstützer wird von Gott gesegnet, weil er/sie bereit ist zu geben; du wirst persönlich ermutigt, weil jemand sich deinem Team anschließen möchte, und das Reich Gottes wird gefördert, weil mehr finanzielle Mittel zur Verfügung stehen. Du kannst sicher sein, dass Satan alles dransetzen wird, um das zu verhindern.

Wie steht es mit Unterstützung von Nicht-Christen?

Diese Frage wird mir in jedem meiner Seminare gestellt. Ich will kurz darauf eingehen.

Halten wir zunächst fest: **Alles Geld auf der Welt gehört Gott. Anderes gibt es nicht.** Wir haben bereits früher Psalm 24,1 zitiert: „Die Erde und alles, was darauf ist, gehört dem Herrn." Es kann freilich sein, dass sich Gottes Geld in den Händen gottloser Menschen befindet, aber es gibt nichts auf dieser Welt, das seine Existenz nicht Gott verdankt.

Es ist gut, von dieser Sichtweise auszugehen: Alles Geld gehört Gott, und je mehr es für sein Königreich genutzt werden kann, desto besser, ob es jetzt von Christen oder Nicht-Christen gegeben wird. Nehemia z. B. hat zum Bau der Jerusalemer Mauer Gaben vom persischen König Artaxerxes verwendet.

Folgendes sollte man jedoch beachten, wenn man Geld von Nicht-Christen annimmt.

- Nicht-Christen können dir zwar Geld geben, aber nicht für dich beten. Geld ist der eine Teil des Missionspartnerpakets, Gebet der andere sehr wichtige Part. Auch wenn sie es wollten, könnten diese Menschen dir keine geistliche Rückendeckung geben ohne eine persönliche Beziehung zu Gott. Achte deshalb darauf, dass in deinem Team nicht zu viele Nicht-Christen sind.
- Deine ungläubigen Freunde haben vielleicht Schwierigkeiten mit der Kirche, aber sie haben oft trotzdem eine gewisse Vorstellung von einem liebenden Gott, der es gut meint mit den Menschen. Dein Dienst scheint ihnen vielleicht näher an dem dran zu sein, was die Kirche tun **sollte**, ihrer Meinung nach aber nicht tut. Das ist für dich eine gute Gelegenheit, ihnen deinen Glauben zu bezeugen. Mach ihnen klar, dass Glaube sich in Taten verwandelt, wenn du Menschen in Not die Liebe Gottes nahe bringst; da-

bei kann es sich um geistliche oder körperliche Not handeln. Hilf ihnen zu verstehen, dass Christen solche Dinge schon von Anfang an getan haben.

- Du musst ein anderes Vokabular gebrauchen. Begriffe wie Unterstützung, Missionar oder Dienst sind Insider-Jargon und ergeben nur Sinn für Menschen, die in einem christlichen Umfeld leben. In weltlichen Hilfsorganisationen werden andere Begriffe benutzt: Sponsoren, Entwicklungshelfer, Entwicklungsprojekt usw. Du musst also deinem nicht-christlichen Freund deine Arbeit und die Finanzierung so erklären, dass er etwas damit anfangen kann.
- Aktuelle Statistiken besagen, dass Christen fast zehnmal mehr geben als Nicht-Christen – die Beiträge an ihre Gemeinden nicht mit eingerechnet. Auch ohne die Gemeindebeiträge geben sie immer noch mehr für wohltätige Zwecke als Nicht-Christen. Und das ist ganz logisch. Geben und Schenken sind Teil von Gottes Wesen. Je mehr sich die Beziehung eines Menschen zu Gott vertieft, desto mehr versteht und praktiziert er Gottes Prinzipien des Gebens. Hast du schon einmal gehört, dass Nicht-Christen aufgefordert werden, 10 Prozent ihres Einkommens wegzugeben? In Gemeinden dagegen werden Leute das häufig gelehrt.
- Wenn Nicht-Christen dich unterstützen, hast du eine gute Gelegenheit, ihnen offener von deinem Glauben zu erzählen. Sie bezahlen dich, damit du anderen Menschen die Liebe Gottes aufzeigst oder sie ihnen weitergibst. Da ist es nur natürlich, dass du auch mit ihnen darüber sprichst, dass Gott sie liebt.
- Du solltest auch deine nicht-christlichen Freunde durch Rundbriefe usw. über deine Arbeit auf dem Laufenden halten, es sei denn, es gibt einen triftigen Grund, das nicht zu tun. Sie ersehen daraus, dass es sich nicht nur um ein soziales Engagement handelt, sondern dass dein Dienst eine starke geistliche Komponente hat, auch wenn deine tägliche Arbeit mehr sozialer oder gesellschaftlicher Natur ist.

Deshalb bin ich auf jeden Fall dafür, dass du deine nicht-christlichen Freunde in dein Unterstützerteam mit einbeziehst. Vielleicht haben sie sonst niemanden, mit dem sie über Glaubensfragen sprechen können, und gerade dafür bezahlen sie dich ja!

Aber in den folgenden Kapiteln dieses Arbeitsbuches gehe ich davon aus, dass du in erster Linie Christen um Unterstützung bittest, und die Vorschläge und Beispiele in diesem Handbuch richten sich nach dieser Gruppe. Manches musst du also etwas verändern, damit es für deine nicht-christlichen Freunden passt.

Gehe persönlich vor

Wie bereits in der Einleitung erwähnt, gehe ich davon aus, dass du während des ganzen Prozesses selbst beständig betest und auch andere im Gebet für dich einstehen. Aber ich will es an dieser Stelle noch einmal wiederholen: Achte darauf, dass du selbst für alles betest, was mit dem Aufbau deines Unterstützerteams zusammenhängt, und dass du auch andere bittest, dir mit Gebet Rückendeckung zu geben.

In diesem Teil des Buches werde ich einen allgemeinen Plan für den Aufbau eines Unterstützerteams vorstellen, wie er sich im Laufe der Jahre für sehr viele Menschen ganz unterschiedlicher Organisationen bewährt hat. Er kann dir als Muster dienen. Der Schwerpunkt dabei liegt auf persönlichen Verabredungen. Um es so klar und übertragbar wie möglich zu machen, werde ich viele Details und Beispiele anführen. Du brauchst dich aber nicht sklavisch an alles zu halten, es sollen vielmehr grobe Leitlinien sein, nach denen du dich richten kannst, wenn du deinen eigenen Plan für den Aufbau eines Unterstützerteams aufstellst.

Wir haben bereits über die verschiedenen Bereiche unserer Komfortzone gesprochen. Die meisten von uns verstecken sich deshalb lieber hinter unpersönlicher Kommunikation und bitten in Rundbriefen oder bei öffentlichen Versammlungen um Missionspartner, immer in der Hoffnung, dass die Leute vielleicht auf ihre dezenten Hinweise eingehen. Diese Art von Kommunikation kann zwar hilfreich sein, um Leute auf deinen Dienst aufmerksam zu machen, ist aber auf lange Sicht gesehen nicht der beste Weg, Menschen zu ermutigen, sich deinem Unterstützerteam anzuschließen.

Man kann das vergleichen mit einem Hinweis im Gemeinde-Newsletter oder einer Ansage im Gottesdienst, dass weitere Mitarbeiter für die Sonntagsschule gesucht werden: Interessenten mögen sich nach dem Gottesdienst bei Frau Wagner melden. Jeder hofft dann insgeheim, dass jemand anderes auf Frau Wagner zugehen wird. Keiner fühlt sich persönlich angesprochen. Sogar die wenigen, die vielleicht Interesse haben, lassen sich nach dem Gottesdienst durch andere Dinge ablenken („Ich muss doch schnell mal Jan fragen, wie Melanies Operation verlaufen ist.") und kommen dann nicht mehr dazu, Frau Wagner anzusprechen. Es wäre wesentlich effektiver, wenn Frau Wagner mit ihrer Bitte direkt auf einzelne Leute in der Gemeinde zugehen würde. „Sara, möchtest du gern mal probeweise in der Sonntagsschule mitarbeiten? Ich habe dich im Umgang mit Kindern beobachtet, du machst das sehr gut. Du könntest es mal zwei Monate lang ausprobieren, zwei Wochen hilfst du mit, zwei Wochen hast du frei. Dann merkst du schon, ob das etwas für dich ist." Jetzt weiß Sara nicht nur, dass Frau Wagner gerade sie als Mitarbeiterin haben möchte, sie weiß auch, warum. Außerdem hat sie jetzt eine Vorstellung davon, was von ihr erwartet würde. Wenn Frau Wagner so vorgeht, wird sie viel eher Leute finden, die sich für diese Aufgabe eignen, als wenn sie mit denjenigen einen Versuch wagt, die sich nach einer allgemeinen, unpersönlichen Ankündigung bei ihr melden.

Ganz ähnlich ist es beim Aufbau eines Unterstützerteams. Es geht darum, einen bestimmten Menschen, der nach deiner Einschätzung Interesse an deiner Arbeit haben könnte, darum zu bitten, sich ernsthaft Gedanken zu machen, ob er sich deinem Team anschließen möchte. **Es ist weit besser, das bei einer Tasse Kaffee zu machen, als durch einen Rundbrief.**

Ich nehme an, dass du gerade in den Startlöchern stehst, was den Aufbau eines Unterstützerteams betrifft, oder kürzlich damit begonnen hast. Vielleicht musst du ein bestimmtes Ziel erreichen, das dich einschüchtert, und hast dafür nur begrenzt Zeit. Oder aber du lebst schon einige Jahre von der finanziellen Unterstützung durch Missionspartner und bist zu der Einsicht gekommen, dass du dieses Thema nochmals aufmerksam durchgehen möchtest. Mit anderen Worten, dieser praktische Teil ist für Leute, die nicht länger über die Theorie nachdenken wollen, sondern sich ganz praktisch an die Arbeit machen.

(Wenn das nicht auf dich zutrifft und du vielleicht zur Zeit keine neuen Unterstützer brauchst, gelten die Prinzipien aber trotzdem.)

In meinen Seminaren arbeiten wir bei diesem praktischen Teil interaktiv, erarbeiten Beispiele und führen Rollenspiele durch. Rollenspiele können Spaß machen, man empfindet sie aber auch als ein wenig künstlich und peinlich. Und das aus gutem Grund. Dennoch sind sie eine gute Möglichkeit, einige Prinzipien einzuüben, bevor man auf die nichtsahnende Öffentlichkeit losgelassen wird.

! *Bei einigen Themen in diesem Teil würden wir während eines Seminars ein Rollenspiel einfügen, um das gerade Besprochene praktisch zu vertiefen. Suche dir jemanden, der mit dir daran arbeiten kann. Sein Feedback dazu, wie gut du es gemacht hast, ob er verstanden hat, worum du ihn gebeten hast, welchen Jargon du gebraucht hast usw. kann dir eine große Hilfe sein. Auch wenn dir das vielleicht komisch und unwirklich vorkommt, kann ich dir versichern, dass es besser ist, bei einem Rollenspiel mit einem Freund ins Schwitzen zu kommen, als später in der wirklichen Situation.*

---

12. WIE VIELE FISCHE SCHWIMMEN IN DEINEM TEICH?

Als Erstes musst du das Netzwerk an Kontakten festhalten, das Gott dir bereits geschenkt hat. Lass mich erklären, was ich damit meine.

Ich angle gern. Es ist zwar keineswegs meine größte Leidenschaft, aber Phyllis und ich versuchen, jedes Jahr im September zwei Wochen Urlaub zu nehmen. Dann fahren wir an die Irische Südküste von Donegal, ich mit meiner Angel ausgerüstet und Phyllis mit einem Stapel Bücher. In einer Hinsicht bin ich wirklich eine berühmte Persönlichkeit: Ich habe nämlich Anfang der 1960-er Jahre dort im Süden Donegals Tony Blair das Fischen beigebracht. Das ist eine lange Geschichte, aber leider hat sie mir bisher noch keinen Platz auf der Neujahrsliste berühmter Persönlichkeiten eingebracht.

Aber zurück zum Angeln. Es gibt dort einen schmalen Anlegesteg, von dem aus ich gern angle, und wenn ich innerhalb einiger Stunden vier oder fünf Fische fange, bin ich begeistert. Aber ich gehe nicht auf diesen Steg, weil es dort nur vier oder fünf Fische gibt. Ich gehe dorthin, weil ich weiß, dass da womöglich Hunderte von Fischen im Wasser schwimmen. Ich hoffe lediglich, dass ein paar von ihnen Geschmack an dem Köder finden, den ich gerade ausgeworfen habe.

Wenn du deine Kontakte auflistest, ist das so, wie wenn du feststellen willst, wie viele Fische in deinem Teich schwimmen. Bei dieser Übung geht es nicht darum, herauszufinden, wer dich vielleicht unterstützen könnte oder wen du um Unterstützung anfragen solltest. Es geht hier lediglich darum, die Größe des Beziehungsnetzes, das Gott dir gegeben hat, aufzuzeigen. Wir können später festlegen, mit wem du am besten beginnen solltest, aber so weit sind wir noch nicht.

! Als Erstes: **Nimm dir Zeit und schreibe alle Christen auf, die du kennst oder die dich kennen**. Wahrscheinlich gibt es auch Nicht-Christen, die dich unterstützen wollen, aber jetzt wollen wir uns zuerst einmal auf die Christen konzentrieren. Sie können dich nicht nur finanziell unterstützen, sondern auch für dich beten oder sich auf eine andere Weise einbringen, die eine direkte geistliche Auswirkung auf deine Arbeit hat, was Nicht-Christen so nicht können.

! **Widerstehe der Versuchung, deine Liste schon in diesem Stadium zu bearbeiten**. Dass du jemanden einige Jahre nicht mehr gesehen hast oder dass du ihn nicht wirklich als einen guten Freund bezeichnen würdest, ist kein Grund, ihn nicht aufzuschreiben.

! Denk daran, dies ist nicht eine Liste von Leuten, die du um Unterstützung bitten sollst. Fühl dich deshalb frei, **so viele Namen aufzuschreiben, wie dir einfallen**.

Um dir den Einstieg zu erleichtern, habe ich unten eine Liste mit verschiedenen Kategorien angelegt. Vielleicht passen nicht alle für dich. Dafür findest du andere, die ich nicht notiert habe. Aber beginne mit dieser Liste und schreibe so viele Namen wie möglich zu jeder Kategorie auf. Schreib aber nicht einfach Leute auf, nur um die Liste voll zu bekommen. Z. B. „Der alte grauhaarige Mann, der immer hinten in der Kirche sitzt" ist nicht ausreichend. Es ist hilfreich, wenn du wenigstens den Vor- oder den Nachnamen kennst. Während du diese Liste erstellst, denk auch an deine diversen (elektronischen) Adressbücher, z. B. Outlook, deine sozialen Netzwerke, z. B. Facebook, oder deine Handykontakte.

Beim Anschauen der Liste ist dir wahrscheinlich aufgefallen, dass ich „Familie" ganz ans Ende der verschiedenen Kategorien gesetzt habe. Alle anderen Beziehungen haben wir uns mehr oder weniger selber ausgesucht. Bei der Familie haben wir kein Mitspracherecht, wen wir bekommen! Es mag sein, dass du in einer großartigen christlichen Tradition stehst, und deine Familie sich über deine Entscheidung, in den christlichen Dienst zu gehen, freut und dich nur zu gern unterstützt. Es kann aber auch sein, dass du der einzige Christ in deiner Familie bist und die anderen denken, dass du vollkommen übergeschnappt bist und gerade den größten Fehler deines Lebens begehst, weshalb sie keinen Finger rühren werden, um dir zu helfen, deine bisherige berufliche Laufbahn zu ruinieren. Oder du bist irgendwo in der Mitte.

! **Schreibe deine Familienangehörigen in jedem Fall auf deine Liste**. Du kannst dir dann später überlegen, wie du bei jedem Einzelnen vorgehen willst.

Allein schon die Übung, diese Liste zu erstellen, ist ein gutes Gedächtnistraining und wird dir helfen, Namen aus deiner Vergangenheit wieder auszugraben. Genieße diese Übung.

Das ist deine Liste des Netzwerkes von Christen, in das Gott dich gestellt hat. Was für ein Vorrecht, dass wir in einer Gesellschaft leben dürfen, in der wir die Freiheit haben, eine solch große Gruppe christlicher Kontakte aufzubauen!

Wenn du weniger als 100 Namen zusammengebracht hast, hast du wahrscheinlich Leute ausgelassen, die du aufschreiben könntest. Nimm dir deine Liste noch einmal vor, lege deine Scheuklappen ab und versuche, noch weitere dazuzuschreiben.

Achtung: Lies nicht weiter, bevor du nicht deine Liste zusammengestellt hast!

Nimm die folgende Liste oder ein loses Blatt Papier und schreibe alle Christen auf, die du kennst.

- *Freunde*
- *jetzige und frühere Gemeinden, Pastoren, Jugendgruppen, Sonntagsschulleiter und Bibelgruppenleiter*
- *Jugendgruppenleiter*
- *Menschen, die einen geistlichen Einfluss auf dich hatten*
- *Menschen, auf die du einen geistlichen Einfluss hattest*
- *die Eltern derer, die du geistlich beeinflusst hast*
- *frühere Chefs und Arbeitskollegen*
- *alte Schulfreunde und Lehrer*
- *Dozenten und Professoren*
- *Freunde aus der Studienzeit*
- *Zahnarzt, Hausarzt, Rechtsanwalt, Bankdirektor*
- *Geschäftsleute*
- *Nachbarn und ehemalige Nachbarn*
- *Hochzeitsliste (falls du verheiratet bist)*
- *Adressbuch (elektronisch und auf Papier)*
- *Gästebuch deiner Eltern*
- *dein eigenes Gästebuch*
- *Weihnachtskarten-Liste*
- *Familie und nahe Verwandte*

Download **www.aem.de/books**

13. WER FÜHRT DEINE LISTE AN?

Wie hat es geklappt mit dem Erstellen deiner Liste? Sie sollte eine gute Ausgangsbasis für dich sein. Denke daran, dass es keine Liste möglicher Unterstützer ist. Es ist eine Bestandsaufnahme deines aktuellen Beziehungsnetzes zu Christen. Hebe dir diese Liste auf und füge noch neue Namen hinzu, wenn dir welche einfallen und wenn du neue Leute kennen lernst. Dein Beziehungsnetz ändert sich ständig, das ist bei uns allen so.

Warum sollten die Leute auf deiner Liste Interesse haben, dich zu unterstützen? Was wissen sie jeweils über deine Entscheidung, in den christlichen Dienst zu gehen?

! Geh noch einmal zurück zu Kapitel 4 ***Wie fällen Missionspartner die Entscheidung, dich zu unterstützen?*** auf Seite 59 und benutze das Diagramm zum Entscheidungsprozess, um herauszufinden, auf welcher Stufe jeder auf deiner Liste sich gerade befindet und wieweit die Person in der Lage ist zu entscheiden, ob sie dich unterstützen will.

! **Schreibe hinter jeden Namen eine Zahl von 1 – 6**, wobei 1 bedeutet, dass die Person nicht einmal weiß, dass du bei einem christlichen Missionswerk arbeiten willst, und 6, dass Leute bereits aus voller Überzeugung begonnen haben, dich zu unterstützen. Aber zerbrich dir nicht den Kopf über die genaue Einordnung, es geht hier nicht um exakte Wissenschaften, und du solltest nicht stundenlang überlegen, ob jemand sich eher bei 3,8 oder bei 4,2 befindet. Das wäre reine Zeitverschwendung.

! **Nimm dir deine Liste erneut zur Hand und überlege dir**: Wer befindet sich in Kategorie 3 („weiß etwas mehr und zeigt Interesse") ganz oben? Wen hast du in die Kategorien 4 („weiß genug, um eine Entscheidung zu treffen") und 5 („Entscheidung bereits getroffen") eingeordnet? Mit diesen Leuten solltest du am besten beginnen und nebenher nach Möglichkeiten Ausschau halten, wie du denen auf tieferen Stufen des Entscheidungsprozesses zu mehr Wissen und Interesse verhelfen kannst.

Wenn du nun die ausgewählt hast, die wahrscheinlich das größte Interesse haben, sind das sicher noch viele. **Also, wo beginnst du am besten**?

! Stelle dir folgende Frage: **„Wenn Gott mir nur einen einzigen Unterstützer erlauben würde, wen würde ich mir wünschen?"** Die Person, die dir einfällt, wird nicht unbedingt der reichste Mensch auf deiner Liste sein. Es wird viel eher der Freund oder die Freundin sein, die du am längsten kennst; oder jemand aus deiner Gemeinde, der dir bei deiner Entscheidung eine besondere Ermutigung war; oder ein Arbeitskollege, dessen Leben dich als Christ wirklich herausgefordert hat; oder vielleicht deine Gemeinde als solche. Wenn die Person oder Gruppe, die dir bei dieser Frage in den Sinn kommt, auch noch in der Lage ist, viel Geld zu geben, dann umso besser. Aber ich vermute, dass du deinen einzigen Unterstützer nicht nur nach dem Umfang seines Geldbeutels auswählen würdest.

Wer würde sich für den Anfang besser eignen als die Person, die du am liebsten als Unterstützer hättest?

Nimm dir deine Liste vor und kreise den Namen der Person, an die du gedacht hast, rot ein. Wer würde sich für den Anfang besser eignen als die Person, die du dir für die Reise, zu der Gott dich berufen hat, am meisten als Begleiter wünschst?

Aber du brauchst mehr als einen Unterstützer. **Wer wären also deine nächsten fünf**?

Markiere deren Namen ebenfalls. Jetzt hast du einen guten Grundstock, mit dem du beginnen kannst.

Wenn du damit beginnst dein Unterstützerteam aufzubauen, wirst du feststellen, dass es oft nicht so kommt, wie du gedacht hast. Da ist jemand, der nach deiner Einschätzung bestimmt Interesse an deiner Arbeit hat, aber es stellt sich heraus, dass das aus irgendeinem Grund doch nicht der Fall ist. Und du kannst damit rechnen, dass Leute quasi aus dem Nichts auftauchen und am Ende zu deinen engagiertesten Unterstützern gehören. Einige werden dich von sich aus fragen, ob sie dich unterstützen dürfen. Andere, von denen du dachtest, dass sie selbst die Initiative ergreifen würden, brauchen vielleicht mehr Ermutigung und Erinnerungen von deiner Seite, als du je gedacht hättest, bis sich ihr Interesse in wirkliches Engagement verwandelt.

Zusammenfassung

Ganz gleich, wie sich der Aufbau deines Unterstützerteams entwickelt, du musst irgendwo anfangen. Deshalb beginnst du am besten mit einer Handvoll Leuten, die du besonders gern in deinem Unterstützerteam haben möchtest.

14. GUT ORGANISIERT

Nimm von Anfang an die Dinge in die Hand und behalte sie in der Hand. Welche Dinge? wirst du fragen. Informationen und Details!

Du wachst eines Morgens auf, nachdem du am Abend vorher im Haus von Freunden deine Arbeit vorgestellt und erklärt hast, dass du Unterstützung brauchst. Du erinnerst dich mit einem wohligen Gefühl an den gelungenen Abend, aber dann läuft es dir langsam kalt den Rücken runter. Du kannst dich nicht mehr an die Namen der beiden Ehepaare (oder war es ein Ehepaar und ein Single?) erinnern, die deine Überweisungsträger mitgenommen und gesagt haben, dass sie sich bei dir melden würden. Und da war noch eine Person, die sich gern einmal mit dir zum Mittagessen treffen würde, um über deine Unterstützung zu sprechen. War das der große Mann, der gleich nach Ende deiner Präsentation weggehen musste, oder war es derjenige, dessen Cousin bei demselben Missionswerk gearbeitet hat, wo du arbeiten wirst? Wenn er das war mit dem Cousin, wer war das dann bloß, mit dem du dich zum Mittagessen verabredet hast? Und war das diesen Dienstag oder nächsten?

Nein, denkst du, solche Einzelheiten würde ich nicht vergessen.

Aber ich kann dir aus Erfahrung und eigener Verzweiflung versichern – auch dir wird es so ergehen wie mir.

Vor einigen Monaten hatte Martin entschieden, uns zu unterstützen. Wir kannten uns nur flüchtig aus der Vergangenheit, aber er hatte die Gelegenheit, sich unserem Unterstützerteam anzuschließen, freudig ergriffen und wollte uns sogar anderen vorstellen, die uns unterstützen könnten – vor allem seiner weiteren Verwandtschaft.

So luden er und seine Frau Barbara uns an einem Abend zu sich nach Hause ein, damit wir unsere Arbeit und unseren Bedarf nach finanzieller Unterstützung all seinen Brüdern und Schwestern, einer ganzen Ansammlung von Ehefrauen und -männern, Verlobten und Noch-Nicht-Verlobten vorstellen konnten.

Es war ein toller Abend, die Leute hatten großes Interesse. Einer sagte, dass sie schon beschlossen hätten, uns zu unterstützen, bevor sie gekommen seien; zwei weitere nahmen Überweisungsträger mit und sagten, dass sie sich bei uns melden würden; einer lud uns für nächste Woche zum Abendessen bei sich zuhause ein. Die übrigen zeigten ebenfalls ein gewisses Interesse, ohne sich jedoch bereits verpflichten zu wollen. Es war einfach toll!

Außer dass wir uns nicht merken konnten, wer wer war. Die Leute wussten alle, wer wir waren, aber wir wussten von ihnen lediglich, dass sie mit Martin verwandt oder mit einem seiner Verwandten liiert waren. Und die Tatsache, dass Ehepartner nicht nebeneinander saßen, trug noch zu unserer Verwirrung bei. Gewiss, einige hatten sich mit Namen vorgestellt, aber im Getümmel dieser geselligen Atmosphäre (es war in Wirklichkeit ein frohes Familientreffen), ging das alles irgendwie unter.

Als ich merkte, dass bei mir die nötigen Informationen schon wieder weg waren, als die Leute gegangen waren, setzte ich mich anschließend mit Martin zusammen und durchlöcherte ihn mit Fragen. „Wer war der Mann mit Bart, und mit wem ist er verheiratet?" „Wie hieß das Ehepaar, das früher wegmusste?" „Wer war die Frau mit dem roten Kleid, und war das neben ihr der Ehemann?"

Ich ging nicht zu Bett, bis ich sämtliche Informationen bekommen und ***aufgeschrieben*** *hatte, die ich brauchte, um den ganzen Prozess mit jedem Einzelnen in angemessener Weise weiterzuführen.*

An diesem Abend erkannte ich, wie wichtig es ist, die Informationen fest in der Hand zu behalten. Kannst du dir vorstellen, wie blöd ich mich gefühlt hätte, wenn ich es nicht getan hätte, und wie dumm ich dagestanden hätte: Ich hätte in den darauffolgenden Tagen Martins Verwandte einzeln anrufen müssen mit der Bitte, mir zu erklären, ob sie die Leute waren, die uns unterstützen wollten oder aber diejenigen, die uns zum Abendessen eingeladen hatten! Das wäre uns viel zu peinlich gewesen, wir hätten es einfach bleiben lassen. Dann wäre bei den Leuten der Eindruck entstanden, dass wir nicht wirklich an ihnen interessiert waren. Und wir hätten in den folgenden Jahren einige fantastische Unterstützer verpasst.

Wenn du deine Liste durchgehst, fallen die Namen darauf wahrscheinlich in eine der folgenden drei großen Gruppen:

- Einzelpersonen, die du besuchen kannst
- Einzelpersonen, die so weit weg wohnen, dass du sie nicht besuchen kannst
- Gruppen (Gemeinden usw.)

Führe von Anfang an genau Buch über jeden, besonders über die Leute, die du kontaktieren willst. Dazu brauchst du ein Medium, das dir leichten Zugriff gewährt. Das kann beispielsweise ein klassischer Karteikasten sein, oder aber ein Softwareprogramm wie TnT-MPD (siehe www.tntware.com) und andere. Wenn du mit einem Karteikasten arbeitest, dann sollte jede Person in deiner Kartei in eine der drei oben genannten Gruppen passen. Denk daran, wenn du die Informationen nicht in der Hand behältst, machen sie sich selbständig!

Wenn du auch nur einigermaßen intensiv an deiner Unterstützung arbeitest, möchte ich dir die folgenden Punkte sehr ans Herz legen. Das erspart dir und – was noch wichtiger ist – deinen Unterstützern Missverständnisse, Verwirrung, Peinlichkeiten und offene Angelegenheiten. Wenn du deine Arbeitsmethode so anpassen möchtest, dass sie besser zu dir passt, dann ist das in Ordnung. Achte lediglich darauf, dass alle Details enthalten sind, die du zu jeder Zeit des Prozesses über jede Person wissen musst.

! **Erfasse die wichtigsten Daten jeder Person oder Gruppe, die auf deiner Liste steht:** Name, Adresse, Telefonnummer, E-Mail-Adresse, usw. Wenn du nicht alle Daten hast, die du brauchst, dann schreibe die auf, die du hast, und versuche, die fehlenden Informationen so schnell wie möglich nachzutragen. Am besten fragt man immer die betreffende Person direkt! Achte auch auf die richtige Schreibweise – heißt jemand Katharina oder Katrin, Gerd oder Gerhard, Maier oder Meyer? Ich heiße „Myles" mit y. Wenn jemand mir einen Brief mit „Miles" schreibt, ist das immer ein bisschen komisch und erweckt bei mir den Eindruck, dass der andere mich gar nicht richtig kennt.

! **Teile deine Liste in verschiedene Kategorien ein:** z. B. Treffen vereinbaren; Treffen vereinbart; wegen Entscheidung nachfragen; danken; Brief schreiben; Brief beantworten; mit Unterstützung begonnen; nur Rundbrief zusenden; kein weiterer Kontakt gewünscht; Gruppen, die ich kontaktieren muss.

! **Bringe deine Liste immer wieder auf den neuesten Stand**. Wenn du das tust, weißt du jederzeit ganz genau, welchen Schritt du im Kontakt zu jedem Einzelnen gehen musst.

! ***So, bitte höre hier mit Lesen auf, geh in ein Schreibwarengeschäft und kaufe dir ein Päckchen Karteikarten, einen passenden Karteikasten und einen Satz Trennkärtchen oder mache dich mit der TnTMPD-Software vertraut. Nimm dir in den nächsten Tagen Zeit und beginne, die Daten der Leute zu erfassen, die deine Unterstützer werden könnten. Achte darauf, dass du wenigstens die Namen all derer auf deiner Liste aufführst, die du bei der letzten Übung in Kategorie 3 (Interesse) oder höher eingestuft hast. Und vergiss nicht, dass deine Liste dynamisch sein soll, nicht statisch. Wenn du ein Unterstützerteam aufbaust, wirst du jede Woche neue Menschen treffen, manchmal sogar jeden Tag. Schreibe sie auf deine Liste und lege eine Karteikarte für sie an oder trage sie in deiner TnTMPD-Datenbank ein, besonders wenn sie Interesse an dir und deiner Arbeit zeigen.***

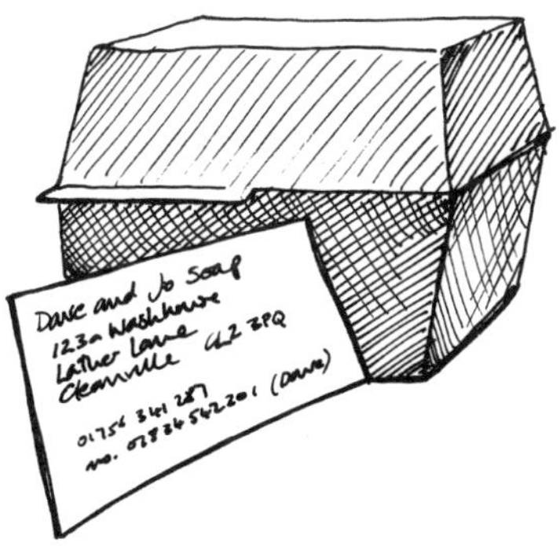

15. VON PFEFFERSTREUERN UND TRAUZEUGEN

Also, wie sprichst du mögliche Missionspartner am besten an?

Wir wollen uns mal zwei andere Situationen ansehen, in denen du jemanden bittest, etwas für dich zu tun.

Pfefferstreuer ...

Stell dir vor, du sitzt mit ein paar Freunden beim Essen. Es schmeckt lecker, aber da fehlt noch ein bisschen Pfeffer. Das Problem ist, dass der Pfefferstreuer genau am anderen Ende des Tisches steht, ausgerechnet bei der Person, die du am wenigsten kennst. Was tust du? Machst du eine vage Bemerkung, in der Hoffnung, dadurch jemanden zum Handeln zu bewegen? „Das Essen ist lecker; es könnte nur noch eine Spur mehr Pfeffer vertragen!" Oder versuchst du es mit einer allgemeinen Frage: „Wenn jemand Interesse hätte, mir den Pfeffer zu reichen, dann lasst es mich bitte wissen, ja?" Kein Mensch würde das so machen. Du schaust die Person am anderen Ende des Tisches an und bittest sie, dir den Pfeffer zu reichen. Oder wenn du ihre Aufmerksamkeit nicht bekommen kannst und sie nicht gut genug kennst, um über den ganzen Tisch hinweg zu rufen, dann bittest du jemanden, den du kennst und dessen Blickkontakt du bekommen kannst, den anderen ganz unten zu bitten, dir den Pfeffer zu reichen. So einfach ist das.

Ärgern sich die Leute über deine direkte Vorgehensweise? Natürlich nicht. Aber man könnte an dieser Stelle einwenden, dass es ja auch keine große Sache ist, jemandem den Pfeffer zu reichen.

Schauen wir uns deshalb noch ein anderes Beispiel an.

... und Trauzeugen

Du möchtest heiraten und suchst zwei Trauzeugen. Du weißt auch, welche zwei dir am liebsten wären. Was machst du? Schickst du all deinen Freunden einen Brief mit der Anrede „Liebe Freunde", in dem du ihnen erklärst, dass du dich verlobt hast und dass du zwei Trauzeugen brauchst, damit die Heirat rechtskräftig wird, und bittest Interessenten, sich bei dir zu melden? Und betest dann wie verrückt, dass die zwei, die du am liebsten hättest, dich als Erste anrufen? Oder machst du eine Ansage in deiner Gemeinde, dass du heiraten willst, und sagst, wenn jemand sich von Gott als Trauzeuge berufen fühlt, möge er/sie sich nach dem Gottesdienst bei dir melden?

Nein, natürlich nicht. Du würdest vielmehr deine zwei Favoriten persönlich fragen, ob sie deine Trauzeugen sein möchten. Wenn sie zu weit weg wohnen, würdest du sie anrufen, ihnen eine E-Mail oder eine kurze begeisterte Nachricht schicken. Du würdest ihnen sicher erklären, warum du sie gern als Trauzeugen hättest, was dazu gehört und wie gern du möchtest, dass sie Teil dieses besonderen Tages würden.

Das ist ein großes Ereignis in deinem Leben, wesentlich bedeutsamer, als wenn du jemanden bei Tisch um den Pfeffer bittest. Du möchtest es so richtig wie möglich machen und du möchtest dafür die richtigen Leute haben. Du würdest es nicht riskieren, dir diesen Tag zu verderben, indem du die Frage nach Trauzeugen einfach in den Wind streust und wartest, was zurückkommt.

Zurück zum Aufbau eines Unterstützerteams

Der Aufbau eines Unterstützerteams enthält Elemente aus beiden Szenarien, dem „Würdest du mir bitte den Pfeffer reichen?“ und dem „Möchtest du bei meiner Hochzeit mein Trauzeuge sein?“

Du brauchst gerade jetzt Unterstützung, und sie ist in den Händen anderer Menschen, so wie der Pfefferstreuer. Einige davon sind Leute, die du gut kennst und zu denen du eine enge Beziehung hast; andere wiederum kennst du nicht so gut. Einige von denen, die du gut kennst, ergreifen sogar die Initiative und bieten ihre Unterstützung an. Viele andere, wie die Person mit dem Pfefferstreuer, brauchen etwas Hilfe, bis sie draufkommen, dass du Unterstützung brauchst; vielleicht werdet ihr einander vorgestellt durch jemanden, der euch beide recht gut kennt.

Und wie im Fall mit den Trauzeugen möchtest du deine Sache gut machen und dich nicht auf allgemeine Hinweise und Hoffnungen verlassen, um diejenigen, die du gern an diesem besonderen Tag dabeihaben möchtest, dazu zu bewegen, endlich aufzutauchen. **Du willst sichergehen, dass die, die du gern in deinem Unterstützerteam haben willst, wissen, warum du sie als Unterstützer haben möchtest, was es bedeutet, dein Missionspartner zu sein und wie sie dir am besten helfen können, Gottes Berufung für dein Leben zu folgen.**

Wenn du an deinem Unterstützerteam arbeitest, kommt ein Element hinzu, das bei der Suche nach Trauzeugen normalerweise fehlt. Manchmal sind deine besten und aktivsten Unterstützer Menschen, die du überhaupt nicht gekannt hast, bevor sie sich entschlossen, deine Missionspartner zu werden. Mir ist immer noch nicht klar, warum das so ist, aber ich vermute, es hängt damit zusammen, dass eure Beziehung noch keine gemeinsame Vergangenheit hat. Sie knüpfen ihren ersten Kontakt zu dir als jemandem, der in einem christlichen Dienst steht, und den sie unterstützen möchten – alles Weitere ergibt sich daraus.

Wie aus Interesse Engagement wird

Beim Aufbau eines Unterstützerteams ist es wie bei der Bitte um den Pfefferstreuer oder bei der Auswahl von Trauzeugen: Je persönlicher du vorgehst, desto positiver die Antwort. Du bekommst so auch leichter die richtigen Menschen in dein Team; Leute, die nicht nur Geld geben, sondern auch für dich beten und dich ermutigen.

Ja, du kannst durch einen eher unpersönlichen Kommunikationsstil das **Interesse** von Leuten wecken, aber damit es mit deiner Unterstützung klappt, musst du Leuten auf irgendeine Art und Weise helfen, sich vom Interesse in Richtung **Engagement** zu bewegen.

Engagement

↑

Persönlicher Besuch

Handgeschriebener Brief mit anschließendem Anruf

E-Mail mit anschließendem Anruf

Personalisierter Serienbrief mit anschließendem Anruf

Personalisierter Serienbrief ohne Anruf

Allgemeiner Rundbrief („Liebe Freunde")

Veranstaltung

Allgemeiner Newsletter

Persönlicher Vorstellungsprospekt

Allgemeiner Prospekt deines Missionswerks

↓

Interesse

Aus diesem Diagramm ist ersichtlich, wie die Wirksamkeit bei verschiedenen Vorgehensweisen (von unten nach oben) zunimmt. Man sollte so persönlich wie möglich vorgehen, um eine positive Reaktion und echtes Engagement zu erzielen. Ganz oben auf der Liste steht, sich mit einem Freund bei einer Tasse Kaffee zusammenzusetzen und über das zu reden, was Gott dir aufs Herz gelegt hat, und den anderen zu fragen, ob er Teil von Gottes wunderbarem Plan für dein Leben sein möchte.

Das Wohlfühl-Barometer

Je weiter du jedoch auf der Skala nach oben steigst, desto unangenehmer kann es werden. Du brauchst keine Ablehnung zu befürchten, wenn du lediglich eine Ansage in der Gemeinde machst oder einen allgemeinen Brief an alle rausschickst. Du weißt dabei nicht einmal, wer in der Gemeinde zugehört oder wer den Brief tatsächlich gelesen hat! Es ist etwas ganz anderes, wenn du dich persönlich mit einem Freund zusammensetzt und ihn fragst, ob er zu deinem Unterstützerteam gehören möchte.

! **Aber geh noch einmal zurück zu Kapitel 7**. Dort haben wir bereits gesehen, dass es besser ist, wenn du das Unbehagen auf dich nimmst und dem anderen dadurch hilfst, sich in der Situation wohlzufühlen. Wenn du dagegen in erster Linie so kommunizierst, dass du selbst dich nicht unwohl fühlst, dann spürt häufig der andere ein Unbehagen.

! ***Bitte plane, dich mit so viel Leuten wie möglich persönlich zu treffen. Ja, du musst vielleicht auch unpersönlichere Kommunikationswege nutzen, um Leute zu informieren und ihr Interesse zu wecken. Aber erwarte nicht, dass du viel ernten wirst, wenn du die ganze Saat einfach in die Luft wirfst und wartest, wo sie landen wird.***

Steve und Johanna hatten einige Jahre mit den Wycliff-Bibelübersetzern im Ausland gearbeitet und kehrten nun nach England zurück, wo Steve eine hochspezialisierte technische Aufgabe in der Wycliff-Zentrale in der Nähe von High Wycombe übernehmen sollte. Ihre Unterstützung war nie sehr üppig gewesen, aber zu der Zeit war sie auf etwas über 60 Prozent gesunken, und Wycliff hatte ihnen jahrelang mit Zuschüssen aus den allgemeinen Mitteln ausgeholfen.

Weil Wycliff die beiden weiterhin als Mitarbeiter behalten wollte, bekamen Steve und Johanna Zeit, um am Aufbau ihres Unterstützerteams zu arbeiten. Sie würden noch so lange Zuschüsse aus allgemeinen Mitteln bekommen, bis sie die 100 Prozent Marke erreicht haben würden. Steve und Johanna waren zu einer Zeit ausgereist, als Wycliff noch so vorging, dass man als Missionar nicht aktiv um Unterstützung bat, und das passte den beiden gut. Bei dem Gedanken, Leute direkt um Unterstützung zu bitten, war es ihnen jedes Mal mulmig geworden. Obwohl sie viel beteten und die lästige Bitte um Unterstützung diskret in einer kleinen Ecke ihres Rundbriefes unterbrachten, sank ihre Unterstützung weiter, bis sie den kritischen Punkt von 62 Prozent erreicht hatte.

Inzwischen hatte sich bei Wycliff die Philosophie geändert und man erlaubte, ja empfahl seinen Mitarbeitern, Leute direkter zu informieren und sie gezielt um Unterstützung zu bitten. Steve und Johanna fühlten sich bei dieser neuen Richtung nicht besonders wohl, aber sie waren in einer Zwickmühle. Wenn ihre Unterstützung nicht ansteigen würde, müssten sie Wycliff verlassen. Wenn sie bleiben wollten, mussten sie das Unbehagen auf sich nehmen, Leute direkter anzufragen, da ja all ihre bisherigen Bemühungen fehlgeschlagen waren.

Sie waren nah dran zu kündigen. Aber in ihrem Herzen wussten sie, dass es Gottes Wille war, dass sie blieben.

Also beschlossen sie, da es ja nichts zu verlieren gab, eine direktere Vorgehensweise auszuprobieren.

So stellten sie ihren Unterstützungsnotstand nicht nur viel deutlicher in ihrem Rundbrief dar, sondern schrieben auch einigen Leuten einen persönlichen Brief. (Den Mut, Leute persönlich zu treffen, hatten sie immer noch nicht.)

Der Mann eines Ehepaars, das sie angesprochen hatten, rief an und fragte, ob er mal vorbeikommen könnte, um über die Lage zu reden. Sie freuten sich sehr über die positive Reaktion und vereinbarten nur allzu gern ein Treffen.

Mit Schrecken und Verlegenheit erfuhren sie bei diesem Treffen, dass dieser Mann demnächst arbeitslos werden würde. In ihrem Eifer, Unterstützung zu finden, hatten sie jemanden, den sie nicht besonders gut kannten, vor den Kopf gestossen, indem sie ihn gerade dann um Geld gebeten hatten, als er es am wenigsten geben konnte. Schnell waren sie mit Entschuldigungen bei der Hand.

„Nein", antwortete er, „darum geht es nicht; Ihr konntet ja nicht wissen, wie es mit meiner Arbeit steht. Der Grund, warum ich mich mit Euch treffen wollte, ist, dass ich Eurem Brief entnommen habe, dass Eure Arbeit bei Wycliff aus finanziellen Gründen auf dem Spiel steht. Der Unterschied zu mir ist, dass ich mit meiner Situation wirklich nicht gut zurechtkomme, es nicht im Glauben angehe. Dagegen ist Eure Perspektive in derselben Situation voller Hoffnung. Ich habe niemanden, an den ich mich wenden kann, der mich da versteht. Würdet Ihr mir helfen, eine hoffnungsvolle Perspektive für meine Situation zu bekommen?"

Über eine Stunde lang beteten die beiden mit dem Mann, lasen Bibelstellen zusammen und halfen ihm, seinen Blick von den Umständen abzuwenden und auf Gott zu schauen. Er weinte bei dem Gespräch und war ganz erleichtert, Menschen gefunden zu haben, die ihn verstanden und ihm helfen konnten. Als er ging, konnte er die Dinge wieder hoffnungsvoller betrachten als bei seiner Ankunft.

Während ich das schreibe, erfahre ich gerade, dass Steve und Johanna ihr Ziel, 100 Prozent Unterstützung, erreicht haben. Aber was noch wichtiger ist: Sie haben ein ganz neues Verständnis vom Prozess der Missionspartnerentwicklung. „Nicht einmal in unseren kühnsten Träumen", schrieben sie, „hätten wir daran gedacht, dass wir Leuten so viel geben können, nur weil wir sie bitten, darüber nachzudenken, ob sie uns unterstützen möchten!"

16. WAG DEN SPRUNG

Du hast deine Liste erstellt, hast dir einen Karteikasten zugelegt oder arbeitest mit einem Softwareprogramm wie TnTMPD, um deine laufenden Informationen festzuhalten, du hast ein halbes Dutzend Namen von Leuten ausgewählt, die du gern in deinem Unterstützerteam hättest.

Du bist hinreichend davon überzeugt, dass eine persönliche Vorgehensweise trotz deines Unbehagens am besten ist. Was kommt jetzt?

Wie ich bereits gesagt habe, gibt es keine allgemein gültige Zauberformel, die dir in jeder Situation Erfolg bescheren wird. Aber dieses und das nächste Kapitel enthalten einige Richtlinien, die es dir erleichtern sollen, Menschen anzusprechen. Benutze diese Richtlinien so, wie es am besten zu dir passt, und – was noch wichtiger ist – wie es zu dem jeweiligen potentiellen Unterstützer passt, den du ansprichst.

Diese Richtlinien sind nicht kompliziert. Wahrscheinlich richtest du dich in anderen Lebensbereichen bereits automatisch nach ihnen. Es geht einfach darum, jemanden um Hilfe bei deinem Anliegen zu bitten. Ja, es ist schon ein wenig bedeutsamer, jemanden um finanzielle Unterstützung zu bitten, als jemanden um Mithilfe beim Renovieren eures Wohnzimmers anzufragen, aber die Prinzipien sind die gleichen.

1. Überlege, wen du fragen willst
2. Lege fest, wann du die Person treffen willst
3. Triff dich mit der Person
4. Bedanke dich
5. Bleib dran

In diesem Kapitel wollen wir die ersten beiden Stadien dieses Prozesses näher betrachten – wie du von dem ersten Gedanken an eine Person dazu kommst, mit ihr über deine Arbeit und deine finanziellen Bedürfnisse zu sprechen.

Im nächsten Kapitel geht es darum, was du bei einem Treffen mit einem potentiellen Unterstützer tust, und was danach kommt.

Überlege, wen du fragen willst

Es kann gut jemand von den Leuten sein, die du auf deiner Liste markiert hast, weil du sie gern in deinem Unterstützerteam haben möchtest. Wenn nicht, dann sollte es auf alle Fälle jemand sein, der schon Interesse an deiner Arbeit gezeigt hat, oder von dem du dies aufgrund eurer guten Beziehung zumindest annimmst. Es ist immer gut, am Anfang eine positive Erfahrung zu machen!

Lege fest, wann du die Person treffen willst

Auch wenn du diese Person vielleicht im Gottesdienst, bei der Arbeit oder aus anderem Anlass unter der Woche triffst, ist es immer am besten, wenn du einfach schnell mal bei ihr anrufst. Ein Anruf hebt das Thema Unterstützung gerade so weit aus eurer normalen alltäglichen Kommunikation heraus, dass der potentielle Missionspartner merkt, dass es sich um etwas anderes, um etwas Spezielles handelt. Auch wenn du ein bisschen aufgeregt bist, achte darauf, dass du den Grund deines Anrufs schon relativ früh in eurem Gespräch erwähnst, sonst fragt sich der andere, warum du überhaupt anrufst! Auch wenn du denkst, dass der andere schon Bescheid weiß, schildere kurz, dass du Unterstützung benötigst und erkläre ihm, dass du dich gern mit ihm treffen möchtest, um zu erfahren, ob er sich deinem Unterstützerteam anschließen möchte. Das Telefon ist ein gutes Medium, um ein Treffen zu vereinbaren, aber es ist nicht optimal geeignet, um eine ausführliche Unterhaltung über ein so wichtiges Thema wie deine Unterstützung zu führen.

Der Zweck des Anrufs ist, ein Treffen zu vereinbaren, und nicht, jemanden um Unterstützung zu bitten. Lass dich deshalb nicht zu langen Erklärungen am Telefon verleiten.

Wenn sich dir in einem anderen Kontext die Gelegenheit bietet, ein Treffen zu vereinbaren, dann nutze sie auf alle Fälle. Es wäre komisch, wenn dich jemand nach dem Gottesdienst fragt, wie es bei dir vorwärts geht, und du dann antwortest, dass du ihn später anrufst, um eine Verabredung zu vereinbaren. Auch hier gilt: Diese lockeren Plaudereien beim Kirchenkaffee eignen sich bestens, um ein Treffen zu arrangieren, wo ihr dann ausführlicher über deine Pläne und über deine Unterstützung reden könnt. Überfalle nicht Leute gleich mit der vollen Ladung, die gar nicht damit rechnen.

Ganz gleich, wie du genau vorgehst, du wirst deinen eigenen Stil entwickeln. Aber am Ende jedes Anrufs (oder lockeren Gesprächs) sollte der andere, den du um ein Treffen bittest, einige wichtige Punkte kennen. Er sollte wissen,

- dass du ihn aus einem bestimmten Grund kontaktierst
- in welchem Stadium deines neuen (oder langjährigen) christlichen Dienstes du dich gerade befindest
- dass deine Arbeit in einem christlichen Werk davon abhängig ist, dass du ein Unterstützerteam aufbaust
- dass du mit ihm vor allem darüber reden möchtest, ob er sich deinem Unterstützerteam anschließen will.
- wann und wo genau ihr euch trefft.

Rob rief uns an und fragte, ob wir Zeit hätten, am Samstag zum Essen zu kommen. Wir hatten tatsächlich Zeit und sagten gern zu. Rob und Kay befanden sich jahrelang eher am Rand unseres Bekanntenkreises, wir kannten sie nicht besonders gut, deshalb freuten wir uns, sie etwas näher kennenzulernen.

Obwohl wir Rob und Kay vorher noch nie besucht hatten, schätzte ich sie eher als ungezwungene Leute ein, bei denen die Kaffeetasse auch mal einen Sprung haben durfte. Aber als wir ankamen, hatten sie ihr bestes Tischtuch aufgelegt und ihr wertvollstes Service gedeckt. Normalerweise bin ich der Zynische von uns beiden, aber dieses Mal lehnte sich Phyllis zu mir herüber und flüsterte, „Da steckt mehr dahinter als nur eine Einladung zum Abendessen."

Es war ein tolles Essen, und wir genossen es sehr, solange bis der Kaffee serviert wurde. Erst in diesem Augenblick lüftete Rob sein Geheimnis und fragte uns, ob wir ihm und Kay einen großen Gefallen tun könnten. Uns wurde schmerzlich bewusst, dass die beiden den ganzen Abend über Hintergedanken gehegt hatten, die nur darauf warteten, im rechten Moment hervorzubrechen.

Auf einmal krampfte sich mir der Magen zusammen, trotz all der Leckerbissen, die wir gerade genossen hatten. Als Rob uns zum Essen eingeladen hatte, war er nicht in der Lage gewesen, uns offen den wahren Grund für die Einladung zu nennen. Um seine Verlegenheit darüber auszugleichen, dass er Leute um Hilfe bat, die er nicht besonders gut kannte, hatten er und Kay alles darangesetzt, uns ganz besonders zuvorkommend zu behandeln. Aber als er plötzlich mit seiner Bitte an mich herantrat, fühlte ich mich eher so, als seien Phyllis und ich hereingelegt worden. Ich fühlte mich betrogen, verraten und gefangen.

Bestimmt war Rob sich überhaupt nicht bewusst, welche Gefühle es in mir weckte, als ich mir seine Bitte anhörte. Ich erklärte ihm, dass ich dafür nicht die geeignete Person sei. Das stimmte zwar, aber ich muss gestehen, dass meine Antwort mindestens ebenso durch mein Gefühl, ausgetrickst worden zu sein, motiviert war wie durch die Tatsache, dass ich für diese bestimmte Aufgabe wirklich nicht der Richtige war.

Wenn Rob mir einfach erklärt hätte, warum er mich anrief, und mich gebeten hätte, bei einer Tasse Kaffee über das Thema zu reden, hätte ich das gern getan. Wahrscheinlich hätte ich ihm auch dann noch vorgeschlagen, jemand Geeigneteren als mich für sein Anliegen zu finden, aber alles wäre sehr viel einfacher gewesen, wenn wir den wahren Grund für seinen Anruf gekannt hätten.

Weil Rob nicht bereit war, das Unbehagen auf sich zu nehmen, das eine offene Vorgehensweise mit sich gebracht hätte, war zuletzt ich derjenige, der sich unwohl fühlte.

! *Rob bat nicht um Unterstützung, aber das Prinzip gilt trotzdem: Bitte nicht um Unterstützung, ohne vorher zu fragen, ob du um Unterstützung bitten darfst. Hintergedanken sind die Geißel der christlichen Gemeinden – trage nicht auch dazu bei!*

So könnte das klingen:

Ich habe mir zwei Szenarien ausgedacht, die im weiteren Teil dieses Buches immer wieder vorkommen. Eines handelt von Claudia Wolf, einer 28-jährigen ledigen Frau aus Deutschland, die ein Unterstützerteam aufbaut, um mit der Mittelmeermission in die Türkei zu reisen. Das zweite handelt von Jürgen Becker, der mit Susanne verheiratet ist, beide Mitte 40, zwei Kinder. Jürgen wird bei Declare *mitarbeiten, einem evangelistischen Schweizer Missionswerk. Er wird in ihrer Zentrale in Bern als IT-Manager und Verwaltungsleiter mitarbeiten. Jürgen und Susanne haben* Declare *kennengelernt, als diese einen Evangelisationskurs in ihrer Gemeinde durchführten. Susanne ist Krankenschwester und möchte ihren Teilzeitjob am Universitätsspital der Stadt beibehalten, um zum Familieneinkommen beizutragen, aber sie würde auch liebend gern intensiver bei* Declare *einsteigen.*

Beide Geschichten sind fiktiv und ich weiß, dass die Situationen, Reaktionen und Aktionen meiner Protagonisten nicht die gleichen wie deine eigenen sein werden. Aber dennoch hoffe ich, dass du dich in einem oder sogar in beiden Beispielen so weit wiederfindest, dass du Anregungen für den Aufbau deines eigenen Unterstützerteams bekommst.

Nun zuerst zu Claudia:

Claudia wurde von der Mittelmeermission angenommen, einem christlichen Missionswerk, das der Bevölkerung in Nordafrika und dem Nahen Osten praktische und geistliche Hilfe bringt. Die Mittelmission besteht in verschiedener Form seit 1890. Claudia ist zur Zeit Englischlehrerin in Stuttgart und wird in einer kurdischen Stadt in der Osttürkei für eine Sprachschule arbeiten. Die Sprachschule wurde vor 10 Jahren von der Mittelmeermission gegründet, und Claudia wird in erster Linie als Englischlehrerin dort arbeiten. Nebenbei wird sie in einer kleinen einheimischen Gemeinde mitwirken, die vor einigen Jahren durch ein Sommerteam von Operation Outreach entstanden ist, einer Evangelisations-Bewegung, die eng mit der Mittelmeermission zusammenarbeitet.

Claudia kontaktiert Julia Fischer, die an der gleichen Schule in Stuttgart Sportlehrerin ist. Sie gingen in die gleiche Gemeinde, bevor Claudia sich vor zwei Jahren einer Gemeindeneugründung in einem Neubaugebiet in einem anderen Stadtteil anschloss. Beide stammen ursprünglich nicht aus Stuttgart. Gemeinsam fingen sie vor fünf Jahren an dieser Schule als Lehrerinnen an. Es war für beide die erste Stelle, und sie wurden schnell Freundinnen. Drei Jahre lang wohnten sie mit einigen anderen Lehrern in einem Haus zusammen, aber dann kaufte sich Julia eine kleine Eigentumswohnung, um ins Eigenheimgeschäft einzusteigen. Allerdings musste sie dafür eine hohe Hypothek bei der Bank aufnehmen.

Claudia stammt aus einer christlichen Familie in Ludwigsburg und wurde schon als Kind Christ. Bei Julia war das anders. Sie wurde erst in ihrem letzten Studienjahr in Tübingen Christ. Ihre Familie lebt in Hannover.

Ihre Schule ist auf zwei verschiedene Gelände verteilt, und die beiden sind häufig in verschiedenen Gebäuden, deshalb treffen sie sich nicht sehr oft an der Schule.

An einem Montagabend Ende Mai ruft Claudia bei Julia an.

Hallo, Julia, hier ist Claudia. Wie geht's so?

Sehr gut. Allerdings erhole ich mich noch vom Wochenende. Bei diesen Schülern konnte ich fast keinen Schlaf bekommen.

Ja, ich habe schon gehört, dass es gut lief. Und dass Matthias Hofmann sich an dem Wochenende für Jesus entschieden hat. Das ist echt spitze, nach all dem, was er durch die Scheidung seiner Eltern mitgemacht hat.

Ja, es war wirklich toll, Ich denke, dass fünf oder sechs Schüler zum Glauben gekommen sind. Der Samstagabend war wirklich ganz besonders gut.

Du und die anderen Mitarbeiter haben echt viel in diese Jugendlichen investiert. Es muss eine große Ermutigung für euch gewesen sein, Gottes Wirken so intensiv mitzuerleben.

Julia, warum ich dich anrufe: Könnten wir uns diese Woche mal für eine Stunde oder so treffen? Du weißt ja, dass ich von der Mittelmeermission angenommen worden bin. Es sieht so aus, als könnte ich nächstes Jahr meine Arbeit in der Türkei beginnen.

Ja, ich habe gehört, dass alles gut geklappt hat. Finde ich ja toll. Wie geht es dir jetzt, wo deine Träume nun wahr werden? Es ist ja schon so lange her, seit wir das erste Mal darüber gesprochen haben.

Ja, tatsächlich! Ich habe recht lang gebraucht, bis ich die Bewerbungsunterlagen ausgefüllt habe, und dann hat der ganze Bewerbungsprozess noch Monate gedauert. Letztes Jahr habe ich dann noch den LAMP-Sprachkurs gemacht usw. Lehrerin zu werden ist wesentlich einfacher, als Missionarin zu werden!

Dann wird dein Einsatzland also die Türkei sein? Hieß es nicht einmal, dass du nach Zypern gehen würdest?

Ja, dort ist die Zentrale der Mittelmeermission, und ich werde voraussichtlich Ende nächsten Jahres ein paar Monate zur Mitarbeiterschulung dorthin reisen, aber es sieht tatsächlich so aus, dass ich in der Türkei arbeiten werde. Letztlich hängt es davon ab, wo gerade der größte Bedarf ist, wenn ich dann endlich soweit bin. Weil ich als Single flexibler bin, werden sie mich eher für Projekte anfragen, die sich für Familien mit Schulkindern nicht so eignen. Ich freue mich schon – es wird bestimmt spannend!

Aber noch mal wegen eines Treffens. Ich weiß nicht, ob du informiert bist, dass die Mittelmeermission so arbeitet, dass jeder Mitarbeiter ein Unterstützerteam aufbaut, das ihn regelmäßig finanziell, durch Gebet und Ermutigung unterstützt. Es gibt kein festes Gehalt und solche Dinge. Ich werde meinen Lebensunterhalt durch finanzielle Zuwendungen von interessierten Freunden decken. Ich fange gerade erst an, mein Unterstützerteam aufzubauen, und weil wir so gute Freundinnen sind, würde ich mich freuen, wenn du meine erste Unterstützerin würdest. Könnten wir uns morgen nach der Schule für eine Stunde treffen und weiter darüber sprechen?

Das heißt also, dass sie dich nicht für deine Arbeit bezahlen? Das klingt ja ziemlich riskant. Hast du dann später mal keine Pension?

Es ist einfach anders. Ich musste mir auch über viele Dinge Gedanken machen, z. B. nach welchen Werten ich lebe. Aber wir können morgen ausführlicher darüber reden, wenn wir uns treffen. Passt es dir morgen?

Ja, ich denke schon. Aber halt, morgen habe ich vielleicht gleich nach der Schule eine Fachschaftssitzung. Ich bin mir nicht sicher, kann es leider gerade nicht überprüfen – ich habe meine Agenda in der Schule gelassen. Es wäre sicherer, wenn wir gleich Mittwoch sagen.

Mittwoch passt mir auch gut. Kannst du nach dem Unterricht zum Klassenzimmer der 8a kommen? Dann können wir zusammen in das tolle Café in der Fußgängerzone gehen, von dem du letzte Woche so geschwärmt hast.

Klingt gut. Erzähl mir dann mehr darüber, wie das mit dieser Unterstützung überhaupt funktioniert. Es klingt schon etwas riskant für meine Ohren, vor allem, weil ich ja gewöhnt bin, am Ende jedes Monats mein Gehalt zu bekommen.

Um ehrlich zu sein: Ich gewöhne mich auch erst daran, aber das erkläre ich dir dann alles am Mittwoch.

Okay, ich freue mich darauf. Mal sehen, wieweit ich helfen kann. Aber etwas werde ich schon beitragen können.

Alles klar, dann treffen wir uns am Mittwoch nach der Schule beim Klassenzimmer der 8a.

Du weißt ja, dass ich mir Termine nicht so gut merken kann. Erinnere mich lieber am Mittwoch noch einmal dran.

Ja, mach ich gern. Ich schreib dir am Vormittag eine SMS.

Wenn du Leute wegen Unterstützung ansprichst, wirst du schon bald gewisse Regelmäßigkeiten erkennen, aber auch merken, dass jede Situation anders ist. Überlege dir schon vorher, welche Elemente eurer Beziehung dafür sprechen, dass der Betreffende dich unterstützen wird, und welche eher dagegen.

Wenn du dir das Gespräch von Julia und Claudia noch einmal vergegenwärtigst, fallen dir sicher ein paar Themen auf, die Claudia im Kopf behalten muss, vor allem wenn es um Julias Wertvorstellungen, ihre Persönlichkeit und ihr Wissen über finanzielle Unterstützung für Missionare geht. Ich gebe dir ein Beispiel für eine Beobachtung und die Konsequenz daraus plus eine weitere Beobachtung. Anschließend überlasse ich es dir, zwei oder drei weitere Beobachtungen zu machen und die Konsequenzen daraus zu ziehen.

Beobachtung: *Julia ist ein bisschen fahrig und vergisst leicht Dinge.*

Konsequenz: *Claudia muss die Sache in die Hand nehmen, damit Julia das, was sie sich hinsichtlich Claudias Unterstützung vornimmt, auch umsetzt.*

Beobachtung: *Julia fragt gleich zweimal, ob Claudias Entscheidung, bei der Mittelmeermission zu arbeiten, nicht finanziell recht riskant ist. Außerdem hat sie eine hohe Hypothek aufgenommen, um Eigenheim zu erwerben.*

Konsequenz: ...

Beobachtung:

Konsequenz:

Beobachtung:

Konsequenz:

Download
www.aem.de/books

17. DAS GESPRÄCH BEI EINER TASSE KAFFEE

Das Treffen

Sobald du mit jemandem ein Treffen vereinbart hast, ist der nächste Schritt, dass ihr euch nun tatsächlich trefft, im Idealfall bei einer Tasse Kaffee oder zum Essen. Bis zu diesem Zeitpunkt müssen dir folgende Dinge klar sein:

- **Du weißt, was du sagen willst.**
- **Du hast evtl. Anschauungsmaterial mit Bildern vorbereitet** (wir werden uns später genauer damit befassen, vgl. die Muster-Mappe unter www.aem.de/books).
- **Du bist im Besitz von Werbematerial deines Missionswerkes oder Projektes.**
- **Du hast alles dabei, was dein Gesprächspartner benötigt, um dich zu unterstützen** (deine Bankdaten, Überweisungsträger, Einzugsermächtigung usw.)

Wie kann man das Gespräch im Einzelnen vorbereiten?

Da sitzt du nun und machst dir Gedanken über das geplante Treffen mit einem Freund oder einer Freundin, bei dem du ihm/ihr erklären willst, wozu Gott dich berufen hat, und ihn/sie fragen wirst, ob sie deine Missionspartner werden möchten. Ich kann mir vorstellen, dass dir ganz schön mulmig zumute ist. Wie wird es gehen? Was werden sie denken? Was ist, wenn sie nein sagen? Oder ja?

In Teil 2 haben wir uns mit der Frage beschäftigt, was bei dir als dem Fragenden Unbehagen verursachen kann. Aber wir haben auch untersucht, welche Dinge dieses Gefühl beim potentiellen Unterstützer hervorrufen können. Du erinnerst dich, Unbehagen verschwindet nicht einfach, es überträgt sich vielmehr auf den anderen. An dieser Stelle könntest du dir Kapitel 6 und 7 noch einmal vornehmen und dich schon einmal daran gewöhnen, das Unbehagen auf dich zu nehmen, damit der Unterstützer sich in dem ganzen Prozess so wohl fühlen kann wie möglich.

Blättere noch einmal zurück zu Kapitel 6 und 7 auf S. 77–99.

Worum geht es bei deiner Arbeit?

Die meisten Menschen, die dich unterstützen werden, tun es in erster Linie auf Grund der Beziehung, die sie zu dir haben, nicht primär aus Interesse an deinem künftigen Missionswerk oder deiner konkreten Tätigkeit. Wenn sie sich für diese Dinge interessieren, dann ist das wahrscheinlich die Folge deiner eigenen Begeisterung.

Du darfst nicht erwarten, dass die Leute schon genauso viel über deine Arbeit wissen wie du, ihr Informationsstand ist weit geringer als dein eigener. Deshalb: Überschütte sie nicht mit Details, mit denen sie nichts anfangen können. Die beste Möglichkeit, wie man einen Sachverhalt erklärt, ist, **Geschichten über Menschen zu erzählen**. Jesus tat das, wenn er das Reich Gottes erklärte, was ja ein recht komplexes Thema ist. Er erzählte einfache Geschichten über Menschen, die eine tiefe Wahrheit enthielten und die wegen dieser Einfachheit und Unmittelbarkeit sogar kleine Kinder verstehen.

Denk auch daran, warum du diese Arbeit tun willst: Menschen sollen von Gottes Liebe hören und sie praktisch erfahren. Ganz gleich, in welchem Bereich du arbeiten wirst, ob es „ganz vorne" in einem dynamischen, neuen und innovativen evangelistischen Dienst ist oder hinter den Kulissen an einem Schreibtisch im Missionsbüro, **halte dir immer den Menschen vor Augen, der letztlich von deiner Arbeit profitieren wird**. Wenn du deine Arbeit als Antwort auf eine Not oder ein Bedürfnis von Menschen darstellst, können deine Gesprächspartner viel leichter erfassen, was deine Beschäftigung sein wird.

Führe ein zielgerichtetes Gespräch

Auch wenn der Ausgangspunkt des Gesprächs über Unterstützung bei jedem Menschen, den du kontaktierst – oder der dich kontaktiert – ein anderer ist, sollte es eine allgemeine Abfolge von Informationen geben, die dem anderen helfen, wohlüberlegt die Entscheidung zu treffen, ob er dich unterstützen will. Wenn du deine Infos als Mappe zusammenstellst, kommt das Gespräch leicht allzu linear rüber – Schritt 1, Schritt 2, Schritt 3 …, bis hin zur entscheidenden Frage: „Willst du mich unterstützen?" Unterhaltungen verlaufen in der Regel nicht so. Man weicht immer mal wieder vom Hauptthema ab und macht auch (mehr oder weniger hilfreiche) Nebenbemerkungen, bis man dann zu einer Art Endergebnis kommt.

In diesem Fall hast du ein Ziel für euer Gespräch. Du willst, dass dein Gegenüber eine fundierte Entscheidung treffen kann, ob er/sie Teil deines Unterstützerteams sein will oder nicht, deshalb muss euer Gespräch eine gewisse Struktur haben und darf nicht nur ein vages Herumreden sein.

Blättere noch einmal zurück zu S. 90–91.

Aber du darfst auch keinen langen Monolog halten, bei dem der potentielle Missionspartner das Gefühl hat, dass er durch eine ausgefeilte Präsentation „durchgeschleust" wird, ohne Rücksicht auf Verluste. Erinnerst du dich noch an das Rollenspiel mit dem Ehepaar, das nach Indonesien gehen wollte?

! **Lies es dir noch einmal durch** und nimm dich vor einer auf dein Skript fixierten Vorgehensweise in Acht. Ja, du musst vorbereitet sein. Ja, du musst dem Gespräch eine gewisse Struktur geben. Ja, du musst innerlich ein Gesprächsziel vor Augen haben. Aber du musst das Gespräch auch ein wenig hin und hergehen lassen, um dann dein Ziel zu erreichen.

Welche Informationen erwartet der potentielle Unterstützer?

Wenn ich die Entscheidung treffen müsste, ob ich dich unterstützen will oder nicht, dann würde ich gern Folgendes wissen:

- Auf welche **Nöte oder Bedürfnisse** ist deine Arbeit oder die deines Missionswerkes ausgerichtet?
- Was hat dein Missionswerk in der Vergangenheit getan, um **diesen Nöten abzuhelfen**?
- Wie tut dein Missionswerk das **in deinem ganz konkreten Arbeitsbereich**?
- Was genau wirst **du** tun und was hat dich dazu geführt?

- Welche **Unterstützung** erwartest du von mir, damit du tun kannst, was du geplant hast?
- Und zuletzt die Frage an mich selbst: Will ich mich in dieser Weise **engagieren**?

Je nachdem, wie tief die bestehende Beziehung zwischen euch ist, wird der andere die Antwort auf diese Fragen schon mehr oder weniger kennen. Aber setze nicht zu viel voraus. Während der Zeit, als du den Bewerbungsprozess durchlaufen hast, mehr über dein Missionswerk erfahren und über diesen großen Schritt in deinem Leben nachgedacht hast, war der andere mit seinem eigenen Leben, seinem Beruf, seiner Familie usw. beschäftigt. Er weiß womöglich nicht so viel über dich und dein Leben, wie du meinst. Wendungen wie z. B. „Wie du vielleicht schon weißt" helfen dir, Informationen rüberzubringen, auch wenn der andere sie vielleicht schon hat.

Jetzt wollen wir mal hören, wie das schließlich ganz konkret klingt, wenn Claudia ihre Freundin Julia trifft. In Kapitel 18 werden wir dann die Planungsphase aus Jürgen Beckers Sicht betrachten. Dann in Kapitel 20 bist du dran und hast die Möglichkeit, dir ein paar Antworten auf die obigen Fragen zu überlegen und aufzuschreiben. Dann hast du am Ende ein Grundraster für das, was du deinen Gesprächspartnern sagen willst, wenn du sie wegen Unterstützung anfragst.

So könnte euer Gespräch klingen (in Kurzform)

Erfahre nun beim Lesen, wie sich das Gespräch zwischen Claudia und Julia entwickelt. Beachte, wie Claudia das Gespräch auf ein bestimmtes Ziel ausrichtet und alle Punkte abdeckt, die ich weiter oben aufgelistet habe.

Es ist Mittwochnachmittag. Claudia und Julia sitzen wie ausgemacht bei einer Tasse Kaffee beisammen. Julia hat einen schlechten Tag in der Schule gehabt, eine Klasse am Nachmittag war besonders schwierig gewesen. Sie beklagen sich über die mangelnde Disziplin der Schüler im Allgemeinen (ein beliebtes Thema im Lehrerzimmer) und über das ungezogene Verhalten der 9. Klasse im Besonderen (ein noch beliebteres Gesprächsthema).

Claudia nutzt die Gelegenheit, um zu der großen Veränderung überzuleiten, die in ihrem Leben bevorsteht:

Na ja, spätestens an Weihnachten bin ich dann weg!

Du hast's gut! Obwohl ... ich bin nicht sicher, ob ich so weit weg gehen würde, nur um dem nervigen 9. Schuljahr zu entkommen. Wie geht es dir jetzt, wo alles offiziell ist?

Irgendwie habe ich gemischte Gefühle. Ich wollte ja schon seit ich klein war Missionarin werden. Ich erinnere mich noch an das Eingangsgespräch mit dem Schuldirektor, als ich aufs Gymnasium kam. Er fragte mich, was ich nach der Schule einmal werden wolle. Ich sagte: „Missionarin". Er schaute zu meinem Vater hinüber und meinte: „Ein schöner Traum, wird schon wieder vergehen, nehme ich an." – „Das würde ich so nicht sagen!", erwiderte mein Vater. Wenigstens war mein Berufswunsch etwas anders als die anderen, die er an diesem Tag hörte!

Dann hast du dich also schon sehr lange mit diesem Gedanken beschäftigt?

Ja, es gab eigentlich keine Zeit, in der ich nicht Missionarin werden wollte. Vielleicht sind all die Lebensberichte von Missionarinnen daran schuld, die ich in Buchform als Preise in der Sonntagsschule gewonnen habe!

Komisch. Ich wusste als Kind nicht einmal, dass es noch Missionare gibt. Ich dachte eher, dass sie mit dem 19. Jahrhundert ausgestorben sind.

Missionare sind nicht so schnell totzukriegen, nicht einmal durch den Untergang eines Jahrhunderts!

Also, was genau wirst du nun in der Türkei machen?

Also, ich werde im Osten der Türkei leben, in einer Stadt gar nicht so weit entfernt von der irakischen Grenze. Die Mittelmeermission hat schon seit einigen Jahren ein Team, das mit den Kurden dort arbeitet, die meisten in Gesundheits- und Bildungsprojekten. Ich werde an einer Englischsprachschule arbeiten, die Operation Outreach vor etwa 10 Jahren gegründet hat. Das ist eine christliche Organisation, mit der die Mittelmeermission in diesem Gebiet zusammenarbeitet. Meine Hauptaufgabe wird Englischunterreicht sein, und ich denke, dass die Schüler dort wesentlich lernwilliger sein werden als unsere 9. Klasse heute. Es gibt dort auch eine kleine Gemeinde, die vor fünf Jahren aus einem Sommereinsatz von Operation Outreach entstand.

Ich wette, dass es dort auch ganz anders sein wird als in der Philippusgemeinde!

Ganz bestimmt! Es gibt dort ein türkisches Ehepaar, das jetzt die Gemeinde leitet, und wie ich das verstanden habe, halten sich die westlichen Mitarbeiter der Mittelmeermission in der Gemeinde eher im Hintergrund, meistens arbeiten sie nur mit Einzelnen.

Seit wann gibt es diese Mittelmeergruppe denn schon?

Mittelmeermission heißt sie. Es gibt sie in verschiedener Form seit etwa 110 Jahren ...

Hier folgt nun ein ausführlicher und nicht immer logisch zusammenhängender Teil über Claudias geplante Arbeit, die Geschichte der Mittelmeermission, die Rechte der Kurden, die politische Instabilität der ganzen Region, die Bedeutung von Schulbildung, sich wandelnde Trends in der Mission, die Notwendigkeit einer einheimischen Kirche und verschiedene andere und nur teilweise relevante Themen. Claudia lässt absichtlich immer wieder Geschichten von Menschen einfließen, die sie von anderen Mitarbeitern der Mittelmeermission gehört hat, oder auch von ihrer eigenen Reise in die Türkei im Sommer vor ein paar Jahren. Julia lenkt das Gespräch nicht auf die finanzielle Unterstützung, deshalb muss Claudia das Thema aufgreifen.

Wie ich neulich schon gesagt habe, ist jetzt, wo ich angenommen wurde, der erste Schritt für mich, ein Team aufzubauen, das mich finanziell unterstützt.

Hey, was soll das bedeuten? Wirst du nicht einfach von der Mission oder Gemeinde oder sonst jemandem bezahlt?

Nein, das funktioniert anders. Die Gemeinde wird mir einen gewissen Betrag geben, aber sie können keineswegs für alle meine Kosten aufkommen. Und die Mission hat keinen großen Topf mit allgemeinen Finanzen, aus denen sie ihre Leute bezahlen kann. Jeder

Missionar bittet seine eigenen Freunde und Bekannten um Unterstützung. Dadurch muss die Mission keine großen, unpersönlichen Fundraising-Kampagnen durchführen, um die Mittel für die Missionare aufzubringen. Und der Vorteil für mich ist, dass ich von Leuten unterstützt werde, die ich kenne und die wahrscheinlich auch für mich beten. Wenn alles Geld über einen zentralen Topf laufen würde, gäbe es keine echte Beziehung zwischen den Gebern und den Missionaren, alles wäre unpersönlich und anonym.

Aber ist das nicht alles ein wenig unsicher? Du hast keine Garantie, dass das Geld bis zum Ende des Monats auch wirklich reinkommt. Man verdient als Lehrerin ja auch nicht die Welt, aber immerhin hat man sein festes Gehalt.

Ja, darüber habe ich mir auch Gedanken gemacht. Eigentlich ist es viel sicherer, bei der Mittelmeermission zu arbeiten, als Lehrerin zu sein.

Wie meinst du das?

Na ja, zur Zeit habe ich nur eine Einkommensquelle – mein Lehrergehalt. Weißt du noch, wie vor ein paar Jahren vier Lehrer entlassen werden mussten, weil es in meiner Fachschaft zu viele Lehrkräfte gab? Damals hätte es beinahe auch mich getroffen. Bei der Mittelmeermission habe ich mindestens 20 bis 30 Einkommensquellen, eine ganze Gruppe von Leuten, die mich regelmäßig unterstützen. Wenn einer aus irgendeinem Grund ausfällt, müsste ich deshalb noch nicht meine Arbeit einstellen; es würde lediglich bedeuten, dass ich mir einen neuen Unterstützer suchen müsste. Und außerdem ist es ja Gott, der mich in diesen Dienst ruft. Er hat genug Reichtum zur Verfügung, um gut für mich zu sorgen!

So habe ich das noch nie gesehen. Aber ich finde es trotzdem noch reichlich riskant. Und ist es dir nicht peinlich, Leute um Geld und all so was zu bitten? Ich könnte das nicht.

Ich muss zugeben, dass ich am Anfang auch etwas Angst hatte, als ich von dem System erfuhr. Auch jetzt bin ich noch etwas nervös dabei, aber ich weiß auch, dass es klappen wird, wenn Gott mich in der Türkei haben will. Und wenn es dir nicht peinlich ist, darüber zu reden, dann mir auch nicht!

Wie viel brauchst du eigentlich? Darf ich so eine Frage stellen?

Ja klar, kein Problem. Ich benötige gut 33 000 Euro Einnahmen pro Jahr, das sind 2'760 Euro monatlich. Damit wird dann mein ganz normaler Lebensunterhalt finanziert, die dienstlichen Kosten, die Personal- und Verwaltungskosten, damit ich überhaupt in die Türkei ausreisen und dort arbeiten kann, und die Beiträge zur Kranken- und Rentenversicherung. Wenn ich verheiratet wäre und Kinder hätte, wäre es natürlich wesentlich mehr.

Na, dann ist's ja gut, dass du ledig geblieben bist. Es klingt alles gut durchorganisiert. Aber reich werden kannst du bei denen nicht, oder? Wie heißen sie gleich noch mal?

Mittelmeermission – das musst du dir jetzt aber merken! Und wenn ich reich werden wollte, würde ich tatsächlich besser einen anderen Beruf wählen – wahrscheinlich auch nicht den Lehrerberuf.

Da hast du recht. Aber wie funktioniert das mit der Unterstützung jetzt ganz praktisch? Was müsste ich tun?

Also, ich suche Schlüsselleute wie dich, die für mich geben und beten und mich in meiner Arbeit ermutigen. Was das Geld betrifft: der Großteil meiner Ausgaben ist gleichbleibend, deshalb wäre mir ein monatlicher Dauerauftrag am liebsten. Was Gebet und Ermutigung betrifft, so habe ich gehört, dass es in der Gegend ein paar Internetcafés gibt, da werde ich mich wenigstens hin und wieder melden und dir das Neueste mitteilen können, auch wenn ich wahrscheinlich nicht immer online sein kann.

Hört sich so an, als ob du auch schon alles prima organisiert hast! Ja, ich möchte gern helfen. Ich finde es ganz toll, was du machst, dass du deinen Beruf aufgibst, um dorthin zu gehen. Und ich denke, dass es genau das Richtige ist für dich. Aber ich weiß nicht, wie viel ich tatsächlich geben kann. Meine Hypothek verschlingt jeden Monat eine ganze Menge. Gibt es einen festen Betrag, den die Leute geben, oder wie?

Nein, das liegt ganz bei dir. So als Anhaltspunkt: Ich suche ein paar Leute, die zwischen 75 und 100 Euro geben, dann ein paar, die 50 bis 75 Euro geben und einige mit 25 bis 50 Euro. Natürlich kann man auch mehr oder weniger geben, aber Beträge in dieser Höhe wären mir eine große Hilfe, gerade jetzt am Anfang, wo ich mein Team erst aufbaue.

Also, ich werde mich nicht am oberen Ende ansiedeln können, aber vielleicht könnte ich zur Zeit so um die 30 Euro geben. Ich müsste erst mal meine Unterlagen checken, bevor ich den genauen Betrag festsetze. Wäre das okay für dich?

Ja, natürlich, das wäre super. Meine Entscheidung, bei der Mittelmeermission mitzuarbeiten, war für mich eine sehr wichtige Sache, und deshalb möchte ich auch, dass die Leute, die mich unterstützen, es sich gut überlegen. Ich lasse dir auf alle Fälle ein paar Überweisungsträger und eine Einzugsermächtigung da – du weißt, wie das geht? Die Spenden laufen über die Mittelmeermission mit Verwendungszweck „Claudia Wolf" und sind dann auch steuerlich absetzbar.

Ja, ich weiß schon. Ich spende ja auch für unsere Gemeinde, da bekomme ich am Jahresende auch immer eine Zuwendungsbestätigung, die ich bei der Steuererklärung einreichen kann.

Kann ich dich in ein paar Tagen anrufen und nachfragen, wie du dich entschieden hast? Reicht dir das, um dich zu entscheiden?

In ein paar Tagen ist okay. Ich werde dich noch vor dem Wochenende anrufen.

Super. Und falls wir uns diese Woche nicht mehr über den Weg laufen oder du es vergisst oder so, kann ich dich dann am Wochenende anrufen?

Ich fahre dieses Wochenende zu meiner Familie nach Hannover, aber du kannst mich auf alle Fälle nächste Woche im Lehrerzimmer danach fragen.

Okay, dann werden wir uns schon irgendwo finden.

Ja, und danke, dass du mich deswegen angefragt hast. Ich habe das mit dem Geben noch nicht so richtig auf die Reihe gekriegt und wollte schon immer mal was in diese Richtung tun. Ich gebe zwar der Gemeinde etwas, aber ich weiß, dass ich mehr tun sollte. Meine Finanzen waren in den letzten paar Jahren ein bisschen knapp, und gleichzeitig habe ich mich schlecht gefühlt, weil ich nicht regelmäßig gegeben habe, deshalb ist das jetzt auch für mich ganz wichtig.

Dann kommen die beiden noch einmal auf jene 9. Klasse zu sprechen und auf die Frage, was aus solchen Schülern mal werden wird.

Dieses fiktionale Gespräch findet zwischen zwei Frauen Ende 20 statt, die sich gut kennen. Wenn Claudia mit ihrer ehemaligen Sonntagsschullehrerin aus ihrer Heimatgemeinde in Ludwigsburg sprechen würde, wären Stil und Inhalt noch mal anders.

Claudia machte sogar einige Bemerkungen, die Julias starke Fixierung auf sichtbare finanzielle Sicherheit herausforderten, und dies brachte Julia dazu einzuräumen, dass sie ihr Geben in Zukunft besser organisieren wolle. Manchmal bringt deine Anfrage wegen Unterstützung andere in ihrem geistlichen Verständnis vom Geben und seiner Praxis weiter, oft in viel stärkerem Maße als die eher begrenzte Lehre, die sie wahrscheinlich in ihrer Gemeinde gehört haben.

Nach ihrem Treffen mit Julia bleiben Claudia in dem Prozess, den ich auf Seite 141 beschrieben habe, noch zwei Dinge zu tun:

- danken
- dran bleiben

Danken

! Ganz gleich, welche Antwort du von der Person erhältst, mit der du über Unterstützung gesprochen hast, **bedanke dich innerhalb eines Tages mit einer Karte**, selbst wenn du den anderen regelmäßig siehst. Mit der Karte bringst du noch einmal zum Ausdruck, dass du gerade ihn gern in deinem Unterstützerteam dabei hättest (dass du also nicht jedweden suchst), du kannst noch einmal die wichtigsten Punkte aus eurem Gespräch nennen, und der andere hat gleich eine Erinnerung in der Hand, dass du ihn in Kürze anrufen wirst, um nach seiner Entscheidung zu fragen. Auch wenn der andere sagt, dass er dich zur Zeit nicht unterstützen kann, solltest du eine Dankeskarte schicken, auf der du zum Ausdruck bringst, dass du dich gefreut hast, dass er darüber nachgedacht hat, und ihn um Gebet bittest für Dinge, die gerade bei dir anstehen.

Ein Wort an die Männer: Kartenhersteller denken anscheinend, dass nur Frauen Postkarten schreiben, deshalb sind die Karten oft ein bisschen zu rosa und zu blumig für den normalen Mann. Wenn du eine Karte findest, die dir gefällt, dann kauf gleich einen ganzen Stapel davon!

Dran bleiben

In den meisten Fällen musst du den potentiellen Unterstützer aus irgendeinem Grund noch einmal kontaktieren, bevor der Prozess abgeschlossen ist. Je nachdem, wie weit er schon in seinem Entscheidungsprozess war, als du dich mit ihm getroffen hast, musst du ihn vielleicht noch nach seiner Entscheidung fragen oder herausfinden, mit welchem Betrag er dich unterstützen will, du musst vielleicht die Einzugsermächtigung abholen oder Fragen beantworten, die ihm während eures Gesprächs in den Sinn gekommen sind.

Wenn du im Verlauf dieses Prozesses sorgsam Buch geführt hast, wirst du irgendwo in deinem System notiert haben, wann und aus welchem Grund du den anderen noch einmal kontaktieren musst.

Es gibt in dem ganzen Prozess verschiedene Momente, in denen du versucht sein wirst, zurückzuweichen und das Gespräch nicht fortzuführen. Und das ist oft an dieser Stelle der Fall.

Denke daran, dass du die Initiative ergreifen musst. Achte darauf, dass du alles tust, was du angekündigt hast. Und wenn die Tage vergehen und der andere dich nicht anruft und du dir bereits Sorgen machst, ob er dich wirklich unterstützen will, dann geh noch einmal zurück zu dem Beispiel in Kapitel 7.

! **Tu dem anderen einen Gefallen, nimm den Telefonhörer in die Hand und ruf ihn an.** Wird dir das unangenehm sein? Ja, sicher. Du wirst dich wahrscheinlich entschuldigen müssen, dass du dich nicht früher gemeldet hast. Aber alles Unbehagen, das dich überkommt, wird weit geringer sein als die gemischten Gefühle des anderen, wenn er von deinem neuen Einsatzort den ersten Rundbrief erhält und merkt, dass er es nicht zustande gebracht hat, dich zu unterstützen. Und jetzt, so vermutet er, ist es wahrscheinlich zu spät

Wenn du merkst, dass du es in einem ähnlichen Fall wie diesem versäumt hast, dich erneut zu melden, dann leg jetzt das Buch aus der Hand, greif zum Telefon und ruf den Betreffenden an. Morgen ist der Druck nur noch größer.

dafür. Er merkt, dass du schon ausgereist bist und denkt, dass du seine Unterstützung wahrscheinlich nicht mehr brauchst.

Du hast dich in diesem Fall um einen Unterstützer gebracht. Der andere hat sich darum gebracht, Teil dessen zu werden, wozu Gott dich berufen hat.

18. „ABER IN MEINEM FALL IST DAS GAR NICHT SO EINFACH …"

An dieser Stelle höre ich Jürgen sagen: „Das ist ja schön und gut für Claudia. Sie ist ledig und ihr Unterstützungsziel ist verhältnismäßig niedrig angesetzt. Und sie geht ins Ausland. Außerdem ist sie schon lange Christ, ihre Familie wird sie in ihrem neuen Dienst bestimmt unterstützen und sie hat sicher eine ganze Menge christlicher Freunde. Ich dagegen bin Ende 40, habe Frau und zwei Kinder. Susanne und ich sind erst vor acht Jahren zum Glauben gekommen und sind in unseren Familien die einzigen Christen. Wir kennen außerhalb unserer eigenen Gemeinde fast keine Christen. Außerdem gehen wir nur nach Bern – das ist zwar eine schöne Stadt, aber keineswegs so exotisch wie die Osttürkei! Und ich werde bloß in der Zentrale von *Declare* arbeiten und die Computer warten. Ich wurde vor ein paar Jahren mit einer guten Abfindung entlassen, und das ganze Geld haben wir dazu verwendet, unseren Lebensunterhalt und die Bibelschule zu finanzieren. *Declare* möchte, dass ich so viel wie möglich von meinen 70000 Schweizer Franken Jahresgehalt selbst aufbringe. Ich habe nicht die geringste Hoffnung, jemals auch nur annähernd dieses Ziel zu erreichen!"

Was soll Jürgen in dieser Lage tun?

Dasselbe wie Claudia.

Er soll Menschen benennen, von denen er meint, dass sie Interesse haben; sie fragen, ob er mit ihnen über die tollen Veränderungen in seinem Leben reden kann und wie sie daran beteiligt sein könnten; sich dann mit ihnen zusammensetzen und ihnen sagen, was ihm auf dem Herzen liegt.

Es kann trotzdem noch sein, dass er mit dem Argument daherkommt, dass es bei ihnen bestimmt nicht klappen wird, schon allein wegen all der Gründe, die er oben aufgezählt hat, und dass niemand Interesse daran haben wird, sie zu unterstützen.

Aber woher will er das wissen? Hat er die Leute gefragt? Oder gibt Jürgen zu Unrecht eine Antwort für Leute, die er noch gar nicht gefragt hat?

Ja, die beiden Situationen sind unterschiedlich. Und das kann tatsächlich bedeuten, dass die Leute Jürgens Rolle anders betrachten als Claudias.

Lasst uns ein paar Dinge näher betrachten, mit denen Jürgen von Herzen klarkommen muss, bevor er sich tatkräftig um den Aufbau seines Unterstützerteams kümmern kann.

Als Erstes: Wir sind **alle** verschieden, einzigartig von Gott geschaffen mit unterschiedlicher Persönlichkeit, verschiedenen Gaben, unterschiedlichem familiären Hintergrund und unterschiedlichen Berufungen für unser Leben. **Gott erwartet von uns lediglich, dass wir treu das tun, wozu er uns berufen hat**. Er hat uns nie versprochen, dass es einfach sein wird (lies nur einmal die zweite Hälfte von Hebräer 11, dann siehst du, was mit einigen Menschen geschah, die treu Gott nachfolgten!), aber er hat uns versprochen, dass er uns gegenüber treu sein wird, wenn wir ihm treu sind – allerdings nicht immer so, wie wir das erwarten.

Ja, es stimmt, dass es eine Herausforderung sein kann, für eine unspektakuläre Tätigkeit, die nur wenig das Gefühl anspricht, an einem ganz normalen Ort und in einer wenig außergewöhnlichen Organisation ein Unterstützerteam auf die Beine zu stellen. Es sollte zwar nicht so sein, ist es aber. **Ist denn Jürgen mit seiner Entscheidung, seine Gaben und Fä-**

higkeiten zur Ausbreitung des Reiches Gottes einzusetzen, weniger von Gott berufen als Claudia? Nein, ganz sicher nicht. Aber viele Menschen sehen das so. Sie sagen es vielleicht nicht gerade heraus, aber dadurch, dass sie mit ihren Gaben lieber Menschen in scheinbar attraktiveren Einsatzgebieten der Mission unterstützen, bringen sie zum Ausdruck, was ihre innere Einstellung ist.

Thomas Walter Wilson

Hast du schon einmal von Thomas Walter Wilson gehört? Wahrscheinlich nicht.

Und von Billy Graham? Falls du nicht seit Mitte der 1940-er Jahren irgendwo als Einsiedler gelebt hast, ganz bestimmt. T. W. Wilson (den seine Freunde einfach „T" nannten) war ein Jugendfreund von Billy Graham, der während der Blütezeit seines Dienstes seine rechte Hand war. „T" war es, der auf eine gute Planung achtete, der Probleme vorhersah und sie löste, bevor sie entstanden, auf dessen Rat Billy Graham sich verließ und der sich um all die Einzelheiten kümmerte, die notwendig waren, damit die großen Evangelisationskampagnen reibungslos abliefen.

Kannst du dich daran erinnern, T. W. Wilson jemals predigen gehört zu haben? Nein, er schuftete hinter den Kulissen, damit Billy Graham auf der Bühne predigen konnte. Welcher der beiden Männer war in der Zeit ihrer Zusammenarbeit der wichtigere? Sie waren gleich wichtig, nicht wegen ihrer Tätigkeit, sondern weil beide treu dem Ruf Gottes für ihr Leben folgten. Einer war glücklich im Rampenlicht des öffentlichen Dienstes, der andere glücklich bei seiner Arbeit im Hintergrund.

Wie gehen wir nun mit den Herausforderungen für die Mitarbeiter um, die eher im Hintergrund arbeiten und dadurch den Kollegen, die mehr in der Öffentlichkeit stehen, den Rücken freihalten?

Viele Missionswerke räumen diese Herausforderung ganz einfach aus dem Weg, indem sie den Mitarbeitern ihrer Zentrale, besonders denen im Büro, ein Gehalt aus allgemeinen Mitteln zahlen.

Ich kann zwar verstehen, wie Missionswerke zu diesem Entschluss kommen, sehe aber auch gewisse Gefahren darin. Als Erstes hält diese Vorgehensweise die Vorstellung aufrecht, dass Leute wir Jürgen keine richtigen Missionare sind. Außerdem ist es eigentlich eine Fehlbezeichnung, wenn man sagt, dass diese Mitarbeiter aus „allgemeinen Mitteln" bezahlt werden. Auch das Geld, von dem sie bezahlt werden, kommt von Unterstützern, meistens sind es aber Unterstützer, die der einzelne Mitarbeiter nicht kennt, die nicht konkret für die einzelnen Mitarbeiter beten und deren Gaben genauso gut für einen anderen Bereich der Arbeit eingesetzt werden könnten. Und was noch bedeutsamer ist: Jürgen und Mitarbeiter wie er arbeiten ohne geistlichen Schutz.

Interserve, ein bekanntes Missionswerk mit Schwerpunkt auf Asien, bat mich, für ihre in Großbritannien lebenden Mitarbeiter, die in den Bereichen Öffentlichkeitsarbeit, Personal und Verwaltung tätig sind, ein Seminar zum Thema Missionspartnerentwicklung zu halten. „Wir bitten unsere Missionare, die ins Ausland gehen, für ihre Arbeit die nötige Unterstützung durch Gebet und Finanzen zu finden. Aber wir selbst tun das nicht. Damit handeln wir nicht nur nach dem Prinzip ‚Folge nicht meinem Vorbild, sondern lieber meinen Worten!', sondern wir merken auch, dass man für uns nicht so intensiv betet wie für unsere Mitarbeiter im Ausland, weil wir keine so enge Beziehung zu unserem Unterstützerteam haben. Unsere Arbeit in Großbritannien ist von großer Bedeutung, weil sie die Mitarbeiter an der Front befähigt, ihr Bestes zu geben. Und doch laufen wir Gefahr, geistlich das schwächste Glied zu sein. Wir dürfen das nicht länger zulassen. Auch wir brauchen ein persönliches Unterstützerteam." Eine weise Entscheidung reifer Menschen.

Jürgen muss begreifen, dass der Ruf Gottes in seinem Leben ebenso finanzielle Unterstützung verdient wie der Ruf von irgendjemand anderem. Er muss auch darauf achten, dass er sein Stellenprofil nicht mit der eigentlichen Sache verwechselt. Ja, er wird sich tagaus tagein darum kümmern, dass das Computernetzwerk funktioniert, dass die neue Datenbank-Software richtig läuft, dass die Mitarbeiter, die das brauchen, in verschiedenen Bereichen eine Schulung erhalten, und er wird ganz allgemein mit einem begrenzten Budget IT-Wunder zu vollbringen suchen.

Jürgen arbeitet aber nicht bei *Declare*, weil er gern den ganzen Tag an Computerbildschirmen sitzt. Er könnte viel mehr Geld verdienen und viel weniger Ärger haben, wenn er, wie früher jahrelang, dieselbe Arbeit an irgendeiner IT-Stelle erledigen würde. Er hat sich für *Declare* entschieden, **weil er dort seine Gaben und sein Fachwissen, das Gott ihm geschenkt hat, einsetzen kann, damit andere Menschen etwas von der Liebe Gottes erfahren.**

Declare schult Gemeinden, damit sie in ihrer Evangelisation wirksamer sind. Die Mitarbeiter führen Schulungskurse für Evangelisation durch, stehen jungen Evangelisten als Mentoren zur Seite, bringen zeitgemäßes Evangelisationsmaterial heraus, organisieren Evangelisationen mit mehreren Gemeinden und versuchen generell, Christen zu helfen, von ihrem Glauben zuversichtlich und für andere relevant zu erzählen. Im Gegensatz zur Mittelmeermission ist *Declare* eine junge Organisation, die erst vor neun Jahren von einem Evangelisten ins Leben gerufen wurde, der das Anliegen hatte, dass andere ebenfalls ihren Glauben mit Menschen teilen würden. Sie wollen später auch landes- oder sogar weltweit tätig sein, aber in diesem Stadium geschieht ihre Arbeit weitgehend in und um Bern herum. Sie sind noch nicht sehr bekannt und außer denen, die direkt an ihrer Arbeit beteiligt sind, wissen die wenigsten, dass es dieses Missionswerk überhaupt gibt.

All das bedeutet, dass Jürgen und Susanne nicht einmal über den Luxus verfügen, zu einer bekannten Mission zu gehören, die ihnen beim Aufbau ihres Unterstützerteams hilft. Zu Beginn werden sie sich auf Menschen konzentrieren müssen, die sie gut kennen, Menschen, die anerkennen, dass die beiden mutige Schritte gegangen sind und dass sie als selbst noch recht junge Christen so treu Gottes Führung gefolgt sind.

Die beiden sollten sich nicht durch die anscheinend unmögliche Aufgabe, 70 000 CHF an jährlicher Unterstützung aufzubringen, einschüchtern lassen, sondern sie sollten **den Prozess herunterbrechen in kleine mögliche Schritte.**

! Sie sollten mit der Frage beginnen: **„Wenn Gott uns nur einen einzigen Unterstützer erlauben würde, wen hätten wir dann gern in unserem Team?"** Sie werden dann wahrscheinlich nicht den reichsten Menschen wählen, den sie kennen. Vielmehr werden sie jemanden aussuchen, der ihnen eine Ermutigung war oder der sich in ihr Leben investiert hat.

! Nachdem sie mit diesem einen Menschen gesprochen haben, sollten sie sich fragen: **„Wenn Gott uns zwei weitere Unterstützer erlauben würde, wer sollten die beiden dann sein?“** Sie sollten dann mit diesen möglichen Unterstützern sprechen und so fortfahren, immer ein oder zwei Menschen auf einmal anfragen.

Weil Jürgens alltägliche Arbeit nicht so großartig klingt wie Claudias Aufgabe, muss er so viel wie möglich über die evangelistischen Aspekte der Arbeit von *Declare* sprechen und bewusst Geschichten über Menschen einstreuen, die durch diese Arbeit Christen geworden sind. Auch sollte er Geschichten von Menschen und Gemeinden anführen, die durch die Arbeit von *Declare* ermutigt worden sind, anderen von ihrem Glauben zu erzählen. **Obwohl Jürgen in seinem Alltag nicht direkt an Schulungen für Evangelisation beteiligt sein wird, könnten diese Geschichten doch nicht erzählt werden, wenn es nicht Leute wie Jürgen gäbe, die die Arbeit von *Declare* am Laufen hielten.**

Zusammenfassung

Wenn Jürgen und Susanne sich auf all die Gründe konzentrieren, warum in ihrem Fall der Unterstützungsaufbau schwierig ist, könnte sie diese Aufgabe tatsächlich erdrücken. Aber wenn sie stattdessen einige Grundprinzipien in ihr Blickfeld nehmen, können sie eine schwere Last in eine leichte Bürde verwandeln, die sie voller Leidenschaft in Angriff nehmen.

- Erkenne, dass Gott dein Versorger ist, nicht das Missionswerk, bei dem du arbeiten wirst, nicht dein Unterstützungssystem und nicht einmal deine Unterstützer.
- Erkenne, dass es nicht irgendeine nette Idee ist, Gottes Ruf zu folgen, sondern dass es dabei um Treue Gott gegenüber geht.
- Brich dein Gesamtziel herunter auf kleine Ziele, die du gut handhaben kannst.
- Gehe so vor, dass du einen nach dem anderen wegen Unterstützung anfragst, und beginne mit deinen engen Freunden, die dich selbst dann unterstützen werden, wenn deine Präsentation danebengeht.
- Rechne damit, dass Gott in Bezug auf deine Unterstützung sowohl ungewöhnliche als auch gewöhnliche Dinge tut.
- Sei bereit, auf ungewöhnliche Möglichkeiten zu reagieren, sobald sie sich dir auftun.
- Verzweifle nicht, wenn alles nicht so schnell geht, wie du es gern hättest; Gottes Zeitplanung ist manchmal anders als unsere eigene.

19. DIE GESCHICHTE VOM UNVERSCHÄMTEN MAX

Der Titel lässt wohl eher eine Episode aus Wilhelm Buschs bekannten Lausbubenabenteuern erwarten und nicht unbedingt eine wahre Begebenheit, die im Rahmen dieses Handbuches als Veranschaulichung dienen soll. Aber hören wir uns dennoch die Geschichte vom unverschämten Max an.

Auch wenn die Wahrscheinlichkeit gering ist, dass du die Personen wiedererkennst, habe ich ihre Namen verändert und nenne sie Max und Andrea. Außerdem habe ich auch einige Details der Geschichte geändert, aber im Kern entspricht sie der Wahrheit.

Max war ein Pionier, häufig bewegte er sich in seiner Arbeit für Gottes Königreich in unwirtlichen Gegenden. Allerdings muss man sagen, dass auch die Zusammenarbeit mit Max nicht gerade angenehm war – man konnte nicht mit ihm, aber auch nicht ohne ihn arbeiten. Und wie es so ist, findet man solche Menschen relativ häufig im Missionsumfeld! Max scheute nicht davor zurück, offen auszusprechen, was er dachte, und bei einer bestimmten Gelegenheit war es nicht anders. Die Person, die Max' Kritik zu hören bekam, war allerdings ziemlich einflussreich und aufgrund seiner Worte zutiefst beleidigt.

Nun stand Max plötzlich ganz alleine da und war gezwungen, sich für einige Zeit zurückzuziehen, bis sich die Aufregung gelegt hatte. In dieser nicht selbst auferlegten Auszeit war Max nicht aktiv in einem Dienst tätig, und dennoch lebte er weiterhin von der Unterstützung seiner Missionspartner. Eine gewisse Zeit ging das so weiter, hin und wieder erhielt Max Unterstützung aus ungewöhnlichen Quellen, doch dann neigte sich sein Geld dem Ende zu. Max stand vor einer riesigen Herausforderung. Als er so betete, hatte er den Eindruck, Gott würde ihn auf eine bestimmte Person aufmerksam machen. Diese Person sollte er ansprechen, obwohl er sie nicht persönlich kannte. Max fand es seltsam, dass Gott sich diese Person als neuen Unterstützer ausgesucht hatte. Denn obwohl er schon von Andrea gehört hatte, waren sie sich noch nie begegnet, sie waren so gegensätzlich, wie zwei Menschen nur sein können. Sie lebte sechs Stunden Autofahrt entfernt und war nicht einmal Christ.

Aber Max war es gewohnt, dem nachzugehen, was er als Führung Gottes hinein in ungewöhnliche Situationen verstand, und so machte er sich auf den Weg zu Andrea. Er rief sie nicht vorher an, um einen Termin auszumachen; er stand eines Tages einfach vor ihrer Tür, obwohl die Chance gering war, dass Andrea zu Hause sein würde. Aber sie war daheim, und Max kam in seiner unverblümten Art gleich zur Sache und fragte Andrea, ob sie ihn unterstützen wolle.

Etwas überrumpelt erklärte Andrea ihre Situation. Obwohl man es ihr nicht ansah, war sie vollkommen pleite. Ihr ziemlich junger Ehemann war im letzten Jahr unerwartet verstorben. Nach seinem Tod hatte Andrea erfahren, dass ihr Mann die Lebensversicherung einige Jahre zuvor aufgelöst hatte, weil sie zu dieser Zeit gerade in einem finanziellen Engpass gesteckt hatten. Ja, sie hatte ein tolles Haus und ein schickes Auto, aber gleichzeitig hockte sie auf einer riesigen Hypothek, hatte schon mehrere Kredite bei Banken aufgenommen, die Kreditkartenlimits waren aufgebraucht, und zu guter Letzt musste sie sich auch noch um ihren jungen Sohn kümmern. Seit Monaten schon hatte sie sich geweigert, ihrer Situation in die Augen zu blicken, und gerade an diesem Morgen hatte sich Andrea mit ihrem Berater von der Bank getroffen. Da hatte sie eingesehen, dass sie am Ende war. Selbst wenn sie all ihren Besitz verkaufen würde, könnte sie dennoch niemals die angehäuften

Schulden abzahlen. Ihre Situation war ausweglos. Um ihre Misere noch zu verdeutlichen, zog sie in einer dramatischen Geste zwei 10 Euro Scheine aus ihrem Geldbeutel und sagte: „Das ist alles, was ich noch habe, um uns bis zum Monatsende durchzubringen."

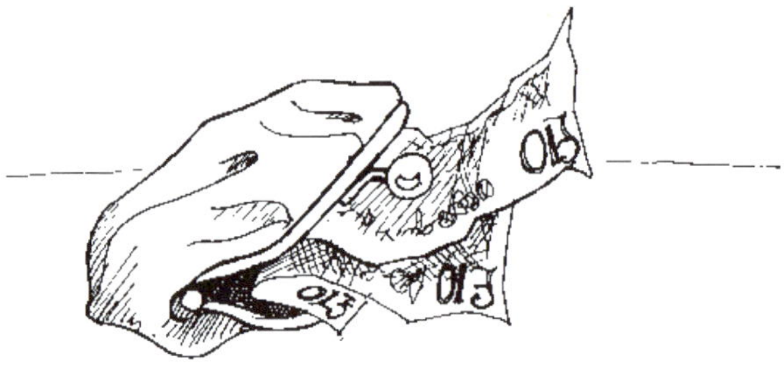

Also, ich weiß nicht genau, was du in dieser Situation getan hättest. Aber wie gesagt war Max ein ungewöhnlicher Kerl. Er schaute Andrea direkt in die Augen und sagte: „Ich glaube, Gott möchte, dass du mir diese 20 Euro gibst."

Und er nahm das Geld.

Nun gut, lassen wir die Geschichte an dieser Stelle ruhen. Wie reagierst du auf das, was du soeben gelesen hast? Denk daran, obwohl ich viele Details verändert habe, ist diese Geschichte in ihren grundlegenden Elementen wahr. Bevor du also deine Empörung an Max auslässt, erinnere dich daran, dass Max lediglich dem nachging, was er als Gottes Aufforderung verstanden hatte, nämlich Andrea um Unterstützung zu bitten. Was hätte er tun sollen, als Andreas wahre finanzielle Situation ans Licht kam? Was hättest du an Max' Stelle getan? Und wenn du an besagtem Tag neben Max gesessen hättest, was hättest du ihm erzählt? Wenn du Andrea wärst, wie hättest du auf Max' Bitte reagiert?

! *Mach hier eine Pause und überlege dir deine Antworten zu diesen Fragen, bevor du mit der Geschichte fortfährst. Versuche darzulegen, weshalb du in dieser Situation so oder anders reagieren würdest.*

Du möchtest also weiterlesen, demnach gehe ich davon aus, dass du dir über deine Reaktion an Max' und an Andreas Stelle Gedanken gemacht hast. Du hast dir auch überlegt, weshalb du so oder anders reagiert hättest. Wenn das nicht der Fall ist, dann geh noch mal zurück und überlege!

Also, zurück zu unserer Geschichte. Fangen wir nochmals von vorne an, aber dieses Mal verrate ich dir, wer Max ist. Denn obwohl du ihn nie getroffen hast, weißt du, wer er ist – oder besser gesagt war.

Sein richtiger Name war Elia.

! **Schau dir 1. Könige Kapitel 17 an.** Zu Beginn des Kapitels lesen wir, wie Elia Ahab konfrontiert. Ahab war der gottloseste König von allen, die Israel bis dahin gehabt hatte. Ahab sah sich als erhabener Machthaber im Land, deshalb beschloss Elia, ihm zu zeigen, wer *wirklich* mächtig war. Er verkündete Ahab, dass es im Land nicht mehr regnen würde, bis er selber den Regen rufen würde. Dies würde durch die Macht des Gottes Israels so geschehen (im Gegensatz zur Macht des *Königs* Israels). Ahab war nicht gerade erfreut über diese Infragestellung seiner Autorität, deshalb wurde das Leben für Elia plötzlich gefährlich.

Im Vers 2 lesen wir, wie Gott Elia aufträgt, sich im Wildbachtal Kerith zu verstecken; er solle dort das Wasser aus dem Bach trinken und sich von dem ernähren, was ihm die Raben bringen würden. Also meine erste Wahl wäre es wahrscheinlich nicht: ein Picknick am Bach mit Häppchen, die mir Raben im Vorbeifliegen fallen lassen. Aber so hatte Gott es für Elia vorbereitet, also nahm er alles dankend an. Das alles sollte ja nicht zufällig geschehen, denn Gott hatte Elia ja gesagt, dass er den Vögeln *befohlen* habe, sich um ihn zu kümmern. So konnte Elia dank dieser ungewöhnlichen Gaben überleben.

Allerdings hatte Elia Ahab ja verkündet, dass es nicht regnen würde. Was geschah also mit dem Bach? Diese lebensnotwendige Versorgungsquelle trocknete langsam aus. Für Gott wäre es leicht gewesen, diesen ausgetrockneten Bach wieder mit Wasser zu füllen, so wie er auch die Vögel für Elias Ernährung beordert hatte. Doch aus irgend einem Grund entschied Gott, mit dieser Art übernatürlicher Versorgung nicht weiterzumachen.

Stattdessen trägt er Elia auf, unverzüglich nach Zarepath aufzubrechen, einem Dorf nordwestlich seines Verstecks, welches nicht einmal zu Israel gehörte – das bedeutete einen langen Marsch für einen hungrigen Mann. Aber Gott teilt Elia mit, dass er einer Witwe aus diesem Dorf *befohlen* hat, für ihn zu sorgen. Als Gott den Raben befohlen hatte, sich um Elia zu kümmern, tauchten diese plötzlich auf wundersame Weise auf – Elia musste nicht darum bitten oder jemandem seine Situation erklären.

Nun hat Gott also jemand anderem befohlen, sich um Elia zu kümmern. Diesmal handelt es sich um ein menschliches Wesen, also um jemanden, der sicher besser kocht als die Raben! Nun macht sich Elia auf die Suche nach dieser besonderen Versorgung, die Gott schon für ihn vorbereitet hat. Ich stelle mir vor, wie er hungrig, durstig und müde in Zarepath ankommt. Sicher waren seine Erwartungen hoch, was Gottes Versorgung durch diese Witwe anbelangte. Er kannte sie zwar nicht, hatte sie noch nie getroffen und sie gehörte auch nicht zum Volk Gottes. **Aber da Elia wusste, dass Gott dieser Witwe bereits befohlen hatte, für ihn zu sorgen, waren ihm diese Umstände egal.**

Als er sich dem Dorfrand nähert, sieht Elia, wie die Witwe Holz für die Feuerstelle sammelt. Vom Durst gepeinigt bittet er sie um einen Becher Wasser. Als sich die Witwe aufmacht Wasser zu holen, ruft er ihr nach, sie solle ihm doch bitte auch noch etwas zu Essen mitbringen. Natürlich kein Vier-Gang-Menu, wo kämen wir denn da hin; nur ein Stückchen Brot. Als die Witwe diese Bitte hört, verharrt sie auf der Stelle. Wasser kann sie im Dorfbrunnen holen. Aber beim Brot ist das anders. Das müsste sie aus ihrem eigenen Vorrat besorgen – und der ist leider aufgebraucht. Also eigentlich stimmt das ja nicht ganz, denn etwas ist noch übrig, ein bisschen Öl und Mehl hat sie noch für das letzte Brot für sie und ihren Sohn. Danach müssten sie beide sterben. Offensichtlich handelt es sich um eine junge Witwe, denn sonst hätte sie einen Sohn, der alt genug wäre, um für sie beide zu sorgen. Aber durch den Tod des Mannes sind die Witwe und der Sohn mittellos geworden. Und die Tatsache, dass durch Elias Prophezeiung der Regen ausbleibt, hat jede Hoffnung auf eine eigene Ernte zerstört. Deshalb lehnt sie Elias Aufforderung ab. Seine Bitte kann sie unmöglich erfüllen.

Ich nehme an, dass Elia die Anweisungen Gottes kannte: Kümmere dich um die Witwen und Vaterlosen. Er wusste, wie sehr Gott Ungerechtigkeit hasste und mit all jenen mitfühlte, die ohne eigenes Verschulden der Not ausgesetzt waren wie diese Witwe.

Aber Gott hat Elia ja versichert, dass er dieser Frau befohlen hat, für ihn zu sorgen. Allerdings scheint das in diesem Fall nicht so einfach zu sein wie bei den Raben. Die negativen Umstände der Witwe stehen in solchem Widerspruch zu Gottes Berufung für ihr Leben, dass sie die Bitte Elias nicht als solche erkennt und schon gar nicht danach handeln kann. Sie ist sich überhaupt nicht bewusst, dass Gott ihre Hilfe möchte für diesen Fremden. Und selbst wenn sie helfen wollte, gäbe es ihrer Ansicht nach keine Möglichkeit dafür.

Wie reagiert nun dieser Mann Gottes auf ihre Weigerung, ihn zu versorgen?

Zuerst einmal sagt Elia dieser Frau, die eben noch genug Nahrung für eine letzte Mahlzeit besitzt, sie solle sich nicht fürchten – das ist wohl eine gute Idee, besonders wenn man bedenkt, was er als nächstes zu ihr sagt! Er gibt ihr den Auftrag, zuerst für ihn selber ein Brot zu backen. Erst danach sei es ihr erlaubt, für sich und ihren Sohn eine Mahlzeit zuzubereiten. Mit diesem bisschen Nahrung soll sie nun also zuerst den groß gewachsenen Fremden verköstigen. Seine Aufforderung endet mit einem Versprechen: Wenn sie tut, worum er sie bittet, wird Gott auf wundersame Weise ihre Not stillen, bis der Regen wieder einsetzt. So könnte sie dann für sich und ihren Sohn weiterhin sorgen.

Die Frau tut, worum Elia sie bittet. Sie verwendet ihre letzten Lebensmittel für die Mahlzeit eines Fremden. Alles geschieht, wie Elia es vorausgesagt hatte. Wie durch ein Wunder bleibt jeden Tag genug Öl und Mehl übrig, um sie und ihren Sohn zu versorgen, bis der Regen wieder einsetzt.

Aber selbst jetzt ist die Frau noch nicht überzeugt von der ganzen Sache. Erst später in der Geschichte kann die Witwe bezeugen: „Jetzt weiß ich, dass du ein Mann Gottes bist und dass das Wort Gottes aus deinem Mund die Wahrheit ist." Bis sie diese Worte sagen kann, muss zuerst noch ihr Sohn sterben und von Elia von den Toten auferweckt werden.

Am Anfang dieser Geschichte sehen wir, wie Elia auf eine seltsame und wunderbare Weise versorgt wird, ohne dass er darum bittet; Gott allein kannte seine Bedürfnisse. Dann sehen wir, wie Elia seine Bedürfnisse der Witwe kundtut und sie außerdem noch darum bittet, seine Bedürfnisse zu stillen. Und als sie ihm mitteilt, dass sie ihm nicht helfen kann, akzeptiert er ihr ‚Nein' nicht als angemessene Antwort, sondern bittet sie noch ein zweites Mal. Er besteht sogar darauf, dass sie ihre letzten Vorräte für sein Wohlergehen aufbraucht.

Also, was können wir aus dieser Geschichte lernen?

Zuerst möchte ich klarstellen, dass ich nicht dafür plädiere, jeder Witwe ihren letzten Cent aus der Tasche zu ziehen! Auch bin ich nicht der Meinung, dass man die Entscheidung einer Person, einen nicht unterstützen zu wollen, grundsätzlich nicht hinnehmen soll. Aber in dieser Geschichte stecken einige Kernwahrheiten zum Thema Missionspartnerentwicklung.

1. **Gott wählt die Art unserer Versorgung.** Manchmal beinhaltet sein Plan Versorgung aus offensichtlich seltsamen Quellen, ohne dass wir ihn darum gebeten haben. Manchmal ist es sein Plan, dass wir anderen unsere Bedürfnisse mitteilen und sie um Unterstützung bitten. In dieser Geschichte erlebte Elia beides kurz nacheinander, ohne dass es einen offensichtlichen Grund für die von Gott initiierte Veränderung gegeben hätte. Wir dürfen es nicht unseren Vorlieben, Gefühlen oder Fähigkeiten überlassen, ob wir jemanden um Unterstützung bitten oder nicht.
2. **Wir müssen mit Gott über unsere Unterstützung im Gespräch bleiben.** Weil Gott Anweisungen gab, die Witwe aufzusuchen, war Elia zuversichtlich und getraute sich, die Witwe anzusprechen. Er war sogar fähig, die Witwe erneut zu bitten, nachdem sie ihn abgewiesen hatte. Wenn Elia nur auf seinen eigenen Verstand vertraut hätte, dann wäre er wohl niemals auf die Witwe zugegangen und hätte sie sicher nicht weiter gedrängt, als sie ihn bereits abgewiesen hatte. Die Witwe und ihr Sohn wären in diesem Fall gestorben.
3. **Manchmal braucht der Empfänger Glauben sowohl für sich selber als auch für den Gebenden. Erst viel später erkannte die Witwe, dass Elia ein Mann Gottes war.**
4. **Gott schafft manchmal Verbindungen und Umstände, in denen dein Bedürfnis nach Unterstützung der Auslöser ist, um jemand anderem sein Geber-Bedürfnis aufzuzeigen.** Eine solche Situation fühlt sich vielleicht seltsam an, du musst vielleicht ganz direkt auf jemanden zugehen, vielleicht beinhaltet es auch ein Gespräch über die Reaktion deines Gegenübers, und du fühlst dich dabei unwohl. Aber wir dürfen nicht zulassen, dass unser Wohlbefinden bestimmt, ob wir jemanden dazu ermutigen Gottes Berufung für sein Leben zu entdecken.
5. **Wir wissen nicht, weshalb unser Gegenüber geben soll, aber wir wissen sehr wohl, dass Gott Geben segnet.** In dieser Geschichte erklärt Elia ganz genau, wie dieser Segen aussehen wird. Wir sind uns solche Einsicht nicht gerade gewohnt, und es klingt auch nach geistlicher Erpressung, wenn wir jemandem sagen, dass Gottes Segen auf sein Geben folgen wird. Aber selbst wenn wir das nicht so ausdrücken, kennen wir die Worte von Jesus, dass auf Geben Gottes Segen folgt, auch wenn der potentielle Unterstützer sich dessen nicht bewusst ist. In dieser Geschichte bestand der Segen darin, dass die Witwe und ihr Sohn am Leben blieben. Was wäre wohl geschehen, wenn Elia beschlossen hätte, die Witwe nicht weiter um ihre Unterstützung zu bitten?

Letztlich stehen weder Elia noch die Witwe im Zentrum dieser Geschichte. Gott bildet das Herzstück dieser Erzählung, er schuf eine Verbindung zwischen zwei Menschen; der eine hatte das Bedürfnis zu empfangen, der andere das Bedürfnis zu geben. Elia war sich seines Bedürfnisses sehr wohl bewusst. Aber die Witwe hatte keine Ahnung von ihrem Geber-Bedürfnis. Für diese Erkenntnis waren einige seltsame Umstände nötig, von Gott in die Wege geleitet und vorbereitet.

Eine Bemerkung zum Schluss des Kapitels. Man kann jetzt leicht sagen: „Ja, das war halt Elia. Er war ein Prophet Gottes. Er konnte leicht so handeln, aber ich kann das nicht.“ Das stimmt nicht. Wenn es um Elias Beziehung mit Gott in Sachen Gebetsleben geht, dann lesen wir in Jakobus 5,17 „Elia war ein Mann wie wir.“ Du und ich unterscheiden uns nicht von Elia – genau wie er haben auch wir materielle Bedürfnisse, die gestillt werden müssen, damit wir Gottes Berufung für unsere Leben erfüllen können.

Wir alle sind völlig von Gott abhängig und, wie Elia, müssen wir dem Weg nachgehen, auf dem Gott uns führt.

Das mögen ganz unerwartete Pfade sein – vielleicht noch unerwarteter für den Unterstützer als für dich!

20. MACH'S WIE DIE PFADFINDER

Ich mag das internationale Motto der Pfadfinder: „Allzeit bereit!" Auf jeden Fall ist es besser als das Gegenteil: „Nie bereit!" Ganz gleich, ob du jemals ein Pfadfinder oder sogar ein Gruppenleiter warst, es ist Zeit, dass du dich ihnen anschließt und dir zumindest das Motto „Allzeit bereit!" zu Herzen nimmst.

Blättere noch einmal zurück zu den Hauptpunkten auf Seite 148f.

Egal wie die Beziehungen und die Persönlichkeiten beim Gespräch über Unterstützung aussehen, es gibt ein paar Dinge, die immer darin vorkommen sollten.

Das Gespräch sollte möglichst natürlich und informell verlaufen. Es sollte eine Unterhaltung zwischen Freunden sein, oder zumindest zwischen zwei Menschen mit einer gewissen persönlichen Beziehung, nicht ein unpersönliches Verkaufsgespräch. Selbst wenn es jemand ist, den du nicht besonders gut kennst oder dem du längere Zeit nicht begegnet bist, so hattest du doch deine Gründe zu glauben, dass diese Person sich für deine Arbeit interessieren könnte, und sie war einverstanden damit, dass du deine Arbeit einmal vorstellst. **Es kann gut sein, dass dir dabei Flugzeuge im Bauch herumschwirren, aber wenigstens sollten diese in einer Formation fliegen!**

Vielleicht kommt es dir zunächst ein bisschen unecht oder künstlich vor, aber: Wenn du gut auf das Gespräch vorbereitet bist und weißt, was du sagen willst, kannst du viel entspannter mit Leuten über deine Unterstützung reden. Es wird dir auch helfen, in dem Gespräch beim Thema zu bleiben und es wieder auf das Thema zurückzulenken, wenn ihr euch allzu sehr auf Nebengleisen verfahren habt.

Wenn du dagegen zu einer Verabredung gehst und dir nicht vorher überlegt hast, was du sagen willst und auch keine Grundstruktur für das Gespräch im Kopf hast, wirst du viel eher wichtige Informationen vergessen, im Gespräch verschwommene Aussagen machen und die Person, mit der du sprichst, im Unklaren darüber lassen, worum genau du sie bittest.

Hilfsblatt für deine Gesprächspräsentation

Schreibe dir zu jeder Frage ein paar Stichworte auf. Sie sollen dir später als Gesprächsgrundlage dienen. Die Gliederung richtet sich nach den Punkten auf Seite 148f. Was du dann tatsächlich sagen wirst, hängt natürlich davon ab, wer dein Gegenüber ist, und wie gut du den anderen bereits kennst.

Als Muster habe ich auf der rechten Seite die Dinge notiert, die Jürgen und Susanne aufgeschrieben haben könnten. Das Hilfsblatt bezieht sich auf Mitarbeiter, die mit einer Missionsgesellschaft arbeiten. Wenn du unabhängig arbeitest, dann beantworte bitte die Fragen dementsprechend.

1. Auf welche Nöte oder Bedürfnisse ist deine Arbeit oder die deines Missionswerkes ausgerichtet?

- .... • *säkulare Gesellschaft*
- .... • *Unsicherheit im Bereich Evangelisation*
- .... • *wenige gute Vorbilder für junge Evangelisten*
- .... • *wenig kulturell relevante Evangelisation*

2. Was hat dein Missionswerk in der Vergangenheit getan, um diesen Nöten abzuhelfen?

- .... • *Schulungen in Evangelisation*
- .... • *Mentoren für junge Evangelisten*
- .... • *kreative Evangelisationseinsätze vor Ort*
- .... • *Gemeindepraktika im Bereich Evangelisation*

3. Wie tut dein Missionswerk das in deinem ganz konkreten Arbeitsbereich?

- .... • *erweiterte Ausbreitung*
- .... • *eine solide Verwaltung ist notwendig*
- .... • *dazu beitragen, dass die Leiter sich auf Evangelisation konzentrieren können*
- .... • *bessere Kommunikation durch ein internes Computersystem*

4. Was genau wirst du tun und was hat dich dazu geführt?

- .... • *eigener nichtchristlicher Hintergrund*
- .... • *falsche Vorstellungen von Gott und Jesus*
- .... • *ermutigt durch die Arbeitsweise von* Declare
- .... • *Kündigung durch alten Arbeitgeber*
- .... • *Wunsch, durch die eigenen Fähigkeiten wirksame Evangelisation zu fördern*
- .... • *andere Nichtchristen sollen Jesus kennenlernen*
- .... • *Jürgen wird für Verwaltung und IT zuständig sein*
- .... • *Susanne wird teilzeitlich Mentorin für junge Evangelistinnen sein*

5. Welche Art Unterstützung von anderen Leuten erwartest du?

- .... • *wir können das nicht allein tun*
- .... • *es gibt keinen „großen Topf" mit Geldern*
- .... • *wir brauchen für unsere Arbeit ein Team*

- .... • *wir benötigen regelmäßige Unterstützung*
- .... • *Geld: unsere Haupteinnahmequelle*
- .... • *Gebet: es ist ein geistlicher Kampf*
- .... • *Ermutigung: große Veränderungen stehen an*

6. Will sich der potentielle Unterstützer voraussichtlich in dieser Weise engagieren?

- .... • *Wir brauchen Schlüsselleute*
- .... • *Wir brauchen Leute, die unterschiedlich hohe Beträge geben*
- .... • *Unsere Unterstützung sollte bis März zusammen sein*
- .... • *Erklären, warum wir die betreffende Person anfragen*
- .... • *Willst du dich unserem Team anschließen?*

Hilfsblatt für deine Gesprächspräsentation

- *Nimm dir Zeit und überlege, was ein potentieller Unterstützer wissen muss, um eine fundierte Entscheidung treffen zu können, ob er dich unterstützen will.*
- *Benutze das Hilfsblatt, um einige Stichpunkte zu notieren, aber formuliere deine Gedanken nicht aus. Du kannst das Hilfsblatt auch im Internet herunterladen. Wenn du keinen Internetzugang hast, dann nimm einfach ein Notizbuch oder ein Blatt Papier zur Hand.*
- *Übe deine Präsentation laut und verwende dabei deine Notizen.*
- *Schreibe jetzt ausführlicher auf, was du gesagt hast. Wir sprechen meist viel informeller, als wir schreiben, deshalb ist es viel hilfreicher, aufzuschreiben, was du gesagt hast, statt abzulesen, was du geschrieben hast.*

Download ***www.aem.de/books***

Entwirf dein eigenes Rollenspiel!

Wenn du erst einmal ein Grundraster gemacht hast mit den Informationen, die dein Gegenüber braucht, um eine fundierte Entscheidung zu treffen, dann schmücke es ein wenig aus, vor allem mit Geschichten über Menschen, die deine Anliegen illustrieren.

! **Suche dir möglichst früh einen Freund zum Üben**. Du könntest es sogar als echtes Rollenspiel durchführen und einen guten Freund tatsächlich um Unterstützung bitten. Außerdem bittest du ihn, dir am Ende des Rollenspiels sein ehrliches Feedback zu geben. Er kennt dich nicht nur gut genug, um dir gern zu helfen, sondern wird dich auch dann unterstützen, wenn deine Präsentation völlig daneben geht! Wenn er Dinge sagt wie „Keine Ahnung, wovon du geredet hast, aber ich denke, du willst, dass ich dir Geld gebe“ oder „Klingt echt gut – ich wünschte nur, ich hätte auch mal etwas sagen dürfen“, dann musst du noch etwas an deiner Präsentation arbeiten, bevor du dich auf das ahnungslose Publikum deines erweiterten Bekanntenkreises stürzt. Aber allein schon die Tatsache, dass ein Freund zugehört hat, wie du ihm dein Anliegen kommuniziert hast, kann dazu führen, dass er noch mehr für dich betet als vorher, wenn du nun andere Menschen ansprichst!

! **Wenn du keinen Freiwilligen finden kannst, dann übe deine Präsentation allein, und zwar laut**. Stell dir vor, dass du zu einem realen Menschen sprichst. Überlege dir dann:

- Wenn du die Person gewesen wärst, zu der du geredet hast, hättest du genug von dem verstanden, was du gesagt und worum du gebeten hast, um eine bewusste und fundierte Entscheidung zu treffen, dich zu unterstützen?
- Konnte der andere auch aus seiner Perspektive heraus einen Bezug herstellen zu dem, was du erzählt hast?

Vielleicht bist du dir ziemlich blöd vorgekommen, so allein vor dem Spiegel zu stehen und zu dir selbst zu sprechen. Aber es ist immer noch besser, vor einem Spiegel dumm dazustehen als vor einem potentiellen Unterstützer. Der Zweck der Übung ist nicht, dass du die Präsentation in- und auswendig kennst, sondern dass du sinnvolle und verständliche Aussagen machst, wenn du in realen Situationen zu realen Menschen sprichst.

Man sagt über Predigten, dass entweder der Prediger bei der Vorbereitung ins Schwitzen kommt oder aber die Gemeinde beim Zuhören! Beim der Missionspartnerentwicklung ist es ganz ähnlich: Wenn du bei deinen Vorbereitungen nicht ins Schwitzen kommst, werden sowohl du als auch der potentielle Unterstützer ins Schwitzen geraten, wenn du dich während deiner Präsentation unverständlich nuschelnd durch einen Monolog mogelst!

! ***Eine gute Vorbereitung engt dich in keiner Weise ein. Ganz im Gegenteil! Du kannst dann frei von der Leber sprechen und weißt, dass du auch wirklich alle wesentlichen Punkte abdeckst.***

Aber Vorsicht!

Was du sagst, muss von Herzen kommen, nicht von deinem Skript. Nimm dir genug Zeit dafür, damit deine Vorbereitung dir auch tatsächlich hilft, im Gespräch entspannt zu sein und zu wissen, wo es langgeht. Wenn du dieses Stadium abkürzt, dann kontrolliert deine Vorbereitung am Ende dich anstatt umgekehrt.

Mach deinen Unterstützern das Leben leichter

Führe immer alle Unterlagen mit dir, die der Unterstützer braucht, um dir Geld zu überweisen. Einige Missionswerke erstellen für ihre neuen Mitarbeiter einen persönlichen Vorstellungsprospekt mit einem hübschen Foto vorne drauf, in dem Informationen über deren persönlichen Hintergrund, über ihr künftiges Arbeitsfeld und ganz allgemein über das Missionswerk enthalten sind, und auch, wie das mit der Unterstützung funktioniert. Solche Prospekte sind eine gute Sache, allerdings nur zu einem gewissen Grad.

Häufig liegt dem Prospekt eine Antwortkarte bei, oder man kann einen Coupon ausschneiden und zurücksenden. Darauf kann man Verschiedenes ankreuzen, z. B.:

- ☐ Ich möchte deinen Rundbrief erhalten
- ☐ Ich möchte dich regelmäßig unterstützen
- ☐ Ich überweise dir eine einmalige Spende
- ☐ Ich möchte für dich beten
- ☐ Bitte setze mich auf die Mailing-Liste usw.

Die Karte oder der Coupon werden dann an den Mitarbeiter bzw. die Mission zurückgeschickt – sofern der Unterstützer den Prospekt aus irgendeinem Stapel ausgegraben hat, auf dem dieser seit deiner Veranstaltung lag, die zutreffenden Punkte angekreuzt hat, seine Adresse und alles Weitere eingetragen hat, irgendwo in einer Schublade einen Umschlag gefunden hat, ihn adressiert und frankiert und schließlich abgeschickt hat.

Solche Vorstellungsprospekte eignen sich gut für Veranstaltungen, man kann sie auch Freunden als Grundinformation mitgeben. Es ist allerdings so, als würdest du beim Angeln einige Köder ins Wasser werfen – dadurch hast du noch lange keinen Fisch an der Angel, aber es könnte ein paar Fische anlocken, die neugierig werden. **Wenn du jedoch denkst, dass ein solcher Vorstellungsprospekt für dich die Arbeit erledigt, wirst du schwer enttäuscht werden**. Wenn du hingegen davon ausgehst, dass ohnehin niemand die Antwortkarte zurückschickt, wirst du vielleicht freudig überrascht sein, wenn das doch einmal der Fall ist. Überlege selbst: Wann hast du zum letzten Mal eine solche Antwortkarte ausgefüllt, die nicht voradressiert und mit Rückporto versehen war? Wenn es dir so geht wie mir, dann wirst du das frühestens morgen tun. Oder gar nicht, weil es zu viel Mühe macht.

! ***Trage immer – wirklich überall und immer – Überweisungsformulare in der Tasche. Du weißt nie, wann du sie brauchen wirst.***

Wenn möglich, hole die ausgefüllte Antwortkarte selbst ab oder lasse sie direkt an dich zurückschicken, nicht an euer Missionsbüro, auch wenn das auf der Karte steht. Es kann lange dauern, bis du darüber informiert wirst, dass die Karte ausgefüllt im Büro angekommen ist.

Einige wenige Missionswerke, mit denen ich arbeite, aber eben nur wenige, schicken dem Mitarbeiter innerhalb von ein oder zwei Tagen eine E-Mail oder rufen ihn an, wenn in der Zentrale ein Dauerauftrag oder eine Einzugsermächtigung für ihn eingegangen ist. Bei anderen kann es zwei Monate oder noch länger dauern, bevor der Mitarbeiter etwas von dem neuen Unterstützer erfährt. In der Zwischenzeit haben sich der Mitarbeiter und der neue Unterstützer vielleicht schon ein paar Mal getroffen, und der Unterstützer wundert sich, warum der Mitarbeiter sich nicht bedankt, wo er doch seine Unterstützung bereits überwiesen hat. Der Mitarbeiter weiß aber leider noch nichts davon!

Deshalb lieber alles vorher bedenken. **Achte darauf, dass du das Formular erhältst, damit du überprüfen kannst, ob alles richtig ausgefüllt wurde, es dir in deinen Unterlagen notieren und dem Unterstützer danken kannst.** Und leite es so bald wie möglich an eure Buchhaltung weiter!

Einmal hielt ich für die neuen Mitarbeiter der Wycliff-Bibelübersetzer eine kurze Abendschulung zum Thema Missionspartnerentwicklung. Am Ende kam eine Teilnehmerin auf mich zu und sagte, dass sie uns gern unterstützen würde. Wir waren uns vorher noch nie begegnet, und ich wusste lediglich, dass sie als Missionarin ins Ausland gehen wollte. Also drückte ich ihr einen vorgefertigten Überweisungsträger und eine Einzugsermächtigung in die Hand, die ich immer griffbereit in meiner Bibel liegen habe, und dachte, dass sie bestimmt noch etwas mehr über meine Arbeit reden wolle und sich vielleicht ein oder zwei Tage Bedenkzeit erbitten würde. Aber dies war nicht der Fall. Sie fragte mich, ob sie die Einzugsermächtigung gleich hier und jetzt ausfüllen könne, was ich natürlich bejahte.

Sie füllte das Blatt vollständig aus und gab es mir zurück, noch während wir nach dem Seminar so beisammen standen.

Ich hatte nicht die Absicht, an diesem Abend einen neuen Unterstützer zu gewinnen. Ich hatte nicht einmal erwähnt, dass wir Unterstützung brauchten. (Und wir brauchten auch gerade keine, unsere vorhandene reichte zu dieser Zeit aus.) Aber aus irgendeinem Grund wollte diese Frau uns unterstützen. Ich spurtete zu meiner nächsten Veranstaltung und hatte 25 Euro mehr monatliche Unterstützung als noch ein paar Stunden zuvor. Allzeit bereit!

Alexander hatte einige Jahre lang als Missionar im Ausland gearbeitet, musste aber aus familiären Gründen nach England zurückkehren. Er blieb weiterhin in engem Kontakt zu seiner Mission und konnte ein paar Jahre später, als die familiäre Situation es wieder erlaubte, erneut Mitarbeiter werden. Dazu musste er auch wieder ein Unterstützerteam aufbauen. Nachdem er sich zuerst an all diejenigen gewandt hatte, die ihn vorher schon unterstützt hatten, blieb noch ein gewisser Bedarf offen, deshalb fragte er nun Leute an, die ihn bei seinem ersten Einsatz noch nicht unterstützt hatten, wohl aber Interesse an seiner Arbeit gezeigt hatten.

Thomas und Daniela waren ein solches Ehepaar. Sie sagten ihm gern finanzielle Unterstützung zu, meinten aber, dass es wahrscheinlich der gleiche Betrag sein würde, den sie bei Alexanders erstem Einsatz zur Verfügung gestellt hatten. Thomas versuchte seine Überraschung darüber zu verbergen, dass sie angeblich ihn schon unterstützt hatten und er es nicht wusste, gab ihnen die nötigen Unterlagen, bedankte sich und ging heim.

Am nächsten Morgen rief er gleich in seiner Missionszentrale an und fragte, ob dieses Ehepaar schon früher zu seinen Unterstützern gehört habe. Nein, versicherte man ihm, aber sie hatten jahrelang die allgemeine Arbeit der Mission mit 35 Euro monatlich unterstützt, dann aber aufgehört. Ja, es waren zufällig genau die Jahre, in denen Alexander als Missionar im Ausland gewesen war.

Irgendwo war es in dem Prozess zu einem Systemfehler gekommen. Entweder hatten Thomas und Daniela auf ihrer Überweisung nicht unter „Verwendungszweck" angegeben, dass ihre Unterstützung für Alexander und seine Arbeit bestimmt war, oder ein Mitarbeiter in der Buchhaltung der Mission hatte den Betrag versehentlich auf eine falsche Kostenstelle verbucht. Dabei hatte keiner der Beteiligten etwas von dem Fehler bemerkt. Selbst in den besten Büros kommen solche Dinge vor.

Thomas und Daniela hatten angenommen, dass sie Alexander in seinem Dienst im Ausland unterstützten. Dieser aber hatte keine Ahnung, dass sie solches Interesse an seiner Arbeit hatten.

Alexander war nicht gerade erfreut, als er diese Neuigkeit erfuhr. Dieser Vorfall überzeugte ihn davon, dass es besser war, wenn die ausgefüllten Formulare zuerst durch seine Hände gingen, bevor die Missionszentrale sie erhielt. So konnte er dann immerhin überprüfen, ob die ihm zugedachte Unterstützung ihn zu gegebener Zeit auch tatsächlich erreichte.

21. DIE POST BRINGT'S – KONTAKT PER BRIEF

Bei einigen Leuten wird ein persönlicher Besuch unmöglich sein, um sie über deinen bevorstehenden Missionseinsatz zu informieren und sie zu fragen, ob sie dich unterstützen wollen. Wenn ein Freund von dir jetzt z. B. in einer Bank in Singapur arbeitet, ließen sich die Flugkosten für einen persönlichen Besuch schwerlich rechtfertigen, selbst wenn du dadurch 40 Euro monatliche Unterstützung bekommen solltest!

Aber überlege es dir gut, bevor du einen Besuch bei einem Menschen ausschließt, den du gern in deinem Unterstützerteam haben würdest und der in der anderen Ecke deines Heimatlandes wohnt. Was würde es für ihn bedeuten, wenn du dir die Zeit nimmst und ihn besuchst? Höchstwahrscheinlich würde es ihn in der Überzeugung bestärken, dass du gerade ihn an deinen Zukunftsplänen beteiligen möchtest und nicht nur hinter seinem Geld her bist. Im Zeitalter von Billigflügen und Bahnermäßigungen kostet es vielleicht gar nicht so viel, wie du denkst, deinen Freund in Kiel oder deine Freundin in Genf zu besuchen.

Aber manchmal geht es einfach trotzdem nicht.

Claudia und Julia – 2. Szene

Nehmen wir noch einmal die Szene mit Claudia und Julia und verändern daran einige Details.

Julia merkte, dass sie sich nicht als Lehrerin eignete. Deshalb ergriff sie eine passende Gelegenheit beim Schopf und nahm eine Stelle als Erlebnispädagogin bei einer Wildnisschule in der Lüneburger Heide an. Die Bezahlung war etwas niedriger, aber sie erhielt mit der Stelle auch ein Haus, deshalb verkaufte sie ihre Eigentumswohnung in Stuttgart und kaufte sich ein kleines Haus in einem Vorort von Hannover, in der Nähe ihrer Eltern. Sie vermietet jetzt das Haus, wobei die Mieteinnahmen so in etwa die Unterhaltskosten decken, aber sie betrachtet es als langfristige Geldanlage.

Julia war seither nur noch zweimal in Stuttgart, jedes Mal musste sie sich um den Verkauf ihrer Wohnung kümmern, da es Komplikationen gab. Claudia versprach zwar ein paar Mal, Julia zu besuchen, aber bis jetzt hat es noch nicht geklappt und es sieht so aus, als ob daraus nichts mehr werden würde. Da Claudias Familie in Ludwigsburg lebt und Julias Eltern in Hannover, ist es höchst unwahrscheinlich, dass die beiden sich noch einmal begegnen, bevor Claudia in die Türkei ausreist.

Claudia wünscht sich immer noch, dass Julia ihre Unterstützerin wird. Ihr ist aber nicht wohl bei dem Gedanken, sie einfach telefonisch zu kontaktieren; das würde ja bedeuten, dass sie Julia mit enorm viel Information am Telefon eindecken müsste und Julia nicht die Möglichkeit hätte, in Ruhe darüber nachzudenken. E-Mail käme schon infrage (auf diesem Weg halten sie sonst Kontakt, aber auch das nicht sehr häufig), aber Claudia weiß, dass sie für eine E-Mail einen zu langen Text verfassen müsste. Deshalb hat sie beschlossen, einen Brief zu schreiben.

Claudia denkt, dass Julia wahrscheinlich schon Gerüchte über ihre Reisepläne gehört hat, meint jedoch, dass es besser ist davon auszugehen, dass diese noch nichts davon weiß.

Welche Elemente sollte ein solcher Brief enthalten?

- Knüpfe an eure bestehende Beziehung an, eure letzte Begegnung oder euren letzten Kontakt, gemeinsame Interessen, dir bekannte Schwierigkeiten usw.
- Bring den anderen auf den neuesten Stand, was in deinem Leben inzwischen alles passiert ist.
- Erzähl von deinem Missionswerk und was deine genaue Tätigkeit dort sein wird.
- Erläutere deine finanziellen Bedürfnisse. Der Zweck des Briefes besteht darin, dem anderen eine Möglichkeit zur Mithilfe zu bieten – sei deshalb konkret.
- Bitte den anderen um einen konkreten Schritt, um den erwähnten Bedarf zu decken. Wenn du ganz konkret anfragst, versteht der andere besser, was genau du von ihm erwartest.
- Sprich noch einmal positiv von eurer Beziehung und lege den Schwerpunkt auf Dank, Wertschätzung, Partnerschaft und das Engagement des anderen.
- Erwähne, dass du ihn in ein paar Tagen anrufen wirst, um seine erste Reaktion auf deine Anfrage, ob er zu deinem Unterstützerteam gehören möchte, zu erhalten.
- Beende den Brief und setze deinen Namen darunter.
- Häufig lesen die Empfänger eines Briefes zuerst das P.S. Setze deshalb als Anmerkung am Ende deines Briefes, dass du gern bis zu einem bestimmten Datum eine Antwort hättest oder dass du den anderen in ein paar Tagen anrufen wirst. Wenn dein Brief an einem hektischen Vormittag ankommt, entscheidet vielleicht das P.S. darüber, ob der Empfänger den Brief gleich liest oder nicht!
- Es hilft, wenn du die wichtigsten Punkte in deinem Brief hervorhebst, vielleicht durch <u>Unterstreichen</u>, durch GROSSBUCHSTABEN, durch – Spiegelstriche, Leuchtstift oder was immer dir optisch gefällt.
- Füge einen frankierten und adressierten Rückantwort-Briefumschlag bei und eine Werbebroschüre deiner Mission.
- Wenn möglich, sollte der Brief handgeschrieben sein.
- Verwende lieber ein hübsches Briefpapier als einen weißen A4-Bogen und einen Umschlag im Format eines Geschäftsbriefs; dies ist der Brief eines Freundes an einen Freund und sollte nicht wie ein Geschäftsbrief oder wie Werbebriefe aussehen, die mit der gleichen Post ins Haus flattern.

Folgend findest du ein Anschauungsbeispiel, wie der Brief von Claudia an Julia aussehen könnte. Und so beginnt der Brief:

Liebe Julia,

hoffentlich geht es dir gut und du genießt das Leben in der Lüneburger Heide. Wie gefällt dir deine neue Arbeit? Zumindest nehme ich an, dass die Leute, die euer Zentrum besuchen, gern und freiwillig kommen, was man von den widerwilligen Neuntklässlern am Gymnasium wahrhaftig nicht sagen konnte.

Im Lehrerzimmer hat sich die Atmosphäre verändert, seit du weg bist – dein Sinn für Humor war immer ein guter Ausgleich zu dem wilden Zynismus der anderen Kollegen.

Sonst geht das Leben hier so weiter wie früher. Unter dem neuen Direktor hat sich die Disziplin etwas verbessert, aber sonst gibt's nichts Neues.

Außer dass ich schon bald weggehe!

Ja, du hast richtig gelesen, ich gehe weg. Vielleicht hast du bereits Gerüchte darüber gehört, dass ich nächsten Sommer in deine Fußstapfen trete und von hier verschwinde, allerdings nicht in die Lüneburger Heide. Es zieht mich noch viel weiter weg als dich, und ich wollte dich fragen, ob du mir helfen kannst, mein Ziel zu erreichen. Am liebsten würde ich dir das alles persönlich erzählen, aber ich glaube, ich werde es vor meiner Abreise nicht mehr schaffen, zu dir hochzufahren, und ich rechne auch nicht damit, dass du planst, in den nächsten Monaten nach Stuttgart zu kommen, deshalb wähle ich die zweitbeste Lösung und schreibe dir einen Brief.

Sicher weißt du, dass ich mich schon lange für Mission interessiere. Vielleicht erinnerst du dich, dass ich in dem Sommer, als du nach Norden zogst, einige Wochen in der Türkei war. Ich habe diesen Weg weiterverfolgt und will nächstes Jahr wieder in die Türkei fahren, aber dieses Mal für solange, wie Gott mich dort haben möchte.

Ich werde mit der MITTELMEERMISSION arbeiten, einer Organisation, die Menschen in Nordafrika und dem Nahen Osten geistliche und praktische Hilfe bringt. Ich freue mich schon auf dieses neue Abenteuer, aber ich bin auch ganz schön aufgeregt.

Also, ich werde an einer Englischsprachschule im Osten der Türkei arbeiten, und zwar in einer Stadt in der kurdischen Gegend, nahe, aber doch nicht allzu nahe der irakischen Grenze. Die Schule wurde vor etwa 10 Jahren durch Operation Outreach gegründet, einer christlichen Gruppe, mit der die Mittelmeermission eng zusammenarbeitet. Die Mittelmeermission hat seit einigen Monaten bereits ein Team dort, das vor allem Gesundheits- und Bildungsprojekte durchführt. Es gibt auch eine kleine christliche Gemeinde, die vor etwa fünf Jahren aus einem Sommereinsatz von Operation Outreach entstanden ist. Die Gemeinde wird jetzt von einem türkischen Ehepaar geleitet, aber soweit ich weiß, müssen sie ganz schön kämpfen, um in dieser vorwiegend muslimischen Gegend akzeptiert zu werden. Die Mitarbeiter der Mittelmeermission halten sich eher im Hintergrund und arbeiten vorwiegend mit Einzelnen, was mir sehr entgegenkommt.

Ich freue mich sehr auf meinen Einsatz, vor allem auf meine Arbeit unter Kurden, die das größte Volk auf der Welt ohne ein eigenes Heimatland sind und über verschiedene Länder verstreut sind, darunter auch die Türkei und den Irak. Es scheint, dass alle ziemlich rau mit ihnen verfahren. Bis vor kurzem gab es dort kein christliches Zeugnis für sie als Gruppe, oder jedenfalls kein wirksames. Die Mittelmeermission will sich in den nächsten Jahren in ihren Gebeten und ihrer Arbeit speziell für die Kurden einsetzen. Ich lege dir einen Prospekt bei, aus dem du mehr über die Mittelmeermission erfahren kannst.

Aber was genau habe ich nun gemeint, als ich anfangs schrieb, ob du mir vielleicht helfen könntest, mein Ziel zu erreichen?

Also, die Mittelmeermission arbeitet so, dass sie keine großen unpersönlichen Fundraising-Kampagnen durchführt, um genügend Geld zur Bezahlung ihrer Mitarbeiter zu haben, sondern jeder einzelne Mitarbeiter baut sich eine Gruppe von Freunden auf, die seine Arbeit durch regelmäßige finanzielle Zuwendung, Gebet und Ermutigung unterstützen.

Ich muss gestehen, dass ich zuerst Angst davor hatte, meine eigene Unterstützung aufbringen zu müssen. Aber je mehr ich darüber nachdachte und betete, desto mehr merkte ich, wie wichtig es ist, dass ich für meinen Einsatz in der Türkei Freunde habe, die sich engagieren und mir den Rücken stärken, Freunde, die mich kennen und deren Engagement ich wirklich schätzen würde.

Insgesamt beläuft sich mein finanzieller Bedarf auf jährlich gut 33 000 Euro, das sind dann 2 760 Euro pro Monat. Davon kann ich meine normalen Lebenshaltungskosten sowie meine dienstlichen Kosten decken, ein bestimmter Beitrag geht auch an die Mittelmeermission und an die Kranken- und Sozialversicherung. Ich habe gerade erst damit begonnen, meine finanzielle Unterstützung aufzubauen und bin dankbar für die positive Reaktion einiger Freunde in unserer Gemeinde. Es sieht so aus, dass ich bereits 300 Euro monatlich zusammenhabe. Auch die Gemeinde möchte mich unterstützen, aber sie werden (frühestens!) nächsten Monat entscheiden können, mit wieviel.

Als ich mir eine Listen von Leuten machte, die ich mir als Unterstützer wünsche, standest du ganz weit oben! Wir haben so viel zusammen erlebt, vor allem in unserer ersten Zeit in Stuttgart, dass ich nicht ohne dich und dein Engagement in diese nächste Phase meines Lebens gehen möchte.

Idealerweise wünsche ich mir:

- *dass du mich finanziell unterstützt. Die Gaben von Freunden und Bekannten werden meine einzige Einnahmequelle sein, und da meine Ausgaben monatlich etwa gleichbleibend sein werden, wäre die beste Lösung, wenn du mich monatlich unterstützt (Ich lege dir zu diesem Zweck einen vorgefertigten Zahlschein unserer Mission bei.)*
- *dass du für mich und die Menschen, mit denen ich arbeite, betest. Mir ist sehr wohl bewusst, dass es ein geistlicher Kampf sein wird, und ich will da nicht ungeschützt arbeiten müssen.*
- *dass du mich ermutigst. Es wird schon ganz anders sein als damals in Stuttgart, aber ich weiß, dass mir der Kontakt zu Freundinnen wie dir ganz wichtig sein wird.*

Was mich betrifft, so verpflichte ich mich, so gut wie möglich den Kontakt zu dir zu halten. Ich weiß noch nicht, ob ich an meinem Wohnort online sein werde, aber es gibt dort zumindest einige Internetcafés, von denen aus ich mich melden kann.

Dieses ganze Unterfangen kann ich nicht allein durchführen, und ich wäre total begeistert, wenn du Teil des Teams würdest, das dies ermöglicht.

Was die finanzielle Unterstützung betrifft, so gibt es keinen festgelegten Betrag oder so etwas. Du kannst das ganz frei entscheiden. Vielleicht hilft es dir, wenn ich dir sage, dass der Durchschnittsbetrag, den Einzelne bisher so geben, etwa bei 50 Euro liegt. Manche geben auch 100 Euro oder mehr. Fühle dich frei, den Durchschnittsbetrag, aber ebenso mehr oder weniger zu geben. Deine Spenden sind steuerlich absetzbar. Unsere Mission verschickt jährlich eine Zuwendungsbescheinigung über Spenden für wohltätige Zwecke.

Bitte denk mal über meine Anfrage nach und nimm sie mit ins Gebet. Ich rufe dich dann Ende nächster Woche mal an und frage dich, was du darüber denkst. Ist deine Handy-Nummer immer noch die 01 70/12 34 56? Wenn nicht, habe ich ja deine Festnetznummer und werde dich dort anrufen. Wenn du noch Fragen hast, kannst du mich auch gern vorher anrufen, bitte fühl dich frei dazu. Meine Telefonnummer zuhause ist immer noch die gleiche (07 11/66 77 88), aber meine Handy-Nummer hat sich geändert und ist jetzt die: 01 71/98 76 54. Ich lege dir auch einen adressierten Rückumschlag bei, damit du mir, wenn du möchtest, eine Einzugsermächtigung erteilen und zusenden kannst.

Danke, dass du über mein Anliegen nachdenkst. Wir hören dann nächste Woche voneinander.

Herzlich,
Deine Claudia

P.S. Ich werde versuchen, dich Donnerstagabend anzurufen. Falls das bei dir nicht geht, schreib mir doch bitte eine SMS, wann es dir passen würde. Danke.

War's das dann?

Nein – der Prozess ist damit noch nicht abgeschlossen. Auch wenn du glaubst, einen superguten Brief geschrieben zu haben, stolz auf deine gute Wortwahl bist und den Brief als sehr herzlich und persönlich empfindest – dein Brief ist nur dann von Nutzen, wenn er auch gelesen wird! Und wenn du den Empfänger deines Briefes um eine Antwort bittest, kannst du nur dann einen Erfolg verzeichnen, wenn der andere das nicht nur merkt, sondern sich auch tatsächlich um eine Antwort bemüht. Zu viele Dinge können schief gehen, deshalb darfst du nicht bloß einen Brief schreiben und hoffen, dass schon alles klappen wird.

Montagvormittag –
dein Brief kommt an

Mittwochabend –
dein Brief liegt schon mitten im Stapel

Solche Dinge passieren tatsächlich. Woher ich das weiß? Nun, weil sich auch auf meinem Schreibtisch Papierstapel anhäufen. Dabei schenke ich zuerst den Briefen, die unbedingt eine Antwort erfordern, meine Aufmerksamkeit: der Rechnung für die Autoversicherung, der Telefonrechnung usw. Um alle anderen kümmere ich mich dann nächste Woche, wenn ich weniger zu tun habe. Ich vermute, dass nicht nur ich beim Festsetzen der Prioritäten so vorgehe – die wichtigen und dringenden Schreiben werden erledigt, die übrigen gestapelt.

Wie lässt sich dieses Problem vermeiden?

… indem du selbst die Initiative ergreifst und sie nicht dem Empfänger deines Briefes überlässt. Mach es so wie Claudia und beende deinen Brief mit einem P.S., dass du deinen Freund in ein paar Tagen anrufen wirst, um zu erfahren, was er von deinem Vorschlag, dich zu unterstützen, hält. Dadurch hast du nicht nur die Möglichkeit, ihn anzurufen, du musst es praktisch tun.

Wenn der andere deinen Brief gelesen hat, wird er sich sofort daran erinnern, sobald er deine Stimme am Telefon hört, selbst wenn er vergessen hat, dass du ihn anrufen wolltest. Es kann durchaus sein, dass dein Freund gut organisiert ist und sich vor deinem Anruf Gedanken über seine Antwort gemacht hat, eine Entscheidung getroffen hat und bereit ist, dir diese mitzuteilen. Aber es ist höchst unwahrscheinlich, dass deine Bitte um Unterstützung lang genug auf seiner Tagesordnung stand, so dass er sich alles bis ins kleinste Detail genau überlegt hat. Viel eher wird dein Anruf ihn zum Handeln anregen. Dabei wird er am Telefon vielleicht nur eine grundsätzliche Antwort geben, aber noch nicht alle Einzelheiten durchgedacht haben. Es kann gut sein, dass du ihn nach ein paar Tagen erneut anrufen musst, bis alles zum Abschluss gekommen ist.

Wenn der Empfänger deines Briefes diesen noch nicht gelesen hat, hast du die Möglichkeit, etwa Folgendes zu sagen: „Kein Problem. In dem Brief teile ich dir einige wichtige Neuigkeiten in Bezug auf meine Zukunft mit und frage dich, ob du dich vielleicht daran beteiligen kannst, meine Pläne umzusetzen. Ich habe dir auch geschrieben, dass ich dich anrufen würde, um zu erfahren, was du darüber denkst. Würdest du den Brief bitte lesen? Ich rufe dich dann in ein paar Tagen noch einmal an. Würde dir Mittwochabend passen?" Du kannst sicher sein, dass der andere umgehend seinen Stapel durchforsten wird, um herauszufinden, was dir so wichtig ist, dass du ihm einen Brief geschrieben hast. Und bei deinem zweiten Anruf ist er dann sicher vorbereitet.

Achte darauf, dass du nicht gleichzeitig zu viele Briefe mit der Anmerkung verschickst, dass du den Empfänger in den nächsten Tagen anrufen wirst. Denk daran, dass es schon schwierig genug sein kann, eine einzige Person persönlich ans Telefon zu bekommen!

22. PRÄSENTATIONSMATERIAL

Die Reaktionen deiner engen Freunde können eine gute Initialzündung für den Aufbau deines Freundeskreises sein. Viele von ihnen werden dich sogar von sich aus wegen Unterstützung ansprechen, und manche wollen dich schon unterstützen, bevor du überhaupt als Mitarbeiter angenommen wurdest. Es kommt oft vor, dass Leute bis zu 30 Prozent der benötigten Unterstützung recht schnell zusammenbekommen. Dazu braucht es nicht viel mehr als das Vorhandensein einer guten Beziehung, (bei dir) ein Herz voller Leidenschaft für das, wozu Gott dich berufen hat, und ein gutes, klares Gespräch mit deinen Freunden.

Aber die meisten Leute müssen ihren Radius weit über diesen engen Kern von Freunden hinaus erweitern, um ihr finanzielles Ziel zu erreichen. Das heißt, dass du mit Menschen reden musst, die du nicht so gut kennst, vielleicht auch mit einigen, die du lange nicht mehr getroffen hast. Und am Ende wirst du wahrscheinlich sogar mit Leuten sprechen, die du überhaupt nicht kennst, die dir aber von jemand anderem vorgestellt wurden, den du kennst und der einen ganz anderen Bekanntenkreis hat als du selbst.

Nimm dir noch einmal deine Namensliste vor

Ich gehe jetzt einmal davon aus, dass du schon mit deinen wichtigsten Schlüsselleuten gesprochen hast und nun vor der Aufgabe stehst, mit Leuten zu reden, die du nicht so gut kennst. Diese Menschen stehen vielleicht weiter unten auf deiner Namensliste (die ja dynamisch sein soll und nicht statisch; vielleicht solltest du dir die Liste erneut vornehmen und dir überlegen, wen du jetzt, wo du alle guten Freunde schon gefragt hast, ansprechen könntest). Es könnte auch der Freund eines Freundes sein oder jemand, den du überhaupt nicht kennst.

Die Gefahren – und wie du sie auf ein Minimum reduzierst

Es gibt mindestens zwei Gefahren, vor denen du dich hüten solltest, wenn du mit Leuten sprichst, die du nicht so gut kennst. Die erste ist, dass du, weil du den Hintergrund des anderen nicht kennst, einfach deine Präsentation durchziehst, ohne dem Gegenüber groß Interaktion zu ermöglichen. Was eigentlich ein entspanntes Gespräch sein sollte, verwandelt sich dadurch in einen peinlichen Monolog. Die zweite Gefahr ist genau das Gegenteil davon. Weil du mit jemandem sprichst, der dich nicht gut kennt, kann es sein, dass er das Gespräch auf (für dich) völlig irrelevante Themen lenkt und du keine Möglichkeit siehst, das Gespräch wieder in die gewünschte Bahn zurückzuführen.

In solchen Situationen ist es oft leichter, wenn du deinen Dienst auf irgendeine Weise **sichtbar machen** kannst, während du darüber **redest**. Dadurch behältst du in dem Gespräch eine gewisse Kontrolle und dein Gegenüber merkt, dass das Gespräch ein bestimmtes Ziel verfolgt.

Eine DVD oder eine andere Präsentationsform können bei einem Gruppentreffen gut das von dir Gesagte unterstreichen, aber diese Medien wirken etwas unpersönlich, wenn du sie im Gespräch mit einer Einzelperson oder einem Ehepaar einsetzt. Es ist wirklich nicht der beste Weg, eine persönliche Beziehung aufzubauen, wenn du deinen künftigen Unterstützer vor den Fernseher setzt oder, noch schlechter, ihn den Kopf verdrehen lässt, damit er an deinem Laptop einer Präsentation zuschaut, die an deiner Stelle zu ihm spricht!

Es ist besser, wenn du optisches Präsentationsmaterial einsetzt, das du selbst erstellt hast: Etwas, das du leicht transportieren kannst und das dir hilft, das Gespräch beim Thema zu halten, ohne dass es dieses ersetzt oder es beherrscht. Es soll dem anderen einen Überblick geben über das Missionswerk, mit dem du arbeitest, eine Beschreibung deiner Tätigkeit enthalten und die besondere Rolle, die der mögliche Unterstützer dabei spielen kann, erklären.

Als wir intensiv am Aufbau unseres Unterstützerteams gearbeitet haben, habe ich meistens eine Vorstellungsmappe mit Klarsichthüllen benutzt, in die man Seiten einlegen kann.

Aber Vorsicht, es soll kein Skript sein. Es ist lediglich Begleitmaterial für das, was du sagst. Bei einer Gelegenheit benutzt du es, um es einem ledigen jungen Erwachsenen zu zeigen, beim nächsten Mal verwendest du es im Gespräch mit einem Rentnerehepaar. Deshalb muss der Inhalt so flexibel sein, dass du die Mappe bei verschiedenen Altersgruppen und Menschentypen verwenden kannst.

Folgende Elemente sollten in einer solchen Präsentationsmappe vorkommen:

- **Viele Bilder** und Grafiken, wenig Worte
- Die **Nöte und Bedürfnisse**, auf die du und dein Missionswerk ausgerichtet sind; und was die Folgen dieser Nöte und Bedürfnisse sind
- Was dein Missionswerk im Allgemeinen tut, **um diesen Bedürfnissen und Nöten abzuhelfen**
- Welche **konkreten Projekte** deine Mission durchführt, vor allem in dem Bereich, in dem du mitarbeiten wirst
- **Was deine Aufgabe sein wird** – warum du dort eingesetzt wirst, was du tun wirst, an welchem Ort, in welchem Team usw.
- **Die Rolle deines Unterstützers** – als Missionspartner, Gebet, finanzielle Unterstützung
- **Die konkrete Bitte**: Willst du (Wollen Sie) mein(e) Unterstützer werden?
- **Dank** und Ausdrücken von Wertschätzung.

Und so könnte das Material dann aussehen:

Nehmen wir einmal an, Jürgen und Susanne Becker hätten eine Präsentationsmappe entworfen, um ihre künftige Arbeit bei *Declare* vorzustellen. Auf den nächsten Seiten wird gezeigt, wie das aussehen könnte. Nicht jeder hat die kreativen oder technischen Fertigkeiten, um eine animierte 3-D-Präsentation hinzukriegen. Ich jedenfalls nicht. In unserem Beispiel wurde Microsoft Word verwendet, eine eingescannte Fotocollage, dazu Überschriften und Illustrationen, die man leicht aus dem Internet herunterladen kann. Es handelt sich aber nicht um eine vorgefertigte Schablone, die du genau so verwenden musst. Halte dich also nicht sklavisch daran, sondern lass dich vielmehr davon inspirieren, wie eine einfache und grundlegende Präsentationsmappe aussehen könnte.

Beachte: Der Grundgedanke deiner Präsentationsmappe ist, dass sie deinen Werdegang illustriert und deinem Gespräch mit möglichen Unterstützern als Leitlinie dient.

! **Versuche einmal, anhand der Präsentationsmappe von Jürgen und Susanne ihren Werdegang zusammenzufassen – du weißt ja schon einiges über sie.**

! **Und nun versuche, deine eigene Präsentationsmappe zu entwerfen.** Vielleicht braucht es mehrere Anläufe, bis du damit zufrieden bist. Aber ich kann dir nur sagen, es zahlt sich aus, wenn du dir dafür Zeit nimmst.

Am Anfang kommt es dir vielleicht ein bisschen komisch vor, vielleicht sogar hinderlich, eine solche Präsentationsmappe zu benutzen, um deine Arbeit und deinen Bedarf nach Unterstützung zu erläutern.

! **Übe ein paar Mal mit einem Freund, dann wirst du immer besser mit dem Ablauf vertraut.** Stellt euch dabei verschiedene Szenarien vor, in denen du voraussichtlich deine Mappe benutzen wirst.

Online unter www.aem.de/books findet sich eine Muster-Präsentation auf Englisch.

23. UNTERSTÜTZUNG DURCH GEMEINDEN

Bisher haben sich meine Ausführungen auf Einzelpersonen bezogen. Wie sieht es aber mit Gemeinden aus?

Ein kurzer Blick zurück

In der Vergangenheit kam die Unterstützung für Mission zu einem großen Teil aus Gemeinden und Kirchen. Missionare im Heimataufenthalt und andere Mitarbeiter im vollzeitlichen christlichen Dienst mussten zu diesem Zweck von Gemeinde zu Gemeinde gehen und dort eine Missionsveranstaltung nach der anderen abhalten, wobei sie von ihrer Arbeit berichteten. Man besuchte dabei vor allem solche Gemeinden, die schon eine lange Verbindung mit dem Missionswerk hatten. Manche Gemeinden reagierten auf ihren Besuch mit regelrechter Begeisterung, andere dagegen hielten sich eher bedeckt, und manchmal reichte die Gabe, die Missionare auf diese Weise erhielten, nicht einmal aus, um die mit diesen Besuchen verbundenen Spesen zu decken.

Als Missionar wusste man bei solchen Anlässen nie genau, was einen erwartete, und Gemeinden, die sich aktiv für Mission interessierten, wurden natürlich häufiger angefragt und bekamen manchmal mehr Anfragen von Missionaren, als sie bewältigen konnten.

Das hat sich in den vergangenen Jahrzehnten stark verändert. Ich vermute, dass dieser Wandel zumindest teilweise auf die großen sozialen Veränderungen der 1960-er Jahre zurückzuführen ist. Man vertraute nicht länger irgendwelchen Autoritätsstrukturen und Institutionen, sondern verließ sich vielmehr auf persönliche Beziehungen. Vertreter der „Baby-Boom-Generation", die am stärksten von dieser Revolution erfasst wurde, wollten lieber einzelnen Personen als anonymen Organisationen Geld geben. Die frühere Gepflogenheit, dass Gemeinden und Kirchen zu einem großen Teil für das Geld sorgten, das christliche Werke benötigten, wurde ersetzt durch die neue Vorgehensweise, dass Menschen Einzelpersonen aus dem Bekanntenkreis unterstützten.

Die heutige Situation

Ganz gleich, ob dieser neue Weg zur Finanzierung von Mission nun richtig oder falsch ist (darüber könnte man sich wahrscheinlich stundenlang streiten), ist es heute einfach eher Realität, dass Menschen für Einzelpersonen geben, als dass Gemeinden als solche für Missionswerke insgesamt spenden. Bisher gibt es keine Anzeichen für eine Änderung dieses Geber-Verhaltens. Auch die Generationen nach den Baby-Boomern bewerten persönliche Beziehungen höher als Verbindungen zu Institutionen.

Darüber hinaus sind Mission und christlicher Dienst im 21. Jahrhundert weit vielfältiger, komplexer und teurer als in früheren Jahrzehnten. Zu unserer eigenen Gemeinde z. B., die weniger als 200 Mitglieder zählt, gehören neun Ehepaare und drei Ledige, die alle auf die eine oder andere Weise von Unterstützung leben und in gewissem Maß von uns als ihrer sendenden Gemeinde Unterstützung erwarten. Es wäre einfach nicht möglich, sämtliche Kosten dieser großartigen Menschen zu decken. Unser Missionsausschuss hat einen Weg gefunden, wie er das zur Verfügung stehende Geld unter die einzelnen Leute aufteilt, aber das reicht in keiner Weise, um deren effektive Kosten zu decken. Damit sie die vorhandene Lücke auffüllen können, ermuntern wir unsere Missionare aktiv dazu, so viel Unterstützung wie möglich von Einzelpersonen zu erbitten, und das sowohl innerhalb als auch außerhalb unserer Gemeinde.

Wenn man all das bedenkt, ist es nicht ungewöhnlich, dass ein Missionar heute bis zu 80 Prozent Unterstützung von Einzelpersonen und nur 20 Prozent aus Gemeindebudgets erhält.

Aber trotzdem sollte die finanzielle Unterstützung durch Gemeinden für jeden, der Unterstützung für einen christlichen Dienst aufbringt, eine wichtige Rolle spielen. Gemeinden brauchen immer wieder Gelegenheiten, ihre Vision über den eigenen Tellerrand hinaus zu erweitern und sich über ihren unmittelbaren Dienst vor Ort hinaus zu engagieren. Einzelpersonen, die von Missionspartnern leben, brauchen das einzigartige Engagement einer Gruppe von Menschen, die gemeinschaftlich finanzielle Mittel bereitstellt und durch Gebet und Ermutigung dem Missionar den Rücken stärken kann.

Vielfältige Gemeindebeziehungen

Die meisten Menschen haben Beziehungen zu einer Reihe ganz unterschiedlicher Gemeinden, angefangen bei der Gemeinde, die jemand als seine geistliche Heimat betrachtet, bis hin zu der Gemeinde, die ihn als Redner eingeladen hat, weil ein Freund von ihm dort hingeht. Die wichtigste Beziehung ist ganz eindeutig die zur Heimatgemeinde oder sendenden Gemeinde. Aber das ist nicht immer so klar, wie man meinen könnte.

Wenden wir uns noch einmal Claudia, Jürgen und Susanne zu.

Für Jürgen und Susanne ist es einfach. Sie sind in ihrem ganzen Leben nur Mitglieder einer einzigen Gemeinde gewesen, der Buchegg-Gemeinde am Bucheggplatz in Zürich. Sie fanden vor acht Jahren durch Jürgens Arbeitskollegen Kurt, der dort Mitglied ist, zum Glauben an Jesus. Es war für sie selbstverständlich, ebenfalls in diese Gemeinde zu gehen. Der Gedanke, sich einer anderen Gemeinde anzuschließen, war ihnen nicht einmal in den Sinn gekommen. Als blutige Anfänger in Sachen Gemeinden war es schwierig genug, sich erst einmal in dieser einen Gemeinde zurechtzufinden!

Ganz anders war es bei Claudia. Sie betrachtet gleich vier Gemeinden als ihre Heimatgemeinden.

Die erste ist die Jakobusgemeinde in Ludwigsburg, in der sie aufgewachsen ist und zu der ihre Eltern immer noch gehören. In dieser Gemeinde kam Claudia als Kind zum Glauben, dort wurde auch durch den Kontakt der Gemeinde zur dynamischen Gemeindemissionsbewegung in Uganda ihre Begeisterung für Mission geweckt. Als zweite Gemeinde wäre die Freie Christusgemeinde in Heidelberg zu nennen, die sie während ihres Studiums besuchte. Eigentlich erst dort nahm Claudia richtig aktiv am Gemeindeleben teil, beteiligte sich am Lobpreisteam und machte bei spätabendlichen Einsätzen in den Nachtclubs der Stadt mit.

In Stuttgart ging sie zuerst einige Jahre lang in die Philippusgemeinde, wo sie beim Alpha-Kurs mitarbeitete und zum Missionsausschuss gehörte. Vor zwei Jahren verließ sie zusammen mit 40 anderen die Gemeinde, um in einem Stuttgarter Vorort eine Tochtergemeinde der Philippusgemeinde mitzugründen, einem Wohngebiet, das näher an ihrer eigenen Wohnung lag als die Muttergemeinde. Claudia würde sagen, dass die Philippusgemeinde immer noch ihr geistliches Zuhause ist, aber am liebsten möchte sie sich gar nicht zwischen ihren vier Gemeinden entscheiden, weil alle vier ihr wichtig sind.

Die meisten Menschen heutzutage haben mehr als eine Gemeinde, in der sie geistliche Nahrung erhalten haben, wo man sie kennt und von wo sie sich aus verständlichen Gründen finanzielle Unterstützung erhoffen würden. Aber letztlich ist es trotzdem meistens eine bestimmte Gemeinde, die ganz oben auf der Liste steht und die sie ihre geistliche Heimat nennen würden.

Aber wie geht man nun vor, wenn man eine Gemeinde um Unterstützung bittet?

Welche Regeln gelten, wenn man eine Gemeinde um Unterstützung anfragt?

Gemeinden sind unterschiedlich, so wie Einzelpersonen auch. Es kann sein, dass bei Claudia eine Vorgehensweise, die in der Jakobusgemeinde klappt, in der Freien Christusgemeinde nicht gut ankommt, und in der Philippusgemeinde muss sie vielleicht wieder einen anderen Ansatz wählen.

Bei Einzelpersonen ist es relativ einfach, bestimmte Vorgaben zu machen. Die meisten sind in ihrem Geben nicht so durchstrukturiert, und wenn du ihnen die Möglichkeit aufzeigst, dich monatlich per Dauerauftrag zu unterstützen, werden sie es wahrscheinlich auch so machen. Sie nehmen es oft auch bereitwillig an, wenn du ihnen einen bestimmten Betrag oder einen gewissen finanziellen Rahmen nennst, der dir helfen würde. Einzelpersonen kennen oft ganz einfach die Regeln nicht, deshalb ist es ihnen recht, wenn du Anhaltspunkte gibst. Außerdem geben Einzelpersonen aus Mitteln, auf die sie direkten Einfluss haben.

Eine Gemeinde dagegen gibt Geld weiter, das ihr von ihren Mitgliedern anvertraut wurde. Die Entscheidung darüber, wohin das Geld gehen soll, wird im Namen der ganzen Gemeinde getroffen und nicht nach Lust und Laune derer, die diese Entscheidung fällen. Meistens gibt es dafür schon gewisse Regeln oder Richtlinien. In manchen Fällen sind diese klar durchdacht und deutlich ausformuliert. In anderen Fällen wird eher ad hoc entschieden, manchmal sogar widersprüchlich und unklar. Aber es gibt immer irgendwelche Regeln, und auch wenn du versuchst, sie so weit wie möglich auszuschöpfen, brechen kannst du sie nicht!

Hier sind einige Grundregeln im Umgang mit deiner Heimatgemeinde als Mitarbeiter im christlichen Dienst.

Frühzeitige Information

! **Achte darauf, dass du von Anfang an mit einem Mitglied der Gemeindeleitung über deine Pläne, in den christlichen Dienst zu gehen, sprichst.** Es dient deiner Sache nicht, wenn dein Gemeindeleiter erst von deinen Plänen erfährt, wenn er/sie den Referenzbogen einer christlichen Organisation erhält mit der Bitte, ihn für dich auszufüllen, oder von der Bibelschule, auf die du gehen willst. Es ist nicht fair, wenn du von einer Gemeinde erwartest, dass sie automatisch eine Entscheidung gutheißt und unterstützt, an der sie in keiner Weise beteiligt war.

Besser spät als nie!

Wenn du schon recht weit fortgeschritten bist in deinen Missionsvorbereitungen und trotzdem deine Entscheidung noch nicht wirklich mit deiner Gemeinde besprochen hast, dann musst du vielleicht jetzt für Schadensbegrenzung sorgen. Ein altes chinesisches Sprichwort sagt: „Wann ist die beste Zeit, einen Baum zu pflanzen? Vor 30 Jahren. Aber wenn du vor dreißig Jahren keinen gepflanzt hast, dann pflanze heute einen." Wenn du also nicht bereits von Anfang an mit deiner Gemeinde über deinen Wunsch, in den christlichen Dienst zu gehen, gesprochen hast, dann nimm heute mit einem Mitglied der Gemeindeleitung Verbindung auf, sage, dass du schon früher die Sache hättest besprechen sollen, und bitte wenigstens jetzt um ihre Ideen und Vorschläge.

Welche Richtlinien hat die betreffende Gemeinde?

! **Informiere dich, ob deine Gemeinde Richtlinien bezüglich der Unterstützung von Missionaren ausgearbeitet hat.** Ideal ist eine Kontaktperson, die an dem Prozess beteiligt ist, sich aber auch für dich einsetzt – vielleicht ein Mitglied des Missionsausschusses, das du recht gut kennst. Ich habe im Folgenden einige wichtige Punkte aufgelistet, die du abklären musst. Wahrscheinlich gibt es noch weitere Themen, die speziell für deine Situation relevant sind. Dann schreibe sie einfach noch ans Ende der Liste.

- Unterstützt die Gemeinde bereits andere Missionare?
- Hat die Gemeinde ein Missionsbudget?
- Falls ja, wie wird über die Verwendung der Gelder entschieden?
- Falls sie keines hat, aber trotzdem Missionare unterstützt, wie geschieht das?
- Wer trifft die Entscheidungen?
- Ist es in Ordnung, wenn du Einzelpersonen innerhalb der Gemeinde wegen Unterstützung anfragst?
- Wie musst du vorgehen, wenn du die Gemeinde als solche um Unterstützung bittest?
- Welche Informationen benötigt die Gemeinde, um zu entscheiden, ob und in welcher Höhe sie dich unterstützen will?
- Wäre es hilfreich, wenn jemand von deinem künftigen Missionswerk Kontakt zu der Gemeinde aufnimmt, um das Finanzsystem der Mission zu besprechen?
- Was erwartet die Gemeinde von Missionaren, die sie unterstützt?
- ...

Informiere deine Gemeinde über deine Pläne

Sprich über deinen künftigen Dienst, sobald du von deinem Missionswerk angenommen worden bist. Dazu musst du noch nicht sämtliche Einzelheiten wissen. Vielleicht ist noch nicht ganz klar, wo du tatsächlich arbeiten wirst, und ob du im Frühjahr oder im Sommer anfangen wirst; es sind vielleicht noch Fragen offen, ob du noch zusätzliche Schulung brauchst. Das macht nichts. Du hast wahrscheinlich schon genügend Informationen, um Menschen an die Tatsache zu gewöhnen, dass du in einen christlichen Dienst gehen willst. Und du musst Menschen deine innere Leidenschaft spüren lassen – das ist ohnehin viel entscheidender als die Einzelheiten, die mit deinem Dienst einhergehen.

Beginne so früh wie möglich, **in Hauskreisen, Bibelgruppen und Jugendkreisen sowie bei allen anderen sich bietenden Gelegenheiten in der Gemeinde über deine Pläne zu sprechen. Und versuche, auch im Sonntagsgottesdienst kurz sprechen zu dürfen**. Selbst wenn es nur ein Kurzinterview ist, erfährt die Gesamtgemeinde, dass etwas in Gang ist und sieht vor allem auch, dass deine Gemeindeleitung hinter deiner Entscheidung steht.

! ***Bei all diesen Unternehmungen geht es nicht darum, Unterstützung aufzubringen. Vielmehr sollen möglichst viele Menschen so früh wie möglich erfahren, dass in deinem Leben große Veränderungen anstehen. Natürlich solltest du dabei erwähnen, dass du für deine neue Arbeit finanzielle Unterstützung brauchst, aber dies ist ein Informationsprozess und noch kein Aufruf zur Missionspartnerschaft. Dieser erfolgt dann in den kommenden Wochen und Monaten bei Einzelverabredungen bei einer Tasse Kaffee.***

Familienbeziehungen pflegen

Deine Gemeinde repräsentiert wahrscheinlich am stärksten die Beziehungen, die durch Gottes Familienmitglieder in deinem Leben bestehen. Es ist wichtig, dass du während der Vorbereitungszeit auf den Dienst, den Gott für dich bereithält, eine starke Partnerschaft zu deiner Gemeinde aufbaust. Es geht dabei nicht darum, dass deine Gemeinde dir den Rücken stärkt. In erster Linie bist du derjenige, der deine Gemeinde als Familienmitglied auf dem Weg in deinen Dienst repräsentiert, und deine Gemeinde begleitet dich dabei. Selbst wenn ihre Erfahrung oder sogar ihr Interesse am Aussenden von Missionaren begrenzt sind, solltest du ihnen so gut wie möglich vermitteln, wie wichtig das ist, was Paulus „unsere Gemeinschaft am Evangelium vom ersten Tag an bis heute" nennt, als er an seine Gemeinde in Philippi schrieb. Falls es zwischen euch je zu einem Abbruch der Kommunikation oder zu unerfüllten Erwartungen kommen sollte, achte darauf, dass der Fehler dafür niemals bei dir liegt.

Richte deinen Blick über das Offensichtliche hinaus

Ja, gewiss, deine Freunde werden dich unterstützen wollen. Und auch die Missionsbegeisterten deiner Gemeinde.

Aber wen vergisst du bei dem Ganzen?

Geh die verschiedenen Kreise und Altersgruppen deiner Gemeinde durch. Wie kann die Verbindung zu dir und deiner Arbeit der Gemeinde helfen, ihr Blickfeld zu erweitern? Berücksichtige besonders die Kinder und Jugendlichen deiner Gemeinde. Sie können dir wahrscheinlich noch keine echte finanzielle Hilfe leisten, aber wenn du sie dafür begeisterst, wie durch kreativen Dienst das Leben von Menschen verändert wurde, wollen sie es dir vielleicht später einmal gleichtun und ebenfalls in einen christlichen Dienst gehen. Jugendliche Christen brauchen ganz dringend „heilige Helden" als Vorbilder – du könntest genau das sein.

Ernenne einen Botschafter

Sofern du nicht Missionspartner suchst, um in deiner eigenen Gegend zu arbeiten, und vorhast, in deiner eigenen Gemeinde zu bleiben, wirst du meistens in einiger Entfernung zu deiner Heimatgemeinde leben und arbeiten. Auch wenn Jürgen und Susanne nur von Zürich nach Bern ziehen, werden sie sich dort zunehmend in eine neue Gemeinde integrieren und weniger Gelegenheit haben, nach Zürich zu kommen. Und Claudia wird erst recht nicht schnell mal von der Türkei nach Stuttgart (oder Ludwigsburg oder Heidelberg) kommen können.

Es lässt sich kaum vermeiden, dass die Verbindungen zu deiner Gemeinde im Laufe der Jahre schwächer werden. Ja, die Beziehung zu Einzelnen vertieft sich, da sie nun ein wichtiger Teil des Unterstützerteams sind, aber dein Kontakt zur Gemeinde als ganzer wird schwächer werden. Die Veränderungen können ganz klein sein, sodass ständige Gemeindemitglieder sie kaum bemerken. Aber dadurch, dass neue Mitglieder dazukommen, andere wegziehen, einige ihren Interessenschwerpunkt verlagern und neue Leiter ernannt werden, kann es sein, dass du in eine völlig andere Gemeinde zurückkehrst als die, von der du ausgesandt wurdest.

Damit dein Bekanntheitsgrad auch in Zeiten deiner Abwesenheit erhalten bleibt, **solltest du dir eine Kontaktperson suchen, die für dich die Verbindung zur übrigen Gemeinde hält**. Damit meine ich nicht, dass diese Person deine Rundbriefe hinten in der Gemeinde auslegt, sondern dass sie darauf achtet, dass dein Name am rechten Ort und zur rechten Zeit erwähnt wird. Sie könnte z. B. am Donnerstagabend den Pastor der Gemeinde anrufen und ihm mitteilen, dass du eine E-Mail geschrieben und eine böse Magenverstimmung (oder was auch immer) aufgelesen hast und ihn fragen, ob er dich am Sonntag ins Fürbittengebet der Gemeinde einschließen könnte oder ob er Neuigkeiten von dir in den Gemeindenewsletter setzen würde. Die Kontaktperson könnte vorschlagen, dass ein paar Leute aus der Gemeinde dich im Sommer besuchen. Durch all diese Dinge stellt sie sicher, dass du und dein Dienst in der sich wandelnden Gemeinde präsent bleiben.

Freilich erfordert all das, dass du in regelmäßigem Kontakt zu dieser Person stehst. Schließlich kann sie nur weitergeben, was sie von dir erfahren hat.

Ein Gästebett freihalten

Auch wenn du noch so gut Geschichten erzählen kannst und die Leute deiner Gemeinde sich noch so engagiert hinter dich stellen, verläuft ihr Leben und deines eben doch in völlig verschiedene Richtungen. Ohne dass sie dein Umfeld tatsächlich erleben, ohne dass sie die gleichen Erfahrungen machen wie du, wirst du dich immer schwer tun, den Leuten dieses neue Leben zu vermitteln, das nun dein Alltag geworden ist.

! **Versuche von Anfang an, Menschen zu motivieren, dich zu besuchen.** Ob nun jemand aus Zürich eines Abends bei Beckers in Bern auftaucht und Jürgen und Susanne ihm das Büro von *Declare* zeigen oder von einer besonderen Veranstaltung in der Gegend erzählen, oder ob jemand sich eine Woche Urlaub nimmt und Claudia in der Türkei besucht, nichts stärkt deine Präsenz in der Gemeinde mehr, als wenn jemand begeistert von seinem Besuch bei dir erzählt. Und wenn jemand von der Gemeindeleitung zu Besuch kommt, dann umso besser.

Andere Gemeinden

Die meisten Menschen haben auch Beziehungen zu anderen Gemeinden als ihrer Heimatgemeinde. An manche denkt man sofort, so wie Claudia an ihre Verbindungen nach Ludwigsburg und Heidelberg, bei anderen muss man schon kreativer sein und etwas länger nachdenken. Beim Aufbau deines Unterstützerteams bist du nur dann wirklich erfolgreich, wenn du den persönlichen Kontakt suchst. Die Schatzkammern der Gemeinden stehen nicht einfach offen in der Hoffnung, dass ein unbekannter Missionar endlich auftaucht und sich vom Überfluss des Gemeindefonds beschenken lässt. Wenn du eine solche Gemeinde kennst, dann melde mir bitte, wo ich sie finden kann!

Aber wahrscheinlich pflegst du Kontakte zu anderen Gemeinden, die eine Entdeckungsreise Wert sind.

Jürgen und Susanne

Betrachten wir noch einmal Jürgen und Susannes Situation. Kurt, Jürgens Arbeitskollege, der so stark dazu beigetragen hat, dass die beiden vor acht Jahren zum Glauben fanden, wurde vor zwei Jahren gleichzeitig mit Jürgen entlassen. Er fand vor Ort keine neue Arbeit, wohl aber in München, woher seine Frau Sabine stammt. Er verdient zwar weniger als vorher, aber sie kommen zurecht. Sie sind vor 18 Monaten nach München gezogen, kurz bevor Jürgen ein Jahr auf die Bibelschule ging.

Sie haben Jürgen und Susannes Weiterentwicklung mit großem Interesse verfolgt und sie in den letzten eineinhalb Jahren mehrmals getroffen. Kurt und Sabine gaben von ihrer Abfindung eine beträchtliche Summe, um zu Jürgens Bibelschulausbildung beizutragen und waren auch unter den ersten, die anboten, Jürgen und Susanne in ihrer Arbeit bei *Declare* zu unterstützen. Sie geben monatlich 40 Euro, das ist zwar weniger, als sie gern geben würden, aber mehr können sie zur Zeit nicht erübrigen.

Natürlich sind Kurt und Sabine inzwischen in einer Gemeinde in München aktiv. Sie sind in einem Hauskreis, haben einige gute Freunde gewonnen und beteiligen sich in verschiedener Weise am Gemeindeleben.

Obwohl Jürgen und Susanne meinen, dass sie nur eine einzige Gruppe christlicher Freunde haben – nämlich die in ihrer Gemeinde in Zürich –, müssten sie nur ein wenig nachdenken, dann würden sie herausfinden, dass sie mehr Kontakte an anderen Orten haben, als ihnen bewusst ist.

Leute wie Kurt und Sabine könnten Missionare ihren Freunden, ihrem Hauskreis oder ihrer ganzen Gemeinde vorstellen. Kurt und Sabine haben wahrscheinlich auch Kontakt zu weiteren Christen in München, zu Arbeitskollegen, Sabines Familie usw., die vielleicht in anderen Gemeinden sind. Das ergibt ein viel weiteres Spektrum an möglichen Unterstützern, als Jürgen und Susanne zuerst gedacht hatten.

„Okay", sagt Jürgen, „vielleicht gibt es tatsächlich noch Leute in anderen Gemeinden, die uns unterstützen könnten, aber es sind eben nur Freunde von Freunden. Wir selbst kennen sie ja gar nicht. Warum sollten die uns unterstützen?"

Ich weiß es nicht. Und Jürgen auch nicht, solange er sie nicht gefragt hat.

Unterstützer über drei Ecken

Aber eines weiß ich gewiss: Die meisten Leute, die finanziell von Missionspartnern getragen werden, haben Unterstützer, die sie davor nicht kannten. Diese geben aus ganz verschiedenen Gründen, und manchmal ist die Beziehung zu solchen Menschen, die über drei Ecken vermittelt wurden, tiefer als die ursprünglichen Beziehungen. Logisch ist das nicht. Aber der ganze Prozess gründet sich nicht auf Logik. Vielmehr führt Gott selbst zwei Gruppen von Menschen zusammen, die eine möchte geben und die andere möchte empfangen. Manchmal ist es dabei gänzlich irrelevant, ob die beiden sich vorher gekannt haben oder nicht. Auf alle Fälle werden einige Leute in deinem Unterstützerteam Menschen sein, die du vorher nicht kanntest. Warum sollte es mit diesen Leuten anders sein als mit denen, die dich bereits unterstützen?

Die meisten solchen Vermittlungen führen zu Einzelpersonen, aber einige auch zu Unterstützung durch Gemeinden oder bestimmten Gemeindekreisen, in denen dein Freund etwas zu sagen hat – eine Jugendgruppe, ein Bibelgesprächskreis für Frauen, ein Hauskreis oder anderes. Halte immer nach Möglichkeiten Ausschau, die Beziehung eine Stufe weiter zu führen. Vielleicht wirst du dann viel positiver überrascht, als du dir vorstellen kannst.

Noch ein Tipp an dieser Stelle. **Es ist wichtig, dass der „Vermittler" selbst dein Unterstützer ist, bevor er dich anderen vorstellt.** So gewinnst du an Glaubwürdigkeit, wenn du anderen vorgestellt wirst. Es wäre z. B. weniger sinnvoll, wenn Kurt und Sabine ihrem Hauskreis Jürgen und Susanne vorstellen würden, in der Hoffnung, dass einige aus der Gruppe sie finanziell unterstützen, wenn Kurt und Sabine nicht selbst zu ihren Unterstützern gehören.

Im nächsten Kapitel werden wir uns damit beschäftigen, wie ein Treffen ablaufen könnte, das dir ein Freund vermittelt hat.

! **Nimm dir einen Augenblick Zeit und überlege, welche Christen mit einem ganz anderen Bekanntenkreis als deinem eigenen du kennst.** Das könnten folgende Leute sein:

- Menschen aus deiner Vergangenheit, die in einer ganz anderen Region des Landes leben
- frühere Mitglieder deiner Gemeinde, die weggezogen sind

- Menschen aus deiner Gemeinde, die in den letzten Jahren aus einer anderen Region des Landes zugezogen sind
- Arbeitskollegen, die in eine andere Gemeinde gehen als du
- Verwandte in anderen Teilen des Landes

Wenn du denkst, dass eure Beziehung eng genug ist (oder war), dass du sie anrufen und darüber reden kannst, solltest du das in Angriff nehmen und sie auch tatsächlich anrufen.

Auf der nächsten Seite findest du ein Hilfsblatt, welches du auch herunterladen kannst. Verwende es oder ein weißes Blatt Papier, um dir solche Kontakte zu notieren.

Georg gab seine gut bezahlte Stelle in der Versicherungsbranche auf, um bei einer Organisation mitzuarbeiten, die speziell auf Familien ausgerichtet ist. Er wandte sich an Robert, einen christlichen Geschäftsmann, und fragte ihn, ob er ihn unterstützen könne. Obwohl Robert Georgs Schritt positiv aufnahm, meinte er, dass er zur Zeit nicht in der Lage sei, ihn finanziell zu unterstützen.

Sie hatten in den folgenden Monaten losen Kontakt, und als Robert merkte, dass Georg noch ein Stück Weges vor sich hatte, bis er seine volle Unterstützung erreichen würde, lud er Georg in seinen Hauskreis ein und versicherte ihm, dass in der Gruppe einige wohlhabende Leute waren. So freundlich wie möglich teilte Georg Robert mit, dass das so nicht funktionieren würde. Robert versuchte, andere zu etwas zu ermutigen, was er selbst nicht tat – nämlich Georg finanziell unterstützen. Es sei ja nicht wichtig, wie viel Robert geben würde, erklärte Georg weiter, aber es sei wichtig, dass Robert sich zuerst selbst engagiere, bevor er ihn seinen Freunden vorstellte.

Robert ließ sich von Georgs Worten überzeugen und erklärte sich einverstanden, ihn monatlich zu unterstützen. Georg traf beinahe der Schlag, als Robert sagte: „Aber leider kann ich nur 100 Euro monatlich geben."

Ich wüsste nur zu gern, was sich Robert unter einem „angemessenen" Betrag vorgestellt hatte...

Wirf das Netz weiter aus

Liste hier unten die Kontakte auf, deren eigener Bekanntenkreis sich stark von deinem unterscheidet. Du kannst mit einer Einzelperson, einer Gruppe oder einer Gemeinde beginnen.

Schreibe so viele Informationen wie möglich auf und mach dir einen Plan, um herauszufinden, wohin dich diese Kontakte führen könnten. Vielleicht bist du selbst überrascht, welche Namen dir dabei in den Sinn kommen.

Ich habe als Beispiel das Beziehungsnetz von Jürgen und Susanne genommen, damit du siehst, wie das aussehen könnte.

Name	**Beziehung**	**Mögliche Weitervermittlung**	**Nächste Schritte**
Kurt und Sabine	*gute Freunde*	• *ihr Hauskreis* • *Freunde aus der Gemeinde* • *Unterstützer* • *andere Freunde* • *Sabines Familie*	*Kurt anrufen, um ein Treffen mit ihm zu vereinbaren, wo wir das besprechen*

Download
www.aem.de/books

24. VERANSTALTUNGEN

Ganz generell sind Veranstaltungen nicht der beste Ort, um Menschen um Unterstützung zu bitten, aber sie eignen sich gut dafür, Informationen weiterzugeben. Außerdem kannst du dadurch die Menschen herausfiltern, die vielleicht Interesse haben, dich zu unterstützen.

Es gibt zwei verschiedene Arten von Veranstaltungen, bei denen du deine Arbeit vorstellen kannst:

- regelmäßige Veranstaltungen, bei denen du ein bestimmtes Zeitfenster bekommst, um deine Arbeit vorzustellen
- besondere Missionsveranstaltungen, in denen es nur um deine Arbeit geht.

Wir wollen uns beide einmal näher ansehen.

Ein regelmäßiges Gruppentreffen, wo du deine Arbeit vorstellen darfst

Bei regelmäßigen Gruppentreffen kannst du von ein paar Minuten im Sonntagsgottesdienst bis hin zu einem ganzen Abend im Hauskreis alles bekommen. Vielleicht wirst du auch eingeladen, beim Lobpreisgottesdienst, dem Frauenfrühstückstreffen, dem Missionsgebetskreis oder einer sonstigen Veranstaltung aus dem wöchentlichen Gemeindeprogramm zu sprechen.

Bei all diesen Treffen kommen die meisten Leute nicht speziell wegen dir. Sie sind da, weil sie immer zu diesem Treffen gehen. Es ist eine gute Gelegenheit, Interesse an deiner Arbeit zu wecken, aber nicht, um direkt um Unterstützung zu bitten. Natürlich kannst du Leute, die Interesse haben, bitten, nach der Veranstaltung auf dich zuzukommen, du kannst vielleicht auch deinen Vorstellungsprospekt an die Zuhörer verteilen.

Manche Leute zeigen gleich nach der Veranstaltung echtes Interesse an deiner Arbeit und wollen dich vielleicht sogar schon zu diesem Zeitpunkt unterstützen. Deshalb: **Trage für alle Fälle immer einige Überweisungsträger und Einzugsermächtigungen bei dir.**

Auf der anderen Seite wirst du die Erfahrung machen, dass solche Veranstaltungen auch ihre Tücken haben. Das ist dann der Fall, wenn jemand, der dir bestimmt nicht helfen kann, deine ganze Zeit in Anspruch nimmt, sodass andere, die mit dir reden wollen, nicht zu dir vorstoßen können. Da kommt dann ein Mann nach der Veranstaltung auf dich zu, ist voller Lob für das, was du erzählt hast, und erwähnt, dass sein Cousin einmal mit der Mittelmeermission in Peru gearbeitet hat. Ach nein, fällt ihm ein, es war die Mittel-Anden-Mission. Arbeitet die Mittelmeermission auch in Peru? Nein, das tut sie nicht, versicherst du ihm. Dann musst du also auch nicht Spanisch lernen, fährt er fort. Nein, Spanisch musst du nicht lernen. Sein Cousin sprach es fließend...Und so geht es weiter.

Das alles hat wahrscheinlich große Bedeutung für den Mann, der auf dich zugekommen ist, und du solltest das Gesagte als solches auch stehen lassen. Aber es ist nicht gerade von Vorteil für dich, wenn drei verschiedene Ehepaare, die mit dir über deine Unterstützung reden wollten, nach Hause gegangen sind, bis du endlich das Gespräch über Peru zu Ende bringen konntest.

! Auch aus diesem Grund ist es ganz wichtig, dass du Interessenten deinen Vorstellungsprospekt mit Rückantwortmöglichkeit in die Hand drücken kannst. Wer tatsächlich großes Interesse hat, wird dir die Antwortkarte vielleicht von sich aus ausfüllen oder später noch einmal auf dich zukommen.

Ein paar Hinweise für regelmäßige Veranstaltungen:

- Finde heraus, was das Ziel der Veranstaltung ist, und halte dich daran.
- Frage den Leiter oder Verantwortlichen der betreffenden Gruppe, ob du das Thema Unterstützung bringen darfst und ob du Infomaterial verteilen darfst.
- Frage, wie viel Zeit zum Reden du hast; und wenn sie sagen, so viel wie du willst, dann frage noch einmal – sie meinen das nicht wirklich so!
- Geh frühzeitig zu dieser Veranstaltung, damit du siehst, wo du sprechen wirst, und merkst, wie es sich dort anfühlt.
- Wenn du als Teil deiner Präsentation ein Video oder eine DVD zeigen willst, dann überprüfe, ob alle Gerätschaften bereitstehen, und probiere sie aus, bevor die Leute kommen. Wenn du sie bis zum Eintreffen der Leute nicht in Gang bringen konntest, dann arbeite ohne sie.
- Berücksichtige bei dem, was du sagst, was für ein Treffen es ist, wie lange du Zeit zum Reden hast und was du mit diesem speziellen Treffen erreichen willst.
- Überlege dir den Schluss genau. Übe deinen letzten Satz gut, damit du nicht irgendwo im Ungewissen landest.
- Was du sagen willst und was die Leute hören wollen, ist nicht immer dasselbe. Es ist besser, fünf Minuten lang von Schlüsselleuten zu berichten, welche die Nöte, für die du und dein Missionswerk sich einsetzen, veranschaulichen, als 20 Minuten lang komplizierte Einzelheiten zu bringen.
- Übe vorher – vor allem, wenn du öffentliche Vorträge nicht gewohnt bist. Stell dich vor den Spiegel und halte deinen Vortrag laut. Wenn du ein paar Freunde hast, die sich als Versuchkaninchen hergeben, umso besser.
- Halte Augenkontakt zu den Leuten. Wenn du während deines Vortrags auf der Leinwand hinter dir Bilder zeigst, dann dreh dich auf keinen Fall herum und sprich nicht zur Wand.
- Bringe Wertschätzung zum Ausdruck, erweitere den Wissenshorizont der Zuhörer, beteilige sie: Bedanke dich für die Gelegenheit, ihnen deine Arbeit vorzustellen, stelle ihnen deine Pläne vor, sage ihnen, wie sie sich beteiligen können.

Eine Veranstaltung eigens für deine Arbeit

Diese Art von Veranstaltung wird typischerweise von einem Freund organisiert, der einen anderen Bekanntenkreis hat als du und der dir die Möglichkeit geben will, seinen

Freunden deine Arbeit vorzustellen. Eine solche Veranstaltung könnten z. B. Kurt und Sabine für Jürgen und Susanne durchführen.

Sie könnte in einem Privathaus stattfinden und die Anzahl der Besucher liegt irgendwo zwischen sechs und 20 Personen.

Bevor wir darüber sprechen, wie ein solches Treffen ablaufen könnte, noch ein paar allgemeine Hinweise:

1. Man ist manchmal versucht, ein solches Treffen auch für die eigenen Freunde zu veranstalten, Menschen, die man ohnehin immer wieder trifft. Es wäre doch sicher sinnvoll und zeitsparend, ihnen allen auf einmal die eigene Arbeit vorzustellen? Und es ist auch wesentlich angenehmer, als mit den Leuten einzeln zu reden.

   Tu das nicht!

   Du musst deine Freunde als Individuen behandeln, nicht als Teil einer Gruppe. Und vergiss nicht: Wenn du versuchst, eigenes Unbehagen zu vermeiden und deshalb nicht mit jedem persönlich reden möchtest, kann es leicht passieren, dass sich das Unbehagen auf die potentiellen Unterstützer überträgt. In diesem Fall haben dann vielleicht einige deiner besten Freunde das komische Gefühl, dass du sie im Vergleich mit eurer engen Beziehung zu unpersönlich behandelst. Vermeide diesen Fehler.

2. Der zweite Hinweis bezieht sich auf deinen Gastgeber für den geplanten Abend.

   Denk daran, dass die einzige Verbindung, die du zu den Gästen des Abends hast, die zu eurem gemeinsamen Freund ist. Wie ich bereits erklärt habe, sollte dieser Freund dich schon unterstützen. Wenn er das gleich bei der Vorstellung erwähnt, erhöht es deine Glaubwürdigkeit bei den anderen.

   Nehmen wir einmal an, dass du einen Freund in einem weit entfernten Ort des Landes kontaktierst und ihn fragst, ob du ihn besuchen und mit ihm über die Möglichkeit deiner Unterstützung reden könntest. Es würde bedeuten, dass du bei ihm übernachtest, und damit sich dein Besuch auch lohnt, schlägt er dir vor, dass er für diesen Abend einige Freunde einladen will und du dann mit allen gemeinsam sprechen kannst.

   Auch das klingt vielversprechend. Aber wenn ich dir raten darf: Geh nicht auf dieses Angebot ein. Erkläre deinem Freund, dass du dieses Mal lieber ihn besuchst und mit ihm reden möchtest, und dass du vielleicht später noch einmal kommen könntest, wenn er dann immer noch einen Gruppenabend veranstalten will. Ein zweifacher Besuch lohnt sich allemal, besonders für deinen Freund, der zu allererst merkt, dass es dir nicht darum geht, einfach irgendwelche Finanzen aufzutreiben, sondern dass du dir gerade ihn als Partner deines Unterstützerteams wünschst. Wenn wir davon ausgehen, dass er sich entschließt, dich zu unterstützen, dann wird dein Freund, wenn du das nächste Mal zu einem Gruppentreffen wiederkommst, ganz eindeutig in deinem Namen handeln, fast wie dein Agent, der auf deiner Seite steht und andere ermutigt, den gleichen Schritt zu tun, den er getan hat. Das ist viel wirksamer.

Aber noch einmal zurück zu der Veranstaltung, die dein Freund extra für dich organisiert hat. Der Unterschied zwischen diesem Treffen und einem regelmäßigen Treffen besteht darin, dass du der einzige Grund für dieses Treffen bist. Wenn du aus irgendeinem Grund im letzten Moment absagen müsstest, würde das Treffen ausfallen. In einem solchen Kontext kannst du völlig offen über deine Unterstützung reden – das ist ja der Grund, warum die Leute gekommen sind.

! Wenn du mit dem Gastgeber deine Absprachen triffst, dann **überprüfe, wen er einzuladen gedenkt**. Wenn etwa der halbe Missionsausschuss seiner Gemeinde kommen wird, kannst du damit rechnen, dass diese Leute großes Interesse an Mission haben. Wenn er dagegen das Fußballteam der Gemeinde einlädt, wird der Abend einen anderen Charakter haben.

! **Stelle außerdem sicher, dass er seinen Freunden mitteilt, dass du über deine Arbeit *und* über deinen finanziellen Bedarf sprechen wirst.** Es soll schließlich an diesem Abend keine bösen Überraschungen geben, weder für dich noch für die Gäste.

! **Überlege es dir gut, bevor du in diesem Rahmen eine Video- oder DVD-Präsentation einsetzt.** Es kann hilfreich sein, aber wenn ihr alle ins Wohnzimmer deiner Freunde gequetscht werdet, ist da vielleicht nicht genug Platz für eine solche Vorführung. Triff diese Entscheidung, bevor du deine Präsentation beginnst, anstatt einfach unbedacht loszulegen. Heutzutage kann man so leicht und billig eine DVD brennen, dass du lieber jedem Gast als Erinnerung an diesen Abend eine DVD mit nach Hause gibst.

! **Es ist wahrscheinlich am besten, wenn deine Präsentation der Arbeit am Anfang des Abends steht** und ihr anschließend daran noch gemütlich zusammen Kaffee trinkt, aber lass dich von deinem Gastgeber beraten, was für die betreffende Gruppe am besten ist.

! **Lass dich zu Beginn des Abends von deinem Freund vorstellen.** Dabei soll er kurz darauf Bezug nehmen, woher ihr euch kennt und auch sagen, dass er dich bereits regelmäßig unterstützt.

Dann bist du dran

- Bei der Vorstellung deiner Arbeit vor einer Gruppe musst du im Prinzip **dem gleichen Gesprächsfluss folgen wie im Gespräch mit einem Freund, nur mit ein wenig mehr Informationen über dich selbst**, da diese Leute dich ja nicht kennen.
- Je weniger die Menschen dich kennen, desto wichtiger ist es, dass du **Geschichten von Menschen erzählst**. Selbst wenn sie dich und deinen Hintergrund nicht kennen, werden sie in der Lage sein, Geschichten von Leuten zu verstehen, deren Nöte durch eine solche Arbeit, wie du sie tun wirst, gelindert werden.
- Wenn die Gruppe klein genug ist, kann in dieser Situation der **Einsatz einer Präsentationsmappe** hilfreich sein. Diese sollte deshalb vor allem optisches Anschauungsmaterial enthalten und nur wenig Text, und diesen in so großer Schrift wie möglich. Die Leute sollen sich ja nicht die Augen ruinieren, wenn sie mühsam zu kleine Buchstaben entziffern müssen.
- Wenn du dich entschlossen hast, eine DVD oder ein Video zu zeigen, entweder über deine spezielle Arbeit oder über dein Missionswerk im Allgemeinen, dann achte darauf, dass du es als Ergänzung zu dem, was du sagen willst, einsetzt, und nicht als Ersatz dafür. Der Klang deiner eigenen Stimme und die Leidenschaft, mit der du über den Dienst redest, in den Gott dich berufen hat, vermittelt den Leuten viel mehr von deinem wahren Ich als ein Video oder eine DVD. Ja, benutze auf jeden Fall gutes Material und Medien, um das, was du sagst, zu veranschaulichen, aber es muss eben genau das sein: eine Veranschaulichung dessen, was du sagst. Hierfür eignet sich eine Präsen-

tationsmappe am besten – sie liefert grafische Elemente und Fotos und ein paar Überschriften; aber tonangebend bist du selbst mit deiner eigenen Stimme.

- Ganz gleich, ob du nun eine Präsentationsmappe benutzt oder nicht, du musst am Ende **eine einfache Frage stellen**. Die Leute sind gekommen, weil sie mehr über deine Arbeit und über deinen finanziellen Bedarf hören wollen – enttäusche sie also nicht!

vgl. die Präsentationsmappe von Jürgen und Susanne unter www.aem.de/books

Beispiel: Claudia

Schauen wir uns nun einmal an, wie Claudia eine Präsentation ihrer Arbeit beenden könnte, die sie in der Freien Christusgemeinde in Heidelberg durchführt. Eine ihrer alten Studienfreundinnen blieb nach dem Studium in Heidelberg und lud sie ein, zu einigen Leuten zu reden, von denen sie denkt, dass Claudias Arbeit in der Türkei sie interessieren könnte. Claudia verwendet eine Präsentationsmappe, um ihre Arbeit zu erläutern, und auch, um über ihren Bedarf an finanzieller Unterstützung zu reden.

Das könnte dann gegen Ende der Präsentation so klingen

„Wie Ihr Euch denken könnt, kann ich diese Arbeit nicht allein tun. Ich habe bereits ein Ehepaar aus dem Team getroffen, mit dem ich in der Türkei arbeiten werde, und meinem ersten Eindruck nach könnte ich mir keine besseren Teamkollegen wünschen. Ihre Erfahrung und Reife werden vor allem in den ersten Jahren ganz wichtig für mich sein.

Aber ich brauche noch ein anderes Team, damit meine Pläne Wirklichkeit werden können. Und das ist das Team hier in Deutschland.

Bei der Mittelmeermission ist es so, dass jeder Mitarbeiter um sich herum ein Team von Leuten aufbaut, die ihn durch regelmäßige finanzielle Zuwendungen, durch regelmäßiges Gebet und Ermutigung unterstützen.

Ich benötige die finanzielle Unterstützung, weil das meine einzige Einkommensquelle sein wird. Ich wurde schon sehr ermutigt durch die positive Reaktion anderer Menschen, mit denen ich gesprochen habe, und habe inzwischen über 60 % meiner Unterstützung zusammen.

Ich brauche Gebet, weil ich in einem geistlichen Kampf stehen werde. Was die Kurden betrifft, so haben die meisten von ihnen Jesus nicht bewusst abgelehnt – sie hatten schlicht und einfach noch keine Möglichkeit, ja zu ihm zu sagen. Wie Ihr Euch denken könnt, setzt Satan alles dran, dass das so bleibt. Ich verstehe meinen Englischunterricht nicht nur so, dass ich Menschen eine Sprache beibringe, die sie gern lernen möchten, obwohl das in sich auch schon ein Wert ist. Ich sehe es als eine Möglichkeit, Brücken zu Menschen zu schlagen, vor allem zu solchen, die sich in ihrem Leben Veränderung wünschen.

Außerdem bin ich durch meinen Unterricht dort im Land glaubwürdig und kann dann auch Gottes Liebe in die Herzen hineinkommunizieren. Und wenn man die Schlüsselleute in der kurdischen Gesellschaft erreicht, kann das eine Wellenbewegung des Evangeliums quer durch die gesamte Gesellschaft auslösen.

Es wird bestimmt nicht einfach werden, sonst wäre die Aufgabe sicher schon vor Jahren erledigt worden. Aber Eure Gebete können viel bewirken und zu einem geistlichen Durchbruch bei Menschen beitragen, die nie eine echte Gelegenheit hatten, das Evangelium so zu hören, dass sie es verstehen konnten.

Ich brauche Ermutigung, weil ich weiß, dass es eine große Herausforderung für mich sein wird, mich an eine neue Kultur anzupassen, eine neue Sprache zu erlernen, die Neue im Kreis der Missionare zu sein, neue Verantwortungen zu übernehmen und was sonst noch alles damit zusammenhängt, wenn man unter Kurden lebt und arbeitet.

Bitte versteht mich nicht falsch – ich freue mich wirklich auf meine neue Aufgabe und ich weiß, dass das der Platz ist, an dem Gott mich haben will. Aber bestimmt kommen auch Zeiten des Zweifels und der Frustration. Deshalb muss ich wissen, dass es hier in Deutschland Menschen gibt, die mich ermutigen. Menschen, die mir helfen dranzubleiben und den Auftrag zu erfüllen, den Gott für mein Leben bereithält."

Was passiert, wenn du fertig bist mit Reden?

An dieser Stelle stößt du auf eine Schwierigkeit. Unter denen, die dir in der letzten Viertelstunde oder so geduldig zugehört haben, sind einige, die sich nicht wirklich für deine Arbeit interessieren, andere, die zwar ein gewisses Interesse haben, aber nicht vorhaben, aktiv zu reagieren, und dann eine Schlüsselgruppe von Leuten, die deine Arbeit so stark interessiert, dass sie dich unterstützen wollen. Aber wenn du nicht in großem Maß die Gabe der Unterscheidung hast, weißt du nicht, wer von den freundlich lächelnden Menschen vor dir ein wie großes Interesse hat.

vgl. S. 193ff

Wenn Claudia ihren Vortrag nicht mit einem offenen Satz wie dem folgenden endet, „Also, wenn Ihr zu meinem Unterstützerteam gehören möchtet und mit mir zusammen den Kurden in der Osttürkei Gottes Liebe bringen wollt, dann sprecht mich bitte anschließend an", kann sie fast sicher sein, dass sie anschließend an ihre Präsentation in gutgemeinte Gespräche verwickelt wird, die sie aber nirgendwo hinführen.

Und sie kann ja auch schlecht sagen: „Vielen Dank fürs Zuhören. Alle, die Interesse haben, mich zu unterstützen, mögen jetzt bitte die Hand heben. Und während Ihr anderen es Euch noch überlegt, singen wir eine weitere Strophe von Lobet Gott, bevor die Busse euch erwarten."

Wie kann man aber nun diejenigen ausfindig machen, die Interesse haben, ohne dass es peinlich wird und ohne dass man sie verpasst?

! Meiner Erfahrung nach ist es hilfreich, **allen einfach kleine linierte Karteikarten auszuteilen, wenn man mit seiner Rede zum Schluss kommt.**

Claudia könnte etwas Folgendes sagen:

„Ich hoffe, dass das, was Ihr heute Abend gehört habt, eine Ermutigung für Euch war. Jedenfalls war es für mich eine Ermutigung, dass Ihr gekommen seid. Ich würde gern mit Euch in Verbindung bleiben und Euch wissen lassen, was Gott durch meine Arbeit unter den Kurden tut. Bitte schreibt Euren Namen, Adresse, Telefonnummer und E-Mail-Adresse auf die Karte, dann versuche ich, mich in den nächsten Jahren einige Male pro Jahr zu melden.

Ich möchte Euch auch bitten, Euch ernsthaft zu überlegen, ob Ihr Teil meines Unterstützerteams werden wollt. Wie bereits gesagt, kann und will ich nicht ohne eine Gruppe von Menschen ausreisen, die als mein Heimatteam für mich geben, beten und mich ermutigen.

Wenn Ihr nach dem, was Ihr heute Abend gehört habt, gern noch weiter mit mir über eine mögliche Missionspartnerschaft sprechen wollt, dann macht bitte ein Häkchen auf die Karte, dann spreche ich Euch später noch einmal an. Ihr könnt mir die Karte entweder persönlich abgeben oder sie auf den Tisch neben der Tür legen. Vielen Dank."

Auf diese Weise können die, die dich gern unterstützen möchten, es dir mitteilen, ohne dass es peinlich werden könnte, weil die anderen, die weniger Interesse haben, ebenfalls damit beschäftigt sind, ihre Angaben auf die Karten zu schreiben.

! **Rufe die, die ein Häkchen gemacht haben, innerhalb von maximal 48 Stunden an und danke ihnen für ihr Interesse und verabrede mit ihnen ein Treffen, wo ihr noch Näheres in Bezug auf eure Partnerschaft besprecht.** Füge die Namen und Adressen der anderen einfach zu deinen Rundbriefempfängern hinzu. Wer weiß, was sich in den nächsten Jahren noch aus eurem Kontakt ergibt.

In den Anfangsjahren unseres Dienstes hatten wir eine ganze Reihe solcher Informationsabende. Aber ich bin mir sicher, dass wir viele potentielle Unterstützer verloren haben, Menschen, die bereit gewesen wären, sich weiter mit uns über dieses Thema zu unterhalten, die es aber nicht geschafft hatten, es uns an diesem Abend wissen zu lassen, – bis wir eine einfache Methode fanden, wie die Leute uns mitteilen können, dass sie Interesse haben, uns zu unterstützen. Ja, einigen gelang es auch ohne die ausgehändigten Karteikarten, sich bei uns zu melden; aber wenn ich die Zahl der Menschen, die sich nach Einführung unserer Kärtchen bei uns melden, mit der früheren Zahl vergleiche, dann bin ich mir ziemlich sicher, dass wir ohne die Karteikarten viel mehr Leute verloren als gewonnen haben.

25 WENN DER BRUNNEN AUSTROCKNET

Fast jeder kommt beim Aufbau des eigenen Unterstützerteams irgendwann in die Situation, dass ihm die Namen ausgehen. Jedenfalls denkt man das und ist dann entmutigt. Der anfängliche Schwung hat nachgelassen oder ist sogar ganz weg. Es fällt einem einfach niemand mehr ein, den man noch kontaktieren könnte. Der Brunnen der eigenen Kontakte scheint versiegt.

Es kann sein, dass du nie bis auf den Grund deines Brunnens gelangst, oder erst in den kommenden Wochen und Monaten. Aber nehmen wir einmal an, dass du bereits am Grund angekommen bist. Was nun?

Zurück zu Elia

Erstens leben im deutschsprachigen Raum fast 98 Millionen Menschen. Du hast bestimmt nicht mit ihnen allen reden können, oder? Aber wir wollen mal realistisch sein und uns auf die aktiven Christen beschränken. Wahrscheinlich sind sie es, die sich für christlichen Dienst und Mission interessieren. Selbst wenn es nur drei Prozent der Bevölkerung sind, sind es immer noch fast drei Millionen Menschen. Ja, ich weiß schon, dass du nur einige wenige von ihnen persönlich kennst. Aber Gott kennt sie alle und hat bestimmt Pläne, wie er dir ein paar von ihnen über den Weg schicken wird.

Ein paar Kapitel zuvor haben wir Elias Geschichte aus 1. Könige 17 angeschaut und gesehen, wie er die Witwe um Nahrung bat. Einige Zeit nach diesem Ereignis verlässt Elia der Mut, als seine Pläne zu scheitern drohen.

! **Nimm dir Zeit und lies die Geschichte aus 1. Könige 19.** Elia dachte, dass es niemanden gab, der mit ihm gemeinsame Sache machen könnte. Er war mutlos und verzweifelt. Er war auf dem Grund seines Brunnens angekommen. Er dachte, er könne nichts weiter mehr machen, nirgends mehr hingehen. Er war so mutlos, dass er sich an einem Ort versteckte, wo niemand ihn finden würde. Als Gott ihn fragte, was er da tat und warum er sich versteckte, klagte Elia ihm seinen ganzen Kummer: dass niemand mehr da war, der verstand, was er zu tun versuchte und dass keiner mehr zu ihm stand.

Was tat Gott daraufhin? Er redete mit sanfter Stimme mit Elia und versicherte ihm, dass es noch 7 000 Menschen gab, die Teil seines Plans waren. Natürlich kannte Elia diese 7 000 nicht alle, aber es war gut, von Gott zu erfahren, dass es sie gab.

Worum bat Gott Elia als Nächstes? Er schickte ihn nicht in eine neue Richtung. Nein, **er bat Elia, seine Schritte noch einmal zurückzulenken**, hin zu einer Straße, die er schon gegangen war (V. 15). Als Elia zuvor auf dieser Strasse unterwegs gewesen war, hatte er gedacht, dass es niemanden mehr gab, der mit ihm gemeinsame Sache machen könnte. Genau dort würde er jetzt die finden, die Gott ihm mit auf den Weg schicken wollte. Und Gott sagte ihm auch, er solle zu drei Leuten Kontakt aufnehmen, nicht zu allen 7 000.

Also machte sich Elia auf und ging die Straße zurück und traf Elisa, einen der drei, und dieser war mehr als begierig, ein Begleiter (oder Unterstützer) von Elia zu werden. Das geschah auf der Straße, die Elia bereits vorher gegangen war, aber beim ersten Mal hatte er

Elisa irgendwie verpasst. Jetzt betrachtete er die Umgebung mit anderen Augen und sah, was Gott sah – dass Elisa geradezu darauf wartete, von Elia gefragt zu werden, um sich ihm anzuschließen.

! Wenn du tatsächlich ins Stocken geraten bist und dich – bildlich gesprochen, oder sogar buchstäblich – versteckst, wenn du denkst dass es niemanden mehr gibt, den du kontaktieren könntest, dann ist es vielleicht Zeit, dass du dich einmal ernsthaft mit Gott darüber unterhältst. Schütte ihm dein Herz aus, höre dann auf seine freundliche leise Stimme, die dir versichert, dass seine Leute da draußen sind und darauf warten, dir beizustehen. Es könnte auch in deinem Fall bedeuten, dass du einen Weg, den du bereits gegangen bist, noch einmal gehst, aber dieses Mal die Situation mit Gottes Augen betrachtest und erkennst, was du letztes Mal verpasst hast.

Da draußen sind vielleicht nicht 7000 Menschen, aber bestimmt immer noch genug Leute, um all deinen Bedarf decken zu können. Betrachte den Prozess mit neuen Augen. Mach dir klar, dass Gott dir schon die Unterstützer geschenkt hat, die du brauchst. Du musst sie nur noch finden – und vielleicht sind sie nicht dort, wo du sie erwartet hast. Suche deinen Elisa, jemanden, der sehr gern dein Unterstützer sein möchte, aber noch nicht die Möglichkeit hatte, ja zu sagen. Und dann tu den nächsten Schritt, und den übernächsten.

Geh noch einmal den gleichen Weg

Auf den folgenden Seiten findest du Anregungen, wie du dich auf dem Weg, den du schon gegangen bist, erneut in Bewegung setzen kannst.

1. Erledige offene Angelegenheiten

Es ist fast unvermeidlich, dass beim Aufbau eines Unterstützerteams immer ein paar Dinge auf der Strecke bleiben. Es kann z. B. vorkommen, dass Leute, die dir Unterstützung zugesagt haben, noch nicht die nötigen Unterlagen dafür ausgefüllt haben. Komm auf diese Leute zurück und kläre die Situation mit ihnen. Ja, natürlich gibt es Gründe, warum das schwierig werden könnte: Es ist schon so lange her; wenn sie wirklich Interesse hätten, hätten sie dich anrufen können; du möchtest ja nicht aufdringlich wirken.

Aber es könnten unter diesen Menschen Leute sein, die Gott dir über den Weg geschickt hat, um ein Bedürfnis in ihrem oder in deinem Leben oder gleich beides zu stillen. Vielleicht dachtest du damals, dass sie dich bestimmt unterstützen würden, aber dann kam der Entscheidungsprozess irgendwie zum Stillstand, weil gewisse Dinge nicht zu Ende geführt wurden.

Ruf sie an, entschuldige dich, wenn nötig, dafür, dass du es erst so spät tust, und frage sie, ob sie immer noch beabsichtigen, dich zu unterstützen. Erkläre ihnen, dass du gemerkt hast, dass du bei ein paar Leuten nicht nach der definitiven Entscheidung gefragt hast, und dass ihre Auskunft dir eine Hilfe wäre, festzustellen, wie nah du deinem finanziellen Ziel schon bist.

Nach diesem erneuten Kontakt gibt es manchmal noch mehr Dinge zu regeln. Vielleicht hat jemand den Überweisungsträger verloren und du musst ihm einen neuen zukommen lassen. Aber achte diesmal darauf, dass du die Angelegenheit bis zum Ende durchziehst.

! Kontakte durch, die du schon hattest, und markiere die, bei denen noch Dinge unerledigt sind.

- Mach dir eine Liste mit den betreffenden Namen und schreibe auf, sofern du dich daran erinnern kannst, wie weit euer Gespräch über Unterstützung damals gediehen ist.
- Was wurde nicht erledigt, obwohl es nötig ist?
- Kannst du eine bestimmte Blockade erkennen?
- Was musst du als Nächstes tun, um den Stein wieder ins Rollen zu bringen?

Wenn du dir klar gemacht hast, was erledigt werden muss, dann raff dich auf und erledige es. Ja, du wirst dich wahrscheinlich ein wenig unwohl fühlen dabei, besonders wenn du nicht mehr genau weißt, wie weit das Gespräch mit einem bestimmten Interessenten schon fortgeschritten war. Aber selbst wenn der Angesprochene sich entscheidet, dich nicht zu unterstützen, hast du doch wenigstens die Sache geklärt und kannst beruhigt weitergehen.

Aber eine ganze Reihe dieser Leute wird dir zusagen – dazu ist es nur erforderlich, dass du unerledigte Angelegenheiten aufgreifst und ihnen hilfst, sie abzuschließen.

2. Nimm die bisher Vergessenen ins Visier

Unterstützer können verschiedenen Lagern angehören, z. B. dem Lager der ganz offensichtlichen und der völlig unerwarteten Unterstützer. Sie tragen kein Schild vor sich her mit der Aufschrift „Ich bin ein potenzieller Unterstützer, bitte frag mich." Wenn sie es täten, wäre unsere Aufgabe viel einfacher! Wir würden auch dann noch häufig überrascht sein, wer das Schild trägt und wer nicht.

Aber weil Unterstützer nicht immer so leicht zu erkennen sind, fallen manchmal welche durch unser Raster, weil wir nicht mit dem richtigen Blick hinsehen. Wir denken vielleicht, dass es keine neuen Leute mehr gibt, weil wir ja alle offensichtlichen Kontakte angesprochen haben – unseren Hauskreis, andere Freunde aus der Gemeinde, ein paar Arbeitskollegen und unsere Verwandten.

Aber es ist wie bei einem Eisberg. Was du an der Oberfläche siehst, ist nur ein Teil des Ganzen, meistens sogar der kleinere.

! **Setz dich hin und mach eine Bestandsaufnahme.** Wen hast du nicht kontaktiert, obwohl du seinen Namen noch irgendwo im Hinterkopf hast, oder vielleicht weit unten auf der Liste, die du ganz am Anfang gemacht hast? Vielleicht ist es eine Person, mit der du mehrere Jahre lang keinen Kontakt mehr hattest. Oder jemand, den du gar nicht so gut kennst. Oder der nicht viel Geld hat. Oder jemand, von dem du denkst, dass er schon mehr als genug Missionare unterstützt.

Wenn du diesen Menschen nicht einmal die Gelegenheit gibst, selbst nein zu sagen, antwortest du an ihrer Stelle mit einem Nein. Was, wenn sie gern ja sagen würden? **Lass all die Gründe, warum du sie bisher nicht gefragt hast, mal außer Acht.** Betrachte die Angelegenheit mit anderen Augen.

Da ist z. B. dieser alte Studienfreund, der dir so geholfen hat, als du während deines Studiums durch eine Glaubenskrise gingst. Bedeutet die Tatsache, dass ihr euch in den letzten Jahren nur noch zu Weihnachten geschrieben habt, dass er kein Interesse hat? Vielleicht freut er sich ja, von deinen Plänen zu hören, und wäre sogar enttäuscht, wenn du ihm nicht die Gelegenheit geben würdest, an deiner Zukunft mitzuwirken.

Oder das alte Ehepaar aus deiner Gemeinde, das nicht viel Geld hat. Wer sagt denn, dass nur solche Leute Unterstützer sein können, die ganz offensichtlich mehr Geld haben, als sie benötigen?

! **Achte darauf, dass du nicht im Voraus darüber urteilst, wie die Leute antworten.** Genau das ist nämlich ein Vor-Urteil! Wie fändest du selbst es, wenn Leute über dich „vorurteilten" und dir Unterstützungsmöglichkeiten verwehrten, nur weil sie denken, dass du es dir nicht leisten kannst, da du ja selber von Unterstützung lebst?

Verwehre anderen nicht die Möglichkeit, selber nein sagen zu können.

! **Nimm dir jetzt Zeit und schreibe die Leute auf, die du bisher nicht ansprechen wolltest.** Überlege genau und schließe in diesem Stadium niemanden aus.

! **Geh dann deine Liste erneut durch und frage dich, ob du jemanden auf Grund deiner eigenen Gefühle ausgeschlossen hast.** Warst du mit ihrer Antwort „voreilig", nur weil du übervorsichtig bist und ihnen nicht zu nahe treten willst?

Wenn du immer noch Zweifel hast, dann probiere Folgendes:

- Vertausche die Rollen. Was wäre, wenn jemand von deiner Liste in einen christlichen Dienst ginge, wo er Unterstützung braucht, und du die Person wärst, die ihn unterstützen könnte? Würdest du es wissen wollen?
- Wie würdest du dich fühlen, wenn der andere dich fragen würde, ob du zu seinem Unterstützerteam gehören möchtest?
- Und wie würdest du dich fühlen, wenn der andere dich nicht fragt und du herausbekommst, dass er dies absichtlich nicht getan hat?
- Ich vermute, dass es unter diesen Umständen zumindest ein paar Leute auf deiner Liste gibt, bei denen du nichts dagegen hättest, wenn sie dich um Unterstützung anfragen würden, ganz gleich ob du ihnen finanziell helfen kannst oder nicht.
- Aber nun wieder zurück zu den ursprünglichen Rollen. Du bist derjenige, der ungewöhnliche Zukunftspläne hat und Unterstützung benötigt, damit diese Pläne Wirklichkeit werden können. Merkst du, dass die Blockade bei dir und deinen Gefühlen liegt, nicht bei den Leuten?

! ***Also, spring ins kalte Wasser. Ruf die Leute an, unterhalte dich ein wenig mit ihnen oder lass ihnen etwas ausrichten. Denk daran: Geben ist seliger als Nehmen! Aber es ist viel schwieriger zu empfangen als zu geben!***

Dieter hatte jahrelang als Evangelist gearbeitet und landauf landab Gemeinden geholfen, ihr Umfeld mit dem Evangelium zu erreichen.

Ehepaar Schröder hatte schon fast seit Anfang von Dieters Dienst mit der Unterstützung begonnen. Jahre später verstarb Herr Schröder. Seine Frau ist körperlich schwach geworden und lebt inzwischen im Pflegeheim. Obwohl ihr Einkommen jetzt viel geringer ist als in der Vergangenheit, hat Frau Schröder den gleichen monatlichen Betrag für Dieter beibehalten, den ihr Mann und sie gegeben hatten, als ihre Einnahmen noch viel höher waren.

Da Dieter dachte, dass Frau Schröder sich wahrscheinlich scheuen würde, ihre Unterstützung einzustellen, die sie sich doch bestimmt nicht länger würde leisten können, besuchte er sie eines Tages und erklärte ihr, dass sie sich in all den Jahren wirklich sehr eingesetzt hätte und dass es in Ordnung wäre, wenn sie jetzt die Unterstützung beenden müsste.

Frau Schröder fing an zu weinen: „Hindere mich nicht am Geben. Bitte hindere mich jetzt nicht daran. Alles, was ich noch habe, sind die vier Wände dieses Zimmers. Ich komme nicht mehr viel raus und kann sonst nicht mehr viel tun. Aber indem ich dich unterstütze, erzähle ich immer noch Menschen von Jesus."

Dieter hätte beinahe etwas unterbunden, was von zunehmender Bedeutung in Frau Schröders Leben geworden war. Achte darauf, Menschen nicht mit „Vor-Urteilen" zu begegnen. Frau Schröder unterstützte Dieter weiterhin, bis zu dem Tag, an dem Gott sie zu sich rief.

3. Wer ist neu für dich?

Wenn du dieses Arbeitsbuch von Anfang an durchgearbeitet hast, wirst du dir auch eine Liste der Christen gemacht haben, die du kennst oder die dich kennen. Das war eine Momentaufnahme deines Beziehungsnetzes zu jener Zeit. Auch wenn du keine solche Liste angefertigt hast, hast du beim Aufbau deines Unterstützerteams Menschen auf Grund eurer Beziehung zueinander kontaktiert.

Aber was ist mit Leuten, die du erst kürzlich kennengelernt hast? Wie lange muss man jemanden kennen, bevor man ihm erlaubt, einen zu unterstützen? Und wer bestimmt das?

vgl. S. 126f

Die Tatsache, dass du jemanden noch nicht so gut kennst, bedeutet noch lange nicht, dass du dir nicht überlegen solltest, ob du ihn um Unterstützung bitten willst. Denk daran, es geht bei diesem Prozess genauso sehr – wenn nicht noch mehr – darum, die Bedürfnisse im Leben des anderen zu erfüllen, wie deine eigenen finanziellen Bedürfnisse. Leg deine Scheuklappen ab, die so leicht deinen Blick verengen, und suche in dem Kontakt zu einem neuen Bekannten nach Möglichkeiten, nicht nach Einschränkungen.

! **Lies noch einmal die Geschichte, wie Elaine im Bus auf Sandra trifft (S. 63).**

Wenn es nur um dich und deine Gefühle ginge, gäbe es bestimmt viele Gründe, warum du manche deiner neueren Bekannten nicht kontaktieren solltest. Aber es geht dabei auch um den anderen und um seine ungestillten Bedürfnisse. Wage die Probe aufs Exempel und schau, was passiert.

Ein Ehepaar aus unserer Gemeinde arbeitet viele Kilometer von zuhause weg und kommt nur hin und wider zu uns zu Besuch. Mir ist aufgefallen, dass sie sich bei diesen seltenen Besuchen zuhause viel Mühe geben, die neuen Mitglieder unserer Gemeinde kennenzulernen, Menschen, die sie nie zuvor getroffen haben. Man weiß ja nie, was sich aus einer brandneuen Beziehung heraus noch entwickelt.

! **Nimm dir etwas Zeit und geh in Gedanken durch , wen du in den letzten Monaten neu kennengelernt hast.** Vielleicht war es jemand Neues aus der Gemeinde. Vielleicht ein Freund oder ein Angehöriger von jemandem, den du von der Arbeit kennst. Oder ein Sitznachbar bei einer Veranstaltung. Wer sind diese Leute? In welchem Zusammenhang hast du sie getroffen? Hast du in eurer Unterhaltung von deinen Plänen erzählt?

Gibt es außer der Tatsache, dass ihr euch gerade erst begegnet seid und euch noch nicht gut kennt, irgendeinen anderen Grund, warum du diese Person nicht wegen Unterstützung anfragen solltest?

Gerade weil eure Beziehung noch keine lange Geschichte hat, ist es manchmal leichter, solche brandneuen Kontakte zu nutzen. Du wurdest dem anderen wahrscheinlich gleich am Anfang unter Erwähnung deiner Zukunftspläne vorgestellt, die neue Bekanntschaft geht also von dieser Grundlage aus. **Baue darauf auf, sei dabei locker und informell.**

Beispiel: Jürgen

Natürlich wird der Kontakt je nach Person anders aussehen, aber nehmen wir einmal an, dass Jürgen Philipp anruft, den er im Haus von Daniel getroffen hat, einem gemeinsamen Freund aus Jürgens Gemeinde. Was Jürgen bei diesem Anruf sagt, könnte dann etwa wie folgt klingen:

„Hallo Philipp, hier ist Jürgen Becker. Wir haben uns ja neulich abends bei Daniel kennengelernt. Ich habe mich echt gefreut, jemanden zu treffen, der auch erst später in seinem Leben Christ wurde. So viele von den anderen Gemeindemitgliedern haben einen christlichen Hintergrund und ich bin mir nicht sicher, ob sie immer nachvollziehen können, wie es jemandem geht, der von außen dazukommt.

Ich rufe dich aus folgendem Grund an: Wie schon erwähnt, wollen wir im neuen Jahr als Mitarbeiter bei Declare *in Bern beginnen.* Declare *macht eine tolle Arbeit, die Organisation hilft Gemeinden, Menschen ohne kirchlichen Hintergrund zu erreichen. Ich werde dort für die Verwaltung zuständig sein und den ganzen IT-Bereich der Organisation verantworten. Daniel meinte, es könnte dich auch interessieren, mehr von unserer Arbeit zu hören, und er schlug mir vor, dich anzurufen.*

Zur Zeit bauen wir für unsere Arbeit bei Declare *ein Unterstützerteam auf. Wir suchen Menschen, die ein Herz dafür haben, dass auch kirchenferne Menschen das Evangelium hören, und die unsere Arbeit vielleicht auch finanziell unterstützen möchten. Weil es bei dir auch so wie bei uns ein langer Weg war, bis du zum Glauben an Jesus gefunden hast, möchte ich dich fragen, ob wir uns einmal treffen könnten um weiter darüber zu reden, welche Pläne wir für die Zukunft haben und ob du dir vielleicht vorstellen könntest, als Unterstützer Teil unserer Arbeit zu werden."*

Das war doch jetzt gar nicht so schwierig, oder? Es war locker genug, dass Philipp ohne Probleme hätte nein sagen können. Jürgen baute das Gespräch auf dem bestehenden Kontakt auf, so neu und flüchtig er auch war. Er kam auch schnell auf den Punkt, sodass Philipp sich nicht fragen musste, warum Jürgen ihn denn überhaupt anrief. In diesem Fall betonte er auch die gemeinsame Freundschaft zu Daniel.

Deine Situation wird anders sein als bei Jürgen, aber du könntest so ähnlich vorgehen wie Jürgen bei Philipp. Welche Person, die du erst vor kurzem kennengelernt hast, könntest du auf diese Weise kontaktieren? Probiere es bei ein oder zwei Leuten aus, um herauszufinden, wie es läuft.

4. Lass dich neuen Leuten vorstellen

Zwei Menschen haben niemals genau denselben Bekanntenkreis. Jeder, der dich unterstützt, kennt Leute, die du nicht kennst und die vielleicht Interesse haben, dich zu unterstützen. Deine Unterstützer werden von sich aus wahrscheinlich nicht auf die Idee kommen, dich solchen Leuten vorzustellen, aber wenn du sie dazu anregst, sind sie vielleicht durchaus willens, den Kontakt herzustellen.

Wahrscheinlich hast du das Gefühl, diesen Punkt schon erledigt zu haben, als du in Kapitel 23 die Liste „Wirf das Netz weiter aus" angefertigt hast. Aber es ist wie bei Elia, der den gleichen Weg noch einmal gegangen ist: Es wird Zeit, dass auch du diesen Weg erneut gehst.

Im Idealfall suchst du Leute, die dich gut kennen, die dich bereits unterstützen und die ein Beziehungsnetz pflegen, das sich maßgeblich von deinem unterscheidet.

Du musst die Sache mit deinen Unterstützern durchsprechen. Wenn du sie einfach fragst: „Kennst du irgendjemanden, der mich vielleicht gern unterstützen möchte?", fällt ihnen wahrscheinlich niemand ein, deshalb solltest du sie lieber durch Fragen wie die folgenden zum Grübeln bringen:

- Gibt es in deiner Gemeinde jemanden, der Interesse an Mission hat und vielleicht gern etwas über meine Arbeit in ... [dein Einsatzland] hören würde?
- Hätte dein Hauskreis, oder vielleicht einzelne Hauskreisteilnehmer, Interesse daran, etwas über meinen Dienst unter ... [dein Einsatzgebiet] zu erfahren, zu dem Gott mich berufen hat?
- Gibt es an deinem Arbeitsplatz Christen, die vielleicht gern etwas über die Arbeit hören würden, die ich im Rahmen von ... [dein Missionswerk] tun werde? Wir könnten ja mal zusammen Mittag essen gehen.

Wenn der betreffende Unterstützer tatsächlich ein paar Namen vorschlägt, kann er auf verschiedene Weise den Kontakt herstellen.

- Er kann jemanden wegen deines Anliegens kontaktieren und ihn auf den Kontakt mit dir vorbereiten. Ob er nun anruft oder deine Sache in einem Gespräch erwähnt, er leistet wichtige Vermittlungsarbeit, indem er für dich den Kontakt herstellt.
- Er schlägt dir jemanden vor, den du mit seiner Empfehlung anrufen kannst. Das ist zwar für deinen Unterstützer einfacher, aber es ist meist weniger erfolgreich. Es bedeutet, dass du die erste Person bist, die zu dem neuen Kontakt spricht, auch wenn du den Namen deines Unterstützers am Anfang des Gesprächs erwähnst – so ähnlich

wie Jürgen es mit Philipp getan hat. Aber wenn es nicht anders geht, dann nutze diese Gelegenheit!

- Dein Unterstützer führt bei sich zuhause einen Abend für dich durch, an dem er sagt, dass er selbst schon dein Unterstützer ist, und an dem du dann deine Arbeit vorstellen kannst. Solche Abende können sehr erfolgreich sein, vor allem wenn du auf eine gute Art und Weise dafür sorgst, dass interessierte Zuhörer sich mit dir in Verbindung setzen können.

vgl. S.193ff, wie das geht

5. Achte auf frühzeitige Erhöhung

Manche Leute, die begonnen haben, dich zu unterstützen, als du gerade erst mit dem Aufbau deines Unterstützerteams anfingst, sind vielleicht bereit, ihre Unterstützung zu erhöhen und dich dadurch 100 Prozent Unterstützung näher zu bringen. Das könnte vor allem dann der Fall sein, wenn du inzwischen mehrere Monate lang an deiner Unterstützung gearbeitet hast, wenn du dein Ziel fast erreicht hast und das Interesse einer bestimmten Person an dir und deiner Arbeit kontinuierlich gewachsen ist.

Es könnte sich z. B. um ein Hauskreismitglied handeln, das neu in der Gruppe war, als du, vielleicht vor einem halben Jahr, erstmalig über deine Arbeit und die Notwendigkeit, Unterstützung zu bekommen, gesprochen hast. Das neue Mitglied hat dir damals 15 Euro monatliche Unterstützung zugesagt, aber inzwischen habt ihr euch viel besser kennengelernt. Manchmal bieten solche Leute an, ihre Unterstützung zu erhöhen und sie in Einklang mit eurer sich entwickelnden Freundschaft zu bringen. Aber in den meisten Fällen tun sie es nicht von sich aus, du musst sie ansprechen.

Beispiel: Claudia

Nehmen wir einmal an, dass Tina aus der Freien Christusgemeinde in Heidelberg begonnen hat, Claudia zu unterstützen, nachdem sie einen Abend miterlebt hat, den Claudias Freundin aus Studienzeiten für sie veranstaltet hatte. Tina und Claudia hatten vorher keinerlei Kontakt gehabt, aber Tina war beeindruckt von dem, was sie an diesem Abend hörte, und hatte begonnen, Claudia mit 15 Euro monatlich zu unterstützen.

Aber in der Beziehung zwischen den beiden machte es klick, und sie hielten in den folgenden vier Monaten regelmäßig Kontakt. Inzwischen ist es Januar. Claudia hat aufgehört zu unterrichten, um sich voll um ihre Unterstützung und den sonstigen nötigen Kleinkram zu kümmern, den sie vor ihrer Schulungswoche in Zypern und ihrer anschließenden Ausreise in die Türkei erledigen muss. Sie soll in drei Wochen fliegen, es fehlen ihr aber noch 130 Euro monatlich. Die Mittelmeermission ist ziemlich streng und verlangt, dass ihre Mitarbeiter 100 Prozent Unterstützung erreicht haben, bevor sie ausreisen dürfen. Claudia hat zwar noch nicht die Panik ergriffen, aber ein wenig unruhig wird sie allmählich schon. Noch 130 Euro und nur noch drei Wochen. Es wird Zeit, dass sie ernsthaft dafür betet, kreativ nachdenkt und etwas tut.

Sie ruft Tina an, erklärt ihr ihre Situation und fragt sie, ob sie ihr auf zweierlei Weise helfen könnte. Erstens möchte sie wissen, ob es in Tinas Bekanntenkreis noch Leute gibt, die vielleicht Interesse hätten, sie zu unterstützen. Zweitens fragt sie, ob Tina in der Lage wäre, ihre Unterstützung zu erhöhen. Sie erklärt ihr, dass sie eine Anzahl Schlüsselleute fragt, die für sie beim Aufbau ihres Unterstützerteams von besonderer Bedeutung waren, ob sie vielleicht auch mehr geben könnten.

Wie würde Tina sich wohl fühlen? Angesichts der Tatsache, dass ihre Beziehung sich in den vergangenen vier Monaten vertieft hat und dass sie Claudia nun zu ihren Freundinnen zählt und nicht nur als Missionarin betrachtet, die sie unterstützt, möchte sie Claudia wahrscheinlich gern helfen, sofern sie das kann. Schließlich betet sie mit dafür, dass Claudia ihr Unterstützungsziel erreicht, und nun hat sie die Gelegenheit, selbst dazu beizutragen, dass dieses Gebet erhört wird. Ich vermute, dass Tina ihre Unterstützung verdoppeln würde. Claudia würde somit weitere 15 Euro monatlich erhalten und Tina hätte die frohe Gewissheit, dass sie ihrer Freundin hilft, dem Abflug einen Schritt näher zu rücken.

! **Nimm dir jetzt Zeit und geh noch einmal die Unterstützer durch, die dich von Anfang an unterstützt haben.** Wer hat sich besonders für deine Pläne und die Missionspartnerschaft interessiert? Erkläre diesen Leuten deine Situation und frage sie, ob sie dir helfen könnten, deinem Ziel ein Stück näher zu kommen.

Wenn du dich durch die in diesem Kapitel vorgestellten Personengruppen durcharbeitest, kommst du nicht nur deinem Unterstützungsziel näher, sondern du wirst auch weitere Leute entdeckt haben, die Gott bereits als deine Unterstützer ausgewählt hat. Hoffentlich wirst du auch gelernt haben, hinter das Vordergründige zu blicken, Dinge aus einer neuen Perspektive zu betrachten; außerdem wirst du auf Quellen gestoßen sein, die du beim ersten Mal nicht gesehen hast. Du wirst dich auch in einige völlig neue Beziehungsnetze vorgewagt haben – und es ist noch nicht abzusehen, wohin dich diese führen werden.

Phyllis und ich haben versucht, herauszufinden, wie weit unsere Verbindungen im Lauf der Jahre geführt haben. Soweit wir es zurückverfolgen konnten, haben wir Unterstützer fünften Grades. Das bedeutet: Unser Freund A, den wir persönlich kannten, stellte uns B vor, B machte uns mit C bekannt, C mit D und schließlich D mit E, der ebenfalls unser Unterstützer wurde. Wenn wir uns mit dem Offensichtlichen zufrieden gegeben hätten, nämlich mit der bestehenden Beziehung A, hätten wir einen wichtigen Teil unserer Unterstützung verpasst. Wir hätten einige enge Freunde nicht, die wir heute haben, und wir hätten einige Überraschungen Gottes nicht erlebt.

! ***Geh Risiken ein. Tritt aus dem Scheuklappenbereich heraus und schau, was passiert. Elias Leben hat sich dadurch verändert, dasselbe kann auch bei dir geschehen.***

Wenn du den Eindruck hast, dass dein Brunnen ausgetrocknet ist, dann lade dir die folgende Checkliste herunter, welche dir aufzeigt, was du als nächstes tun kannst.

Checkliste: Wenn der Brunnen austrocknet

Erledige offene Angelegenheiten

- ☐ *Geh deine Kontakte durch und notiere, wo noch offene Angelegenheiten vorliegen*
- ☐ *Frag bei Leuten nach, die eine Antwortkarte oder Überweisungsträger mitgenommen, sie aber noch nicht zurückgegeben haben*
- ☐ *Suche nach anderen Blockaden*
- ☐ *Nimm erneut Kontakt zu diesen Leuten auf*

Nimm die bisher Vergessenen ins Visier

- ☐ *Notiere die Leute, die du noch nicht angefragt hast*
- ☐ *Vertausche die Rollen: Wie würdest du dich fühlen, wenn diese Leute Missionspartner suchten und dich fragen würden?*
- ☐ *Nimm Kontakt auf*

Wer ist neu für dich?

- ☐ *Mach dir eine Liste von Leuten, die du in den vergangenen Monaten zum ersten Mal getroffen hast*
- ☐ *Gibt es irgendeinen Grund, sie nicht um Unterstützung anzufragen, außer dass du sie erst kürzlich kennengelernt hast?*
- ☐ *Nimm Kontakt auf*

Lass dich neuen Leuten vorstellen

- ☐ *Finde heraus, welche Missionspartner einen anderen Bekanntenkreis als du haben*
- ☐ *Frage sie, ob sie Menschen kennen, die vielleicht Interesse haben könnten, dich zu unterstützen (mache konkrete Vorschläge, wo diese Leute anzutreffen sein könnten)*
- ☐ *Schlage vor:*
  - *dass sie die betreffende Person kontaktieren*
  - *oder dass du sie kontaktierst*
  - *oder dass sie euch beide an einem Abend zusammen einladen*

Achte auf frühzeitige Erhöhung

- ☐ *Denke an die, die dich von Anfang an unterstützt haben*
- ☐ *Hat jemand besonderes Interesse an deinen Plänen und für eine Missionspartnerschaft gezeigt?*
- ☐ *Erkläre deine Situation und frage den anderen, ob er dir helfen könnte, näher an dein Ziel heranzukommen.*

Download
www.aem.de/books

26. EIN GEBETSTEAM AUFSTELLEN

Ein geistlicher Kampf

Wir stehen in einem geistlichen Kampf. Das gilt für die Zeit, in der wir unser Unterstützerteam aufbauen, ebenso wie für jede andere Phase unseres Dienstes. Dass andere Menschen sehr regelmäßig und spezifisch für uns beten, ist die beste Waffe, die wir in diesem Kampf haben [Lies 2. Korinther 10,3–5 und Epheser 6,18–19]. Gebet ist gleichzeitig auch eine große Ermutigung für uns. Und es ist der größte Dienst, den uns jemand in unserem Leben erweisen kann.

Natürlich möchten wir, dass alle unsere Missionspartner für uns beten. Aber meistens schenkt Gott uns ein paar Leute, die wirklich täglich mit Hingabe für uns beten.

Einzelpersonen als Gebetskämpfer

Wähle einige Menschen aus (so zwischen drei und zehn), die dich gut kennen und die eng mit Gott in Verbindung stehen. Vielleicht beten sie ohnehin schon regelmäßig für dich. Triff dich in der Zeit, in der du dein Unterstützerteam aufbaust, recht bald mit ihnen. Teile ihnen deine konkreten Bedürfnisse, deine Ziele und deinen Zeitplan mit. Halte regelmäßigen Kontakt zu ihnen, bringe sie in bestimmten Abständen auf den neuesten Stand. Und lass sie auch wissen, wann und wie Gott ihre Gebete für konkrete Anliegen beantwortet. Im Verlauf deiner Missionspartnerentwicklung wird Gott noch weitere Menschen für diese Aufgabe auswählen.

Gruppen, die für dich beten

Wähle eine oder zwei Gruppen von Menschen aus (z. B. einen Gebetskreis der Gemeinde, einen Bibelkreis o. Ä.), die du herausforderst, als Gruppe wöchentlich für dich, deine Ziele und deinen Zeitplan zu beten. Halte regelmäßigen Kontakt zu ihnen. Lass auch sie wissen, wie und wann Gott ihre Gebete beantwortet.

Was du für deine Beter beten könntest

„Herr, mehre den Glauben der Menschen, die für mich beten, indem du sie erleben lässt, dass du ihre Gebete beantwortest.“ Natürlich werden auch deine Bedürfnisse gestillt, wenn Gott antwortet. Aber was noch wichtiger ist, diese Menschen, die für dich beten, werden erleben, dass Gott ein Gott ist, der versorgt und Gebete beantwortet; dadurch wird ihr Glaube wachsen.

Positives Gebet

Glauben gefällt Gott und er antwortet auf Gebete, die aus Glauben kommen [Hebräer 11,6, Markus 11,24]. Wenn du deine Gebete als freudige Erwartung darauf, dass Gott antwortet, formulierst, hilft es dir, im Glauben zu beten. Du könntest auch deine Ziele für den

Aufbau des Unterstützerteams in Form von positiv erwartender Gebete aufschreiben und sie täglich beten.

27. AM BALL BLEIBEN

Wenn du es bis hierhin geschafft hast, bist du hoffentlich mit dem Aufbau deines Unterstützerteams schon ein gutes Stück vorangekommen. Zumindest wirst du schon erste Unterstützer gefunden haben.

Vielleicht solltest du jetzt einmal Pause machen und Gottes Güte bei einem gediegenen Essen feiern! Du könntest sogar einen Unterstützer dazu einladen als Dankeschön für seine Partnerschaft.

Das führt uns zum nächsten Schritt in dem ganzen Prozess, nämlich zu der Frage: **Wie pflegst und festigt du langfristig die Beziehungen zu deinen Missionspartnern?**

Jeder Mensch ist anders und auch jedes Beziehungsgefüge zu Unterstützern ist anders, deshalb gibt es kein allgemeingültiges Patentrezept. Aber es gibt einige Grundprinzipien, von denen du dich leiten lassen kannst, während du deine eigenen Wege gehst, wie du mit deinen Missionspartnern in Kontakt bleibst.

Investiere zehn Prozent deiner Zeit

Du hast dir nicht deshalb ein Unterstützerteam aufgebaut, um all deine Zeit für die Beziehungspflege zu deinen Missionspartnern einzusetzen! Vielmehr hast du es getan, damit du anderen Menschen in Not direkt oder indirekt mit der Liebe Gottes in Wort und Tat begegnen kannst. Trotzdem ist der Aufbau guter Partnerschaften mit deinen Unterstützern kein freiwilliges Extra in diesem Prozess. Du verwendest auch nicht Zeit dafür, damit du deine Arbeit tun kannst. Die Beziehungspflege zu deinen Missionspartnern ist integraler Bestandteil deiner Arbeit.

! **Faustregel: Investiere zehn Prozent deiner Arbeitszeit, um die Verbindung zu deinen Unterstützern aufrecht zu erhalten.** Betrachte es als gute Investition deiner Zeit – eine Investition, die sowohl in deinem Dienst als auch im Leben deiner Unterstützer guten Ertrag ausschütten wird.

Wie jeder Mitarbeiter diese Zeit einsetzt, wird sehr unterschiedlich sein. Wenn du z. B. nicht allzu weit von vielen deiner Unterstützer entfernt wohnst, ist es leichter, dich von Zeit zu Zeit mit ihnen zu treffen. Wenn du im Ausland arbeitest, dann wirst du wahrscheinlich eher schreiben und E-Mails versenden. Du könntest auch für ein paar Monate in deine Heimat zurückkehren und in dieser Zeit gezielt Missionspartner besuchen.

Mit deinen Unterstützern in Kontakt zu bleiben, ist viel zu wichtig, als dass du es auf nächste Woche verschieben könntest, wenn es bei dir weniger hektisch zugeht. Nächste Woche ist jetzt!

Leg dir ein Budget dafür an

Die Beziehungspflege zu deinen Missionspartnern erfordert nicht nur einen Teil deiner Zeit, sondern auch einen Teil deiner Finanzen. Denk daran, einen bestimmten Betrag für die kreative Kontaktpflege mit deinen Unterstützern in deinen monatlichen Bedarf einzuschließen. Je nachdem, wie hoch dein monatliches Soll ist und wie weit entfernt du von deinen Missionspartnern lebst, solltest du mit etwa fünf Prozent deines Einkommens rechnen, um Geld für Rundbriefe, Anrufe, Geburtstagskarten, kleine Geschenke usw. zur Verfügung zu haben.

Wenn du bei einem Missionswerk angestellt bist, dann informiere dich, welcher Betrag der Gesamtsumme für die Pflege deines Unterstützerteams vorgesehen ist. Wenn die Antwort „nichts" lautet und es in dem Missionswerk auch keine anderweitigen Ressourcen für diesen Zweck gibt, dann bitte darum, dass du die Endsumme um 5 Prozent erhöhen darfst, um den Kontakt zu deinen Unterstützern zu pflegen. Und wenn du freischaffend arbeitest, dann addiere selbst diese fünf Prozent zu deinem monatlichen Sollbetrag dazu.

Als die Israeliten Sklaven in Ägypten waren, mussten sie Ziegelsteine brennen, ohne Stroh dafür zu haben – und das klappte nicht gerade gut. Achte darauf, dass du im Rahmen deiner Arbeit genug Baumaterial hast für die Wand finanzieller und geistlicher Unterstützung.

Versende nicht bloß Rundbriefe

Bei vielen Leuten ist der Freundesbrief oder Rundbrief das wichtigste Mittel, wie sie mit ihren Unterstützern und anderen Freunden in Kontakt bleiben.

Solche Briefe sind auch tatsächlich eine gute Möglichkeit, mit einer großen Gruppe von Menschen einen Basiskontakt aufrecht zu erhalten. Aber Rundbriefe kommunizieren nicht so gut, oder so stark, wie man das gern hätte. Bedenke, dass es hier um die Familie Gottes geht, die als Geber und Empfänger zusammen arbeitet. **Und eine Familie, wo Geschwister alle paar Monate durch unpersönliche Briefe einseitig kommunizieren, funktioniert nun mal auf Dauer nicht besonders gut!**

Sei beständig und erfinderisch

Wir hatten einmal einen Kollegen, der sich recht pragmatisch ausdrückte: „Aus den Augen, aus dem Sinn. Aus dem Sinn, Geld weg. Geld weg, Dienst weg!" Ganz gleich, wie du die Beziehung zu deinen Unterstützern aufbauen und pflegen möchtest, achte darauf, dass du dabei stets aktiv bleibst. Deine Missionspartner, ob es nun Einzelpersonen oder Gruppen sind, leben ihr eigenes Leben mit all seiner Hektik und Prioritäten. Auch wenn sie noch so Willens sind, werden sie nicht jeden Morgen zuerst an dich und deine Arbeit denken. Nicht dass sie kein Interesse hätten, aber sie brauchen Hilfe, damit ihr Interesse auch an die Oberfläche steigt. Je mehr du dich aktiv mit ihnen in Verbindung setzt, desto wahrscheinlicher ist es, dass einige von ihnen mit zusätzlicher finanzieller Unterstützung, Gebet und Ermutigung darauf reagieren.

! Lies dieses Kapitel fertig und lade dir dann das Arbeitsblatt herunter (siehe S. 216); es hilft dir beim Erstellen eines Plans, wie du mit deinen Unterstützern beständig in Verbindung bleiben willst.

Und dann füge zur Beständigkeit noch Kreativität hinzu. Ohne Kreativität wird der Gesprächskanal mit der Zeit vorhersehbar, und du verlierst am Ende vielleicht das Interesse deiner Unterstützer.

Investiere für einige mehr, für andere weniger

Nicht jeder wünscht sich in gleichem Maß Kontakt, noch schätzt ihn jeder. Jemand mit hohem Engagement für dich und deine Arbeit braucht ein ganz anderes Informationspaket als jemand, der sich eher am Rand deines Lebens befindet und sich vielleicht nach einem Abendvortrag von dir auf die Liste deiner Rundbriefempfänger gesetzt hat, danach aber keinerlei Kontakt mehr zu dir gesucht hat. Du hast nur ein begrenztes Maß an Zeit und Geld, um Kontakte zu pflegen. Investiere also mehr in Menschen, die sich in höherem Maß für dich engagieren. Das können deine besten finanziellen Unterstützer sein, müssen es aber nicht, aber es sind sicherlich die Leute, die das höchste Engagement für dich gezeigt haben.

Nehmen wir einmal an, du verschickst deinen Rundbrief an 200 Empfänger. Dann gibt es da wahrscheinlich drei Kategorien von Menschen:

- Als Erstes sind da vielleicht so um die 130 Personen, deren Engagement für dich im besten Fall eingeschränkt ist. In ihrem Fall genügt es, wenn du alle paar Monate einen Rundbrief sendest und dann vielleicht noch einmal im Jahr eine Weihnachtskarte oder Ähnliches.
- Als Zweites hast du 50 bis 60 Personen **mit bereits höherem Interesse** – sie unterstützen dich vielleicht finanziell oder haben besonderes Interesse an dir und deiner Arbeit gezeigt. Versuche in ihrem Fall **zusätzlich zu den Rundbriefen alle drei bis vier Monate irgendeinen persönlichen Kontakt herzustellen (Postkarte, Notiz, persönliche E-Mail usw.)**
- Und schließlich gibt es noch die 10 bis 20 Personen, die **von großer Bedeutung für dein Unterstützerteam** sind. Es sind deine Schlüsselleute, Menschen, die sich wirklich als Teil deiner Arbeit betrachten. **Versuche, mit diesen Leuten monatlich persönlich Kontakt zu halten.**

Im Laufe der Monate und Jahre musst du deine Unterstützer, was das Maß deiner Kommunikation betrifft, immer wieder einmal neu sortieren. Es ist nicht sinnvoll, jemanden mit persönlicher Kommunikation zu überhäufen, von dem du zwar dachtest, dass er interessiert sei, der aber noch nie auf deine Mitteilungen geantwortet hat und monatelang keine einzige Frage zu deiner Arbeit gestellt hat. Umgekehrt sollte jemand, den du am Anfang für nicht so interessiert gehalten hast, der aber jetzt großes Interesse zeigt, in Zukunft mehr von dir hören.

Denk auch an die Kinder

Wenn Familien zu deinen Unterstützern gehören, dann vergiss nicht, auch mit den Kindern in Kontakt zu bleiben. Geburtstagskarten, Postkarten aus Orten, die du besuchst, Karten des Landes, in dem du arbeitest, Bilder der Menschen, mit denen du arbeitest, all das trägt dazu bei, nicht nur Interesse an deiner Person zu wecken, sondern die Kinder vielleicht für ein Leben im christlichen Dienst zu begeistern. Außerdem ist dieser Einsatz deinerseits für die Eltern ein Segen in ihren Bemühungen, den Kindern die Werte von Gottes Königreich zu vermitteln.

Download
www.aem.de/
books

Kreative Wege, um mit deinen Missionspartnern in Kontakt zu bleiben

Schreibe dir ungefähr 30 Möglichkeiten auf, wie du mit deinen Unterstützern in Kontakt bleiben und sie in deine Arbeit miteinbeziehen kannst. Beginne mit Kategorien, die deinen Umständen entsprechen – z. B. Dinge, die mit der Post versendet werden können, noch ungenutztes praktisches Engagement, gemeinsame gesellige Unternehmungen, Gebetskontakt, nützliche Geschenke, Kontakt zu Kindern usw. Füge dann weitere eigene kreative Ideen hinzu.

Einen Plan zur Beziehungspflege erstellen

Wenn du deine Vorhaben zur Beziehungspflege in deine Agenda einträgst, wirst du mit größerer Wahrscheinlichkeit guten Kontakt zu deinen Missionspartnern pflegen; letztlich geht es aber darum, dass der Kontakt zu deinen Missionspartnern genauso natürlich und selbstverständlich wird wie jeder andere Aspekt deiner Arbeit.

Mein Plan zur Beziehungspflege

Als Starthilfe rate ich dir, deine Planung mit folgenden Punkten zu beginnen:

Was kann ich täglich umsetzen?

- *Für zwei Missionspartner beten*
-

Was kann ich wöchentlich umsetzen?

- *Eine kurze Nachricht an zwei Missionspartner schicken*
-

Was kann ich monatlich umsetzen?

- *Nachsehen, ob neue Unterstützer dazugekommen sind*
-

Was kann ich vierteljährlich umsetzen?

- *Einen Rundbrief versenden*
-

Download
www.aem.de/
books

Was kann ich jährlich umsetzen?

- *Ein kleines Geschenk an Schlüsselleute übergeben als Dankeschön*
-

Und vor allem gilt:

Treu ist er, der euch ruft; er wird's auch tun. (1. Thessalonischer 5,24)

ZUSAMMENFASSUNG

Hier folgt eine kurze Zusammenfassung all der Dinge, die wir in Teil 3 besprochen haben.

Auf geht's!

- Achte darauf, dass du beständig für alle Aspekte beim Aufbau eines Unterstützerteams betest und auch andere um Gebet für dich bittest.

Eine Liste mit Kontakten erstellen

- Wie viele Fische schwimmen in deinem Teich?
  - Liste alle Christen auf, die du kennst oder die dich kennen.
  - Schreibe deine Familie und deine Verwandten dazu.

Wer führt deine Liste an?

- Versieh jede Person mit einer Zahl von 1 bis 6, entsprechend den Stufen im Entscheidungsprozess auf S. 59.
- Konzentriere dich auf die mittleren Kategorien auf deiner Liste.
- Wenn Gott dir nur einen einzigen Unterstützer schenken würde, wen hättest du gern?
  - Markiere den Namen dieser Person.
- Welches wären die nächsten fünf Leute?
  - Markiere auch ihre Namen.

Gut organisiert

- Aktualisiere deine Daten über jeden auf der Liste.
  - Verwende einfache Karteikarten in einer kleinen Box oder ein Softwareprogramm wie TnTMPD, um alle Kontaktdaten, Verabredungen, Nachfragen usw. zu notieren.

Treffen vereinbaren

- Wähle eine Person von deiner Liste aus, die du anfragen willst.
- Ruf sie an und vereinbare ein Treffen.
  - Erkläre ihr, dass du mit ihr über deine Unterstützung reden möchtest, aber lass dich nicht zu langen Erklärungen am Telefon verleiten.

Vorbereiten, was man sagen wird

- Überlege, welche Informationen dein potenzieller Unterstützer braucht (S. 148f)
- Sammle Geschichten über Menschen, die deine Arbeit gut verdeutlichen.
- Schreibe deine Präsentation auf (S. 165ff).
- Such dir einen Freund, mit dem du üben kannst, oder übe laut vor dem Spiegel.

Das Treffen durchführen

- Sprich natürlich und informell.
- Halte das Gespräch beim Thema.
- Sprich aus deinem Herzen heraus, nicht nach deinem Skript.
- Nimm das passende Werbematerial mit.
- Achte darauf, dass du Einzugsermächtigungen und vorgefertigte Überweisungsträger dabei hast.
- Vereinbare mit dem potenziellen Unterstützer eine Zeit, bis wann er sich wegen seiner Entscheidung bei dir melden wird.
- Vereinbare außerdem eine Zeit, wann du dich bei ihm melden wirst, falls du bis dahin noch nichts von ihm gehört haben solltest.

Nach dem Treffen

- Schreibe innerhalb eines Tages eine Dankeskarte.
- Wenn sich der potentielle Unterstützer bis zu dem Zeitpunkt, den er dir genannt hat, nicht gemeldet hat, dann ruf du ihn an.
- Bedenke, dass es ein paar weitere Kontaktaufnahmen deinerseits erfordern kann, bis ihr zu dem Punkt kommt, an dem der potentielle Unterstützer den Prozess tatsächlich zu Ende führt. Übernimm du die Initiative.

Leute per Brief kontaktieren

- Wenn du es nicht einrichten kannst, jemanden persönlich zu besuchen, dann schreib ihm einen Brief und erkläre darin alles, was du ihm sonst im Gespräch erzählen würdest.
- Ruf ihn nach einigen Tagen an und frage ihn nach seiner Entscheidung.

Mit Leuten außerhalb des engeren Bekanntenkreises sprechen

- Erstelle eine Vorstellungsmappe (S. 180f)
- Übe mit einem Freund die Verwendung der Mappe.

Unterstützung durch Gemeinden

- Sprich so bald wie möglich mit jemandem aus deiner Gemeindeleitung über deine Pläne.
- Informiere dich über die Regeln, nach denen in deiner Gemeinde für Mission gegeben wird.
- Sprich so bald wie möglich in Gruppen über deine künftige Arbeit.
- Such dir einen Botschafter, der deine Kontaktperson zur Gemeinde ist.
- Halte ein Gästebett bereit und lade Leute ein, dich zu besuchen.

Das Netz weiter auswerfen

- Notiere dir die Namen von Christen, die einen anderen Bekanntenkreis als du haben (S. 192)
- Überlege dir, wie du neuen Kontakten vorgestellt werden könntest.

Bei regulären Treffen sprechen

- Denke daran, dass solche Treffen ein guter Ort sind, um Leute zu informieren, aber nicht immer, um Unterstützer zu gewinnen.
- Nimm aber für alle Fälle Überweisungsträger etc. mit – man kann ja nie wissen.
- Gib allen Anwesenden deinen Vorstellungsprospekt oder etwas anderes über deine Arbeit, natürlich mit Antwortkarte.

Bei Sondertreffen sprechen, die eigens für deine Arbeit organisiert wurden

- Achte darauf, dass der Gastgeber schon dein Unterstützer ist.
- Stelle sicher, dass die Geladenen im Voraus wissen, dass du sowohl über deine Arbeit als auch über deinen finanziellen Bedarf sprechen wirst.
- Teile am Ende an alle linierte Karteikärtchen aus.
  - Bitte die Leute, ihre Kontaktdaten aufzuschreiben und ein Häkchen auf die Karte zu machen, wenn sie sich überlegen, Teil deines Unterstützerteams zu werden.
- Rufe alle, die ein Häkchen gemacht haben, innerhalb von 48 Stunden an.

Wenn der Brunnen austrocknet

- Denk an Elia – und geh erneut Wege, die du bereits für erledigt erachtet hast.
- Arbeite Kapitel 25 einschließlich der Checkliste auf Seite 210 durch.

Ein Gebetsteam aufstellen

- Bitte einige gute Freunde, für deine konkreten Anliegen, deine Ziele und deinen Zeitplan zu beten.
- Bitte ein oder zwei Gruppen, für dich zu beten.
- Teile ihnen mit, wie und wann Gott ihre Gebete erhört.

Wie sich das Rad konstant weiterdreht

- Investiere zehn Prozent deiner Arbeitszeit, um mit deinen Unterstützern in Kontakt zu bleiben.
- Schreibe kreative Möglichkeiten auf, wie du mit deinen Unterstützern in Kontakt bleiben willst (S. 216).
- Mach dir einen Plan für die Beziehungspflege zu deinen Missionspartnern (S. 216f).

ANHANG

WIE DU DEINE BIBELSCHULAUSBILDUNG FINANZIEREN KANNST

Ob es sich nun um eine dreijährige Bibelschulausbildung handelt oder um einen mehrmonatigen Kurs in interkultureller Mission, es ist nichts Außergewöhnliches, dass Leute, die in den christlichen Dienst gehen, sich für eine Ausbildung oder besondere Schulung entscheiden, bevor sie den Sprung ins kalte Wasser wagen. An fast allen Bibelschulen findet man eine reiche kulturelle Vielfalt, häufig studieren an den großen Einrichtungen Studenten aus allen möglichen Ländern. Es kann hilfreich sein, sich dort ganz unterschiedlichen Lebens- und Dienstauffassungen auszusetzen, ganz gleich, ob man vorhat, ans andere Ende der Welt zu gehen oder nur in die nächste Stadt.

Wenn du dich mit der Möglichkeit, eine Bibelschule zu besuchen, beschäftigst, wirst du sehr schnell merken, dass die normale Finanzierungsweise für Erwachsenenbildung in diesem Fall nicht greift. Normalerweise hoffen Leute, die eine Zusatzausbildung oder einen Fortbildungskurs machen, danach eine besser bezahlte Arbeit zu bekommen. Aber die meisten Leute, die eine Bibelschulausbildung machen, werden danach einen schlechter bezahlten Beruf ausüben als vorher!

Und was die Sache noch schwieriger macht: Die normalen Prinzipien für die Unterstützung von Missionaren gelten genauso wenig! Ich weiß nicht, warum das so ist, aber einige Gemeinden, vor allem solche, die sich nur begrenzt für Missionsarbeit engagieren, tun sich schwer mit dem Gedanken, dass eine Ausbildung für den Missionsdienst berechtigterweise von der Gemeinde mitfinanziert werden könnte. Sie zögern besonders dann, wenn der Student sich noch nicht sicher ist, was er nach seiner Ausbildung tun wird, und während seiner Bibelschulzeit herausfinden möchte, welche Pläne Gott für sein weiteres Leben hat.

Was bedeutet dies nun für dich?

Ausbildungsförderung/ Darlehen für Studenten

Ausbildungsförderung nach dem in Deutschland bekannten Bundesausbildungsförderungsgesetz (BaföG) oder in anderen Ländern übliche Darlehen für Studenten können ein Weg sein, deine Ausbildung zu finanzieren – sofern du solche überhaupt bekommst. Aber du solltest dir im Voraus gut überlegen, wie du diese Schulden in den folgenden Jahren tilgen kannst, besonders, wenn dein Einkommen nur knapp über dem Rückzahlungsniveau liegt. Überlege dir auch, wie es dir innerlich geht, wenn du über Jahre hinweg Schulden in dieser Höhe mit dir herumtragen musst, bis dein Einkommen so hoch ist, dass du sie abzahlen kannst.

Wenn du bedacht hast, was das Zurückzahlen solcher Gelder für dich bedeutet, dann informiere dich, wie viel du bekommen würdest. Eine solche Förderung erhalten nur bestimmte Studenten, und nur für bestimmte Kurse oder bestimmte Einrichtungen. Die Gesetze dafür ändern sich hin und wieder. Erkundige dich bei der Bibelschule, auf die du gehen willst, ob du für eine Ausbildungsförderung / ein Darlehen in Frage kommst. Eigentlich müssten sie dir alle erforderlichen Informationen geben können.

Ja, Darlehen können weiterhelfen. Aber es gibt noch eine bessere Möglichkeit…

Teilzeitbeschäftigung

Du könntest dir während deiner Bibelschulzeit eine Teilzeitbeschäftigung suchen und ein paar Wochenstunden arbeiten. Einen solchen Job in einen vollen Ausbildungsplan hineinzupressen, kann bei einigen klappen. Aber es bedeutet unweigerlich, dass etwas anderes darunter leidet – du kannst weniger Zeit mit den anderen Studenten verbringen, seltener nach Hause fahren, dich weniger in der Gemeinde nebenan einbringen, im schlimmsten Fall leidet auch dein Studium. Achte darauf, dass du dir nicht so viel auflädst, dass du auf der Beziehungsebene Abstriche machen musst, die auf der Bibelschule von so großer Bedeutung ist. So eine tolle Möglichkeit bietet sich dir vielleicht nie mehr.

Ja, Einnahmen aus einer Teilzeitbeschäftigung können weiterhelfen. Aber es gibt noch eine bessere Möglichkeit …

Ersparnisse

Du bist gut beraten, wenn du, sobald du dir Gedanken über eine Ausbildung für deinen künftigen Dienst machst, auch dafür zu sparen beginnst. Wenn du andere bittest, dich mit dem Geld, das ihnen zur Verfügung steht, zu unterstützen, dann ist es nur recht und billig, wenn auch du selbst zu dieser Ausbildung Geld beisteuerst. Es könnte sogar bedeuten, dass du deine Bibelschulausbildung etwas nach hinten verschiebst und dir erst noch ein finanzielles Polster zulegst.

Aus den angeführten Gründen ist es aber nicht unbedingt die beste Idee, die ganze Ausbildung selbst zu bezahlen. Du musst selbst entscheiden, ob du deine Bibelschulzeit verschieben willst, um vorher noch Geld dafür auf die Seite zu legen. Auf keinen Fall solltest du diese Möglichkeit nur deshalb wählen, damit du andere Leute nicht um Unterstützung bitten musst.

Ja, Ersparnisse können weiterhelfen. Aber es gibt noch eine bessere Möglichkeit …

Ein Unterstützerteam aufbauen

Für deine Bibelschulausbildung ein Unterstützerteam auf die Beine zu stellen, hat verschiedene Vorteile. Es geht dabei nämlich nicht nur um Geld.

Vorteile eines Unterstützerteams:

- **Du bekommst Gebetspartner**
  Menschen, die für dich Finanzen freisetzen, werden auch für dich beten.
- **Du erhältst moralische Unterstützung**
  Es ist eine große Ermutigung, dass es Menschen gibt, die sich gleich von Anfang an für dich und deinen christlichen Dienst interessieren, selbst wenn du dir noch nicht sicher bist, wohin dein Weg dich nach der Ausbildung führen wird.
-

- **Du baust dir frühzeitig eine Unterstützerbasis auf**
  Nach deinem Studium wirst du wahrscheinlich viele Jahre von Unterstützung leben und dafür wesentlich mehr Geld brauchen als für die Bibelschulausbildung. Da ist es doch am besten, den Prozess jetzt zu beginnen, wo du einen relativ geringen Bedarf hast, und das nur für eine begrenzte Zeit. Wenn du ein Unterstützerteam aufbaust, trägt das auch dazu bei, deine Freunde an deinem Leben zu beteiligen, während du dich auf ein Leben im christlichen Dienst vorbereitest.
- **Du ermutigst deine Gemeinde, eine Sicht für Mission zu gewinnen**
  Die beste Werbung für den christlichen Dienst ist jemand, der bereits drinsteht, besonders jemand, der gerade anfängt und den viele Gemeindemitglieder bereits kennen.
- **Du stärkst deinen Glauben**
  Wir wachsen an Dingen, die uns nicht leicht fallen.
- **Du erwirbst dir neue Fertigkeiten.**
  Wenn du für deine Ausbildung ein Unterstützerteam aufbaust, entwickelst du im Bereich Kommunikation Fertigkeiten, die dir in Zukunft von großem Nutzen sein werden.

Deine beste Quelle für gute Unterstützer sind deine Gemeinde und deine Freunde. Diese Menschen haben sich bisher für dich interessiert und werden wahrscheinlich am ehesten in deine Zukunft investieren wollen. Wenn deine Gemeinde wenig Interesse hat, dich während deiner Bibelschulausbildung zu unterstützen, musst du dich eben noch mehr auf deine Freunde konzentrieren.

Deine Gemeinde

! **Sprich gleich zu Beginn, noch bevor du dich bewirbst, mit deinem Pastor oder Gemeindeleiter**. Ich gehöre zum Leitungsteam meiner eigenen Gemeinde, und wir freuen uns immer sehr, wenn jemand aus unserer Gemeinde Interesse an irgendeiner Art von christlichem Dienst hat. Aber es ist nicht hilfreich, wenn wir von den Plänen dieses Gemeindemitglieds erst erfahren, wenn es sich bereits entschieden hat und hofft, dass die Gemeinde diese Ausbildung bezahlen wird. Gib deiner Gemeindeleitung die Gelegenheit, von Anfang an mit dir die Möglichkeiten zu erkunden.

! **Informiere dich, nach welchen Grundsätzen deine Gemeinde Missionare/Leute in Ausbildung unterstützt und erkundige dich, wie du vorgehen musst, um berücksichtigt zu werden.** Sprich mit den Gemeindeleitern ab, wie du deine Arbeit am besten der Gemeinde vorstellen kannst. Wenn du die Gemeinde persönlich an deiner Arbeit beteiligen kannst, gibst du ihnen die Möglichkeit, jemanden zu unterstützen, den sie gut kennen.

Manchmal kann eine kleine Unterstützergruppe innerhalb der großen Gesamtgemeinde eine Schlüsselrolle besetzen und deine Gebetsanliegen und anderen Belange der großen Gemeinde übermitteln.

Deine Freunde

Die Leute geben gern, auch wenn es dir unangenehm ist zu empfangen!

! Achte darauf, dass du denen, die dich kennen, die Möglichkeit gibst, sich an deinen Zukunftsplänen zu beteiligen.

Oft wollen dich Leute unterstützen, von denen du das gar nicht erwartet hast.

! Bete, wen du anfragen sollst. Wer steht auf deiner Liste für Weihnachtskarten? Und wie steht es mit deinen Nachbarn oder früheren Nachbarn, alten Schulfreunden oder früheren Gemeinden? Wenn du für deine Ausbildung an der Bibelschule nur einen einzigen Unterstützer haben dürftest, wer wäre das?

! Beginne mit dieser Person, setzt euch zusammen hin, erkläre ihr, was du vorhast und warum und frage sie, ob sie gern Teil des großen Abenteuers werden möchte, in das Gott dich führt.

! Wähle dann die nächsten zwei oder drei ... und dann noch weitere. Bald wirst du eine Gruppe freudiger Geber und Beter beisammen haben, die dir gern dabei helfen, dem Ruf Gottes in deinem Leben zu folgen. Wenn du diese Menschen nicht persönlich besuchen kannst, dann schicke ihnen eine handgeschriebene Karte und erkläre ihnen dein Anliegen mit denselben Worten.

Nichtchristen können zwar nicht für dich beten, aber einige von ihnen werden dich vielleicht unterstützen wollen. Das ist auch eine großartige Gelegenheit, offen mit ihnen über deine Beziehung zu Gott zu reden.

Am Ball bleiben

! Achte darauf, dass du während deiner Bibelschulzeit guten Kontakt zu deinen Unterstützern pflegst. Durch Briefe und Karten, E-Mails, Anrufe und Besuche baust du eine Partnerschaft auf, die viel mehr beinhaltet als nur Geld. Und wenn du finanzielle Unterstützung erhältst, dann schreibe den Gebern innerhalb von 48 Stunden eine Dankeskarte.

Ein Infoblatt entwerfen

Es ist gut, ein kreatives Infoblatt zu gestalten, das du Leuten in der Gemeinde, Freunden und Verwandten geben kannst, Am besten mit guten Fotos drauf!

- Der erste Satz sollte die Aufmerksamkeit auf sich ziehen
- Beschreibe dann kurz deinen Lebenslauf
- Teile dem Leser deine Motivation mit, damit er deine Berufung versteht
- Beschreibe deinen künftigen Dienst und die Ausbildung, die du machen willst
- Nenne deinen finanziellen Bedarf
- Zeige auf, wie man dir antworten kann

Aufzeichnungen machen

! **Schreibe dir auf**, mit wem du gesprochen hast und wie die Leute jeweils reagiert haben. Versuche, auf Unterstützungszusagen schnell zu reagieren und den Leuten mitzuteilen, auf welchem Weg sie dich unterstützen können.

Beten

! **Bete, dass Gott über deine Pläne hinaus handelt.** Bete um die rechten Worte. Bete für deine Unterstützer und ihre Anliegen. Gebet sollte die Grundlage aller Punkte sein, die wir oben genannt haben.

Ressourcen

! Wenn du einen Weg suchst, wie Leute steuergünstig für dich geben können, dann **wende dich an Stewardship** (www.stewardship.org.uk).

Sonderausgaben

Manchmal kommen während deiner Bibelschulausbildung einige unerwartete Extrakosten auf dich zu, besonders wenn es eine längere Ausbildung ist. Es könnte z. B. sein, dass du für ein paar Wochen an einen weit entfernten Ort geschickt wirst, oder dass dein alter Laptop seinen Geist aufgibt.

! **Das ist eine gute Gelegenheit, Leute um eine besondere Gabe zu bitten.** Frage dabei auch die, die schon Finanzen zur Verfügung gestellt haben. Bei diesen Leuten ist die Wahrscheinlichkeit, dass sie dir in deiner speziellen Situation helfen wollen, sogar am größten.

Simon und Doris berichten:

Wir wussten, dass es Gottes Wille war, dass wir auf die Bibelschule gingen, um uns für unseren vollzeitlichen christlichen Dienst vorzubereiten. Wir wussten auch, dass wir dazu finanzielle Unterstützung brauchen würden. Erfreulicherweise hatten wir eine Gruppe guter Freunde, die von unseren Plänen begeistert waren und daran teilhaben wollten. Als Erstes fragten wir ein Ehepaar aus unserer Gemeinde, das wir gut kannten, ob sie unser Unterstützerteam koordinieren könnten. Sie sind extrovertierte Typen und sagten freudig zu. Dann fragten wir weitere Freunde an und bauten einen Kern von Unterstützern auf, die meisten stammten aus unserer Gemeinde, aber es waren auch Freunde aus anderen Lebensbereichen dabei.

Unsere Gemeinde unterstützte uns aus dem Gemeindebudget und erlaubte auch Einzelpersonen, uns über die Gemeinde zu unterstützen. Unser Unterstützerteam führte Fundraising-Veranstaltungen wie z. B. Flohmärkte oder Versteigerungen durch. Sie halfen uns auch auf andere Weise – schenkten uns Lebensmittel, Gutscheine zum Ausgehen oder Hilfe mit den Kindern. Eine christliche Stiftung gab uns außerdem einen kleinen Zuschuss zu unseren Ausgaben.

Unser Budget war zwar kleiner als vorher, aber es war einfacher, als wir gedacht hatten. Und es stimmt wirklich: Gott kümmerte sich um uns – und sogar sehr gut!

BEWAHRE DIR EINE GEISTLICHE PERSPEKTIVE

Es ist natürlich zu allen Zeiten wichtig, vom Heiligen Geist erfüllt zu sein und Zeit mit Gott zu verbringen. Aber weil der Aufbau eines Unterstützerteams oft einen besonderen geistlichen Stress verursacht, dürfen wir auf keinen Fall unseren Umgang mit Gott vernachlässigen.

Im Gleichschritt mit dem Heiligen Geist

Nimm das Erfülltsein mit Gottes Geist und seine Gegenwart auf deinem Weg nicht für selbstverständlich. Achte darauf, dass du wie in allen anderen Lebensbereichen auch hier immer wieder mit Gott über deine Erlebnisse sprichst, wenn nötig Sünde bekennst und immer in enger Gemeinschaft zu ihm stehst. Frönen wir nicht dem weit verbreiteten Lustprinzip, vor allem dann nicht, wenn wir dabei sind, ein Unterstützerteam auf die Beine zu stellen.

Halte täglich Stille Zeit

Missionspartnerentwicklung kann dich ganz schön auf Trab halten. Selbst wenn du freie Zeit hast, besteht die Gefahr, dass andere Aktivitäten deine tägliche persönliche Zeit mit Gott beim Bibellesen und Gebet verdrängen. ***Plane diese Zeit täglich ganz bewusst ein.***

Viele haben die Erfahrung gemacht, dass es am besten ist, Texte aus der Bibel zu betrachten, die von Gottes Wesen, seinen Verheißungen und seiner Berufung handeln.

Auf den nächsten Seiten findest du eine Reihe von Bibelstellen, die besonders für die Zeit geeignet sind, in der du an deinem Unterstützerteam arbeitest. Nimm dir täglich Zeit für diese Bibelstellen, außer du bist gerade mit einem anderen, besseren Bibelstudium beschäftigt.

Lobe Gott oft und danke ihm

Es ist gut, regelmäßig Zeit mit Loben und Danken zu verbringen. Gott befiehlt das nicht nur, sondern es erhebt auch deinen Geist und hilft dir, dich wirklich darauf zu konzentrieren, wie groß und liebevoll Gott ist. Vielleicht hilft es dir, wenn du Lobpreis-CDs anhörst, ein Liederbuch benutzt oder Bibeltexte liest, in denen Gott gepriesen wird.

Und vergiss auch nicht, Gott dafür zu danken, dass er dich versorgt und deinen Charakter formt, damit er dem Charakter von Jesus ähnlich wird.

Download ***www.aem.de/books***

Bibeltexte, die du lesen und zum Lob Gottes beten kannst:

Psalm 18, 21, 22, 33, 66, 67, 92, 100, 111, 117, 148, 149, 150
Offenbarung 4; 5; 9,9–12; 15,1–4; 19,1–6; 2. Chronik 6–7; 1. Chronik 29
Jesaja 9,1–7; 40; 42,5–13; 55; Daniel 2,19–23; Epheser 3,14–21
1. Timotheus 1,17; Lukas 1,46–55, 67–79; 2,13–15

Verbringe einen Tag mit Gott

Von Zeit zu Zeit aus dem Alltagstrott auszusteigen und sich länger Zeit zu nehmen für Studium, Lob und Dank, Nachdenken und Gebet, ist eine tolle Möglichkeit, neue Kraft zu schöpfen, den Blick wieder auf Gott zu richten und dabei zu erleben, wie Gott dich innerlich ermutigt. Eine solche Auszeit ist besonders hilfreich, wenn du bereits einen langen Zeitabschnitt damit zubringst, ein Unterstützerteam aufzubauen.

Download
www.aem.de/ books

Die Eigenschaften Gottes und seine Fürsorge: Vorschläge zum Bibelstudium

Dieses Bibelstudium enthält verschiedene Texte zum Lesen und Nachdenken: Sieben handeln von Gottes Wesen und sechs von Gottes Fürsorge. Du könntest zwischen den beiden Kategorien abwechseln, bei den längeren Texten auch zwei oder drei Tage verweilen oder dieses Bibelstudium abwechselnd mit deiner eigenen Auswahl an Textstellen durchführen.

Gottes Wesen

Lies die folgenden Bibeltexte und schreibe jeden Aspekt von Gottes Wesen auf, den du findest.

Führe den Satz „Gott ist …" in kurzen Worten zu Ende.

Denke über die Verse und über deine Beschreibung der Eigenschaften Gottes nach.

Schreibe dann auf, wie du diesen Wesenszug Gottes im vergangenen Jahr ganz real in deinem Leben erfahren hast.

Jesaja 6,1–5

Gott ist …

2. Samuel 7,18–29

Gott ist …

4. Mose 23,18–20

Gott ist …

Psalm 139,7–12

Gott ist …

Download
www.aem.de/ books

1. Johannes 4,7–21

Gott ist …

Klagelieder 3,19–24

Gott ist …

Jesaja 40

Gott ist …

Gottes Fürsorge in Philipper 4,10–20
Wenn jemand gibt, profitieren alle

Die Philipper hatten Paulus zu verschiedenen Gelegenheiten an mindestens drei Orte Unterstützung geschickt: nach Mazedonien, nach Thessalonich und schließlich nach Rom. Und das war ohne ein Postsystem und ohne Überweisungsmöglichkeiten gar nicht so einfach. Aber ihr finanzielles Engagement war so groß, das sie auch diese Hindernisse zu überwinden wussten. Letztlich profitierten sie wahrscheinlich mehr vom Geben als Paulus vom Empfangen der Gabe (V. 17 & 19).

Praktische Anwendung:

Schreibe deine Antworten auf die folgenden Fragen auf:

Auf welche Weise hat der Geber profitiert?

Auf welche Weise der Empfänger?

Und wie Gott?

Danke Gott für den Segen, den du, deine Unterstützer und Gott selbst durch seine treue Fürsorge gemeinsam erleben dürfen.

Download **www.aem.de/books**

Gottes Fürsorge in 2. Mose 16
Gott versorgt die Menschen– trotz aller Menschlichkeit

Dies ist einer der klassischen Texte in der Bibel, die von Gottes Fürsorge für sein Volk handeln. Zwei gegensätzliche Themen durchziehen das Kapitel: Gottes unermüdliche, treue Unterstützung und die mürrische, ungehorsame Reaktion der Israeliten darauf. Trotz der Reaktion seines Volkes schenkte Gott ihnen 40 Jahre lang Manna.

Download **www.aem.de/books**

Wie viel angenehmer wäre dieser Text zu lesen, wenn die Israeliten Gott vertraut und ihm gedankt hätten, anstatt zu murren und ungehorsam zu sein.

Schau auf deine Einnahmen des vergangenen Monats. Dankst du Gott für den einen Euro, den jemand dir gegeben hat, oder murrst du wegen der 1 000 Euro, die wider Erwarten nicht hereinkamen?

Vertraust du wirklich darauf, dass Gott deine Bedürfnisse stillt, auch an den Tagen, an denen kein „Manna" hereinkommt (V. 27)?

Weil Gott uns liebt, wird er für uns sorgen, ganz gleich, wie wir darauf reagieren. Aber machen wir es ihm doch in jeder Hinsicht leichter, indem wir vertrauensvolle, dankbare Empfänger sind.

Praktische Anwendung:

Nimm dir Zeit und überdenke deine Einstellung in Bezug auf Gottes Versorgung. Schreibe die Bereiche auf, in denen du murrst oder ungehorsam bist und ersetze sie durch Gebete voller Vertrauen und Dankbarkeit.

Gottes Fürsorge in Matthäus 6
Wer sich sorgt, vertraut nicht – Wer vertraut, sorgt sich nicht

Es ist eine richtige Wohltat, in einer Gesellschaft, die geprägt ist von der Einstellung „Schnapp dir so viel wie möglich, und das solange du kannst" (und bekomm dabei Magengeschwüre!), die Bergpredigt zu lesen. Die Lehren von Jesus sind wie ein erfrischendes Getränk an einem heißen Tag. Matthäus 6,33 ist eine klare Vorgabe für jeden Christen: Stelle Gottes Reich an die erste Stelle in deinem Leben, und er wird sich um das Übrige kümmern.

Aber dieses Kapitel wirft auch einige Fragen auf, die wir hinsichtlich unserer eigenen Einstellung beantworten müssen. Denke über die folgenden Fragen nach und bitte Gott, Bereiche in deinem Leben zu verändern, die der Veränderung bedürfen.

- *Was tue ich, wenn Gott mir eine Not aufs Herz legt, und wie handle ich dann?*
- *Wo häufe ich Reichtümer an? (Wenn du Zweifel hegst, dass du das tust, dann frage dich, woran dein Herz hängt – dort liegt auch dein Schatz.)*
- *Wonach strebe ich zuerst – nach Gottes Reich oder nach meiner Unterstützung?*

Praktische Anwendung:

Nimm dir die Verse 25–34 vor und schreibe möglichst viele Gründe auf, warum wir uns nicht um Kleidung, Nahrung usw. sorgen sollen.

Download
www.aem.de/ books

Gottes Fürsorge in 1. Mose 41,53–42,28
(wenn du Zeit hast, dann lies die gesamte Geschichte Kapitel 37,1–50,26)

Wenn das einzige Licht am Ende des Tunnels vom Zug kommt, der dich gleich überrollt

Die Geschichte, wie Gott Joseph versorgt, gehört zu den faszinierendsten Erzählungen der Bibel. Stell dir Josephs Verzweiflung und Verwirrung vor, als er von seinen Brüdern als Teenager verkauft wird und als Sklave in einem fremden Land endet, ohne Kenntnis der Sprache oder Kultur. Und das war noch nicht alles, er landete sogar im Gefängnis – offensichtlich auf unbestimmte Zeit – für ein Verbrechen, das er gar nicht begangen hatte.

Und dennoch war Joseph es, der 20 bis 25 Jahre, nachdem ihn seine Brüder den Ismaeliten verkauft hatten, seine gesamte Familie vor dem sicheren Hungertod rettete und damit auch die Heilslinie des Messias bewahrte. Als Joseph auf sein Leben zurückblickt, sagt er zu seinen Brüdern: „Ihr gedachtet es böse mit mir zu machen, aber Gott gedachte es gut mit mir zu machen, um zu tun, was jetzt am Tage ist, nämlich am Leben zu erhalten ein großes Volk."

Praktische Anwendung:

Schreibe dir Situationen auf, die dich während dem Aufbau deines Unterstützerteams verwirrt, eingeschüchtert oder zur Verzweiflung gebracht haben. Danke Gott dafür, dass er diese Dinge zum Guten wenden wird, selbst wenn du sie nicht verstehst. Nimm dir anschließend Joseph als Vorbild: Ehre Gott weiterhin und vertraue ihm, dass er nicht nur dich versorgt, sondern durch dich auch noch die Bedürfnisse anderer Menschen stillt.

Download
www.aem.de/ books

Gottes Fürsorge in 2. Mose 35–36,7
Die Geschichte vom Überfluss

Die Geschichte in 2. Mose verläuft weitgehend so, dass Gott Mose Anweisungen gibt, wie das Volk ihn anbeten soll, und das Volk ihn bei jeder sich bietenden Gelegenheit außer Acht lässt oder ihm nicht gehorcht. Deshalb beschließt Gott jetzt, dem Volk Israel seine Gegenwart sichtbar zu veranschaulichen. Trotz allem, was er für sie getan hat, brauchen sie noch etwas Greifbares, damit ihre Gedanken nicht immer von ihm wegwandern – genau wie wir den Abendmahlsgottesdienst brauchen, damit wir nicht vergessen, was Christus für uns getan hat.

Mose erklärt dem Volk alles, was Gott ihm hinsichtlich der Baupläne für die Stiftshütte gezeigt hat, und bittet die Israeliten dann, für deren Errichtung zu geben, was sie können.

Wie reagieren die Leute?

Lies noch einmal Kapitel 36,3–7. – Sie gaben so viel, dass Mose sie auffordern musste, nichts mehr zu geben!

Ob Mose wohl aufgeregt war, als er seinen Spendenaufruf für die Stiftshütte machte? Es war ja noch nicht lange her, dass das Volk seinen Schmuck gegeben hatte, damit daraus das Goldene Kalb gegossen wurde, das sie dann anbeteten. Stell dir vor, wie Mose sich gefreut haben muss, als er sagen konnte: „Genug, jetzt nichts mehr – Ihr habt mir mehr als nötig gegeben!"

Download
www.aem.de/ books

Praktische Anwendung

Nimm dir diesen Bibeltext noch einmal vor und versuche, mindestens zehn Grundprinzipien von Gottes Fürsorge und der Notwendigkeit, dass Menschen geben, zu finden. Hier sind schon mal drei als Beispiele:

1. *Wenn Gott die Herzen der Menschen bewegt, werden sie geben. (35,21)*
2. *Gottes Leute wollen an seinem Werk beteiligt sein. (35,20–29)*
3. *Gott erwartet für sein Werk herausragende Qualität. (35,5–9)*
4.
5.
6.
7.
8.
9.
10.

Wenn du diese Prinzipien zusammengetragen hast, dann überlege dir, welche Bedeutung sie für den Aufbau deines Unterstützerteams haben können. Du tust Gottes Werk, so wie er es dir aufgetragen hat, und Gottes Volk gibt dir, was du dafür brauchst. Vielleicht kommst du eines Tages tatsächlich in die Situation, dass du deinen Unterstützern sagen musst: „Genug, hört auf – Ihr habt mir mehr gegeben, als ich brauche!"

Gottes Fürsorge im Buch Haggai
Alles gehört Gott – geh deshalb sorgsam damit um

Bisher haben wir Texte betrachtet, in denen von Gottes Fürsorge trotz unserer Menschlichkeit die Rede ist, von seiner völligen Hingabe, seiner väterlichen Fürsorge und von den Wohltaten, die seiner Versorgung entspringen. In diesem Abschnitt erkennen wir, was geschieht, wenn Menschen aus den Augen verlieren, wer ihr Versorger ist, und seine Versorgung missbrauchen.

Haggais Zeitgenossen hatten viel Zeit und Geld darauf verwendet, ihre eigenen Häuser zu erbauen, und das anscheinend auf einem sehr hohen Niveau. Aber darüber hatten sie das Haus Gottes vernachlässigt, es lag in Trümmern (1,4). Gott hatte sie angeregt, ihre Prioritäten zu überprüfen, indem er ihr blühendes Wirtschaftsleben und die ertragreiche Landwirtschaft angegriffen hatte. Er sagte zu ihnen: „Ihr säet viel und bringt wenig ein; … und wer Geld verdient, der legt's in einen löchrigen Beutel" (1,6) – und wir dachten immer, Inflation sei ein Phänomen der Moderne!

Aber die Leute kümmerten sich immer noch nicht um Gott. Deshalb griff Gott schließlich durch Haggai direkt ein und gab Anweisungen, dass sein Haus wieder aufgebaut werden sollte. Aber inzwischen war es schon so lange her, dass irgendjemand sich um den Tempel gekümmert hatte, dass Haggai fragen musste: „Wer ist unter euch noch übrig, der dieses Haus in seiner früheren Herrlichkeit gesehen hat?" (2,3)

Sobald das Volk seinen Sinn wieder auf Gottes Prioritäten lenkte, fing Gott an, ihren früheren Wohlstand wiederherzustellen (2,15–19).

Download **www.aem.de/books**

Es ist gut, wenn wir es uns zur Gewohnheit machen, für alles, was Gott uns schenkt, zu danken und darauf zu achten, dass wir die Bedeutung des Gebers und nicht nur die Bedeutung der Gabe anerkennen.

Praktische Anwendung

Mach dir eine Liste all der Dinge, die du besitzt und die du nur ungern weggeben würdest. Bitte Gott voll Vertrauen und Hingabe, der Besitzer dieser Dinge (die ihm ja eigentlich bereits gehören) zu werden und gestatte ihm, sie zum größtmöglichen Nutzen für sein Reich einzusetzen.